CEDU 쎄듀는 A **C**omprehensive **E**nglish e**DU**cation(종합적 영어교육)의 약자입니다.

펴낸이 김기훈 I 김진희
펴낸곳 (주)쎄듀 I 서울특별시 강남구 논현로 305 (역삼동)
발행일 2016년 10월 17일 초판 1쇄
내용문의 www.cedubook.com
구입문의 콘텐츠 마케팅 사업본부
Tel. 02-6241-2007
Fax. 02-2058-0209
등록번호 제 22-2472호
ISBN 978-89-6806-069-4

첫단추 BASIC

문법·어법편 1

저자

김기훈 現 (주)쎄듀 대표이사
現 메가스터디 영어영역 대표강사
前 서울특별시 교육청 외국어 교육정책자문위원회 위원
저서 천일문 / 천일문 Training Book / 천일문 GRAMMAR
첫단추 BASIC / 어법끝 / 문법의 골든룰 101 / Grammar Q
어휘끝 / 쎄듀 본영어 / 절대평가 PLAN A / 독해가 된다
The 리딩플레이어 / 빈칸백서 / 오답백서 / 리딩 플랫폼 / 거침없이 Writing
첫단추 / 파워업 / 수능실감 등

쎄듀 영어교육연구센터
쎄듀 영어교육센터는 영어 콘텐츠에 대한 전문지식과 경험을 바탕으로
최고의 교육 콘텐츠를 만들고자 최선의 노력을 다하는 전문가 집단입니다.

한예희 책임연구원

마케팅 콘텐츠 마케팅 사업본부
영업 문병구
제작 정승호
인디자인 편집 올댓에디팅
내지디자인 디자인인트로
표지디자인 윤혜영
일러스트 조성호

이 책을 내며

중학교 영어 학습을 막 시작한 시기가 지나고 2, 3학년 정도가 되면 영어 학습에 대한 고민이 점점 깊어집니다. 지금까지는 기초적인 문법을 학습하고 본인의 실력을 파악했다면, 앞으로 내신에서 목표하는 고득점과 나아가 수능까지 도움이 될 문법·어법 학습에 집중해야 합니다. 이 시기에 문법·어법의 기본기를 다져놓지 않으면 고등학교에 진학하여 수능 수준의 어려워진 지문을 접했을 때 혼란을 느끼게 되고, 기초 문법 학습을 처음부터 다시 시작하는 경우마저 흔하기 때문입니다.

〈첫단추 BASIC 문법·어법편〉은 핵심적인 문법·어법을 체계적으로 제시하여 이 한 권으로 문법의 기본을 정리하면 까다로운 내신 문제도 충분히 해결할 수 있습니다. 그리고 문법과 연관된 어법 내용도 함께 학습할 수 있도록 구성하여 앞으로 마주할 문법·어법 문제의 해결력을 키우면서 자연스럽게 수능 문제까지도 대비할 수 있도록 하였습니다.

꼭 알아야 할 핵심 문법 이해하기

지나치게 세세하고 어려운 문법사항은 제외하고, 시험에 자주 나오는 주요 문법 개념들을 이해하기 쉽게 정리하였습니다.

충분한 문제풀이를 통해 문제 적용력 높이기

해당 문법이 적용된 다양한 문제를 충분히 풀어봄으로써 문법 개념을 문제에 적용하여 해결하는 능력을 높일 수 있습니다.

빈출 어법 포인트 익히기

학습했던 문법과 연관된 수능·모의고사 빈출 어법 포인트를 파트별로 모아 정리하여 문법과 어법을 연결해 이해할 수 있도록 구성하였습니다.

첫 번째 단추를 잘못 끼우면 나머지 단추들도 잘못 끼워지고 결국 뒤늦게 단추를 전부 풀고 처음부터 다시 끼우는 수고를 해야 합니다. 처음 끼우는 단추부터 제 위치를 찾아야 이후가 순조롭듯이, 본 교재가 문법·어법 학습의 올바른 시작을 제시하는 '첫단추'가 되고자 합니다. 영어 학습에 있어서 여러분이 원하는 목표를 이루시기를 진심으로 기원합니다.

저자

How to Use This Book

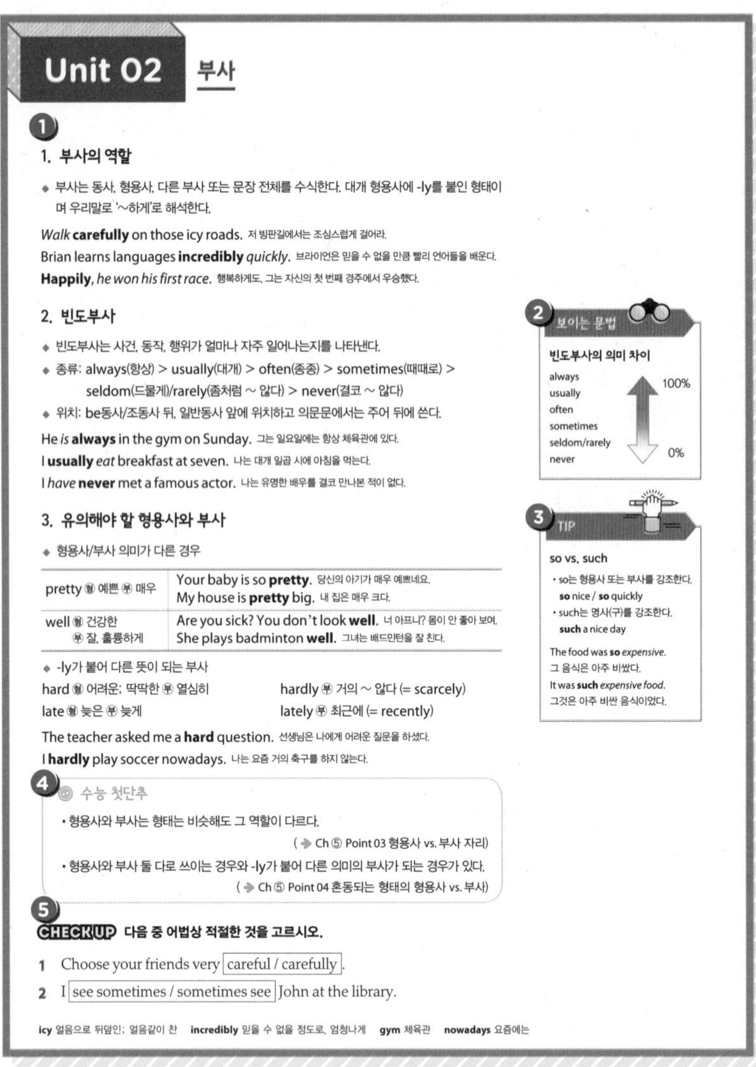

Unit 02 부사

1

1. 부사의 역할

- 부사는 동사, 형용사, 다른 부사 또는 문장 전체를 수식한다. 대개 형용사에 -ly를 붙인 형태이며 우리말로 '~하게'로 해석한다.

Walk **carefully** on those icy roads. 저 빙판길에서는 조심스럽게 걸어라.
Brian learns languages **incredibly** *quickly*. 브라이언은 믿을 수 없을 만큼 빨리 언어들을 배운다.
Happily, *he won his first race.* 행복하게도, 그는 자신의 첫 번째 경주에서 우승했다.

2. 빈도부사

- 빈도부사는 사건, 동작, 행위가 얼마나 자주 일어나는지를 나타낸다.
- 종류: always(항상) > usually(대개) > often(종종) > sometimes(때때로) > seldom(드물게)/rarely(좀처럼 ~ 않다) > never(결코 ~ 않다)
- 위치: be동사/조동사 뒤, 일반동사 앞에 위치하고 의문문에서는 주어 뒤에 쓴다.

He *is* **always** in the gym on Sunday. 그는 일요일에는 항상 체육관에 있다.
I **usually** *eat* breakfast at seven. 나는 대개 일곱 시에 아침을 먹는다.
I *have* **never** met a famous actor. 나는 유명한 배우를 결코 만나본 적이 없다.

2 보이는 문법

빈도부사의 의미 차이

always / usually / often / sometimes / seldom/rarely / never

100% ↔ 0%

3. 유의해야 할 형용사와 부사

- 형용사/부사 의미가 다른 경우

pretty ⓐ 예쁜 ⓑ 매우	Your baby is so **pretty**. 당신의 아기가 매우 예쁘네요. My house is **pretty** big. 내 집은 매우 크다.
well ⓐ 건강한 ⓑ 잘, 훌륭하게	Are you sick? You don't look **well**. 너 아프니? 몸이 안 좋아 보여. She plays badminton **well**. 그녀는 배드민턴을 잘 친다.

- -ly가 붙어 다른 뜻이 되는 부사

hard ⓐ 어려운; 딱딱한 ⓑ 열심히 — hardly ⓑ 거의 ~ 않다 (= scarcely)
late ⓐ 늦은 ⓑ 늦게 — lately ⓑ 최근에 (= recently)

The teacher asked me a **hard** question. 선생님은 나에게 어려운 질문을 하셨다.
I **hardly** play soccer nowadays. 나는 요즘 거의 축구를 하지 않는다.

3 TIP

so vs. such

- so는 형용사 또는 부사를 강조한다.
  so nice / **so** quickly
- such는 명사(구)를 강조한다.
  such a nice day

The food was **so** *expensive*.
그 음식은 아주 비쌌다.
It was **such** *expensive food*.
그것은 아주 비싼 음식이었다.

4 수능 첫단추

- 형용사와 부사는 형태는 비슷해도 그 역할이 다르다.
  (➔ Ch ⑤ Point 03 형용사 vs. 부사 자리)
- 형용사와 부사 둘 다로 쓰이는 경우와 -ly가 붙어 다른 의미의 부사가 되는 경우가 있다.
  (➔ Ch ⑤ Point 04 혼동되는 형태의 형용사 vs. 부사)

5

CHECK UP 다음 중 어법상 적절한 것을 고르시오.

1 Choose your friends very [careful / carefully].
2 I [see sometimes / sometimes see] John at the library.

icy 얼음으로 뒤덮인; 얼음같이 찬 **incredibly** 믿을 수 없을 정도로, 엄청나게 **gym** 체육관 **nowadays** 요즘에는

어려운 문법은 No! 핵심만 쏙쏙!

Unit

❶ 각 유닛에서 꼭 짚고 넘어가야 할 문법을 학습합니다.

❷ 보이는 문법 그림을 통해 문법 내용을 쉽게 이해할 수 있도록 도와줍니다.

❸ Tip 학습에 좀 더 도움이 되는 심화 문법을 추가로 알려줍니다.

❹ 수능 첫단추 학습한 문법과 관련된 수능 빈출 어법 포인트와 학습하게 될 페이지를 소개합니다.

❺ CHECK UP 간단한 확인문제를 통해 학습한 내용을 점검합니다.

이렇게 문제로 나온다!

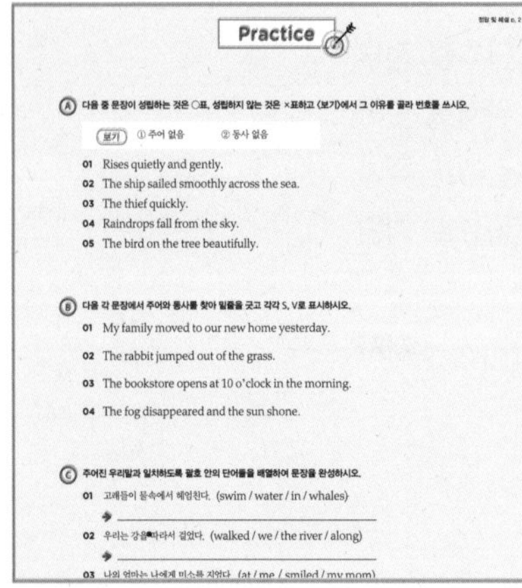

Practice

A
01 Rises quietly and gently.
02 The ship sailed smoothly across the sea.
03 The thief quickly.
04 Raindrops fall from the sky.
05 The bird on the tree beautifully.

B
01 My family moved to our new home yesterday.
02 The rabbit jumped out of the grass.
03 The bookstore opens at 10 o'clock in the morning.
04 The fog disappeared and the sun shone.

C
01 (swim / water / in / whales)
02 (walked / we / the river / along)

Practice

각 유닛에서 배운 내용을 문제로 바로 풀어보고 이해를 높입니다.

어떤 유형이 나와도 문제없다!

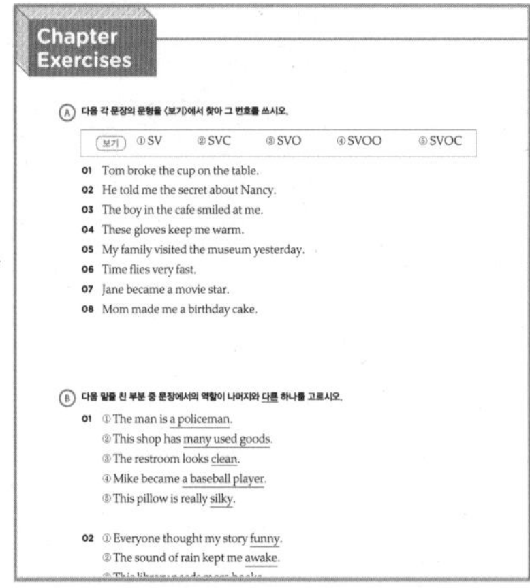

Chapter Exercises

A
<보기> ① SV ② SVC ③ SVO ④ SVOO ⑤ SVOC
01 Tom broke the cup on the table.
02 He told me the secret about Nancy.
03 The boy in the cafe smiled at me.
04 These gloves keep me warm.
05 My family visited the museum yesterday.
06 Time flies very fast.
07 Jane became a movie star.
08 Mom made me a birthday cake.

B
01 ① The man is a policeman.
② This shop has many used goods.
③ The restroom looks clean.
④ Mike became a baseball player.
⑤ This pillow is really silky.
02 ① Everyone thought my story funny.
② The sound of rain kept me awake.

Chapter Exercises

각 챕터에서 배운 문법을 다룬 총 4 페이지의 다양한 유형의 연습문제를 풀어보면서 자신의 실력을 점검합니다.

예문으로 다시 보는 문법!

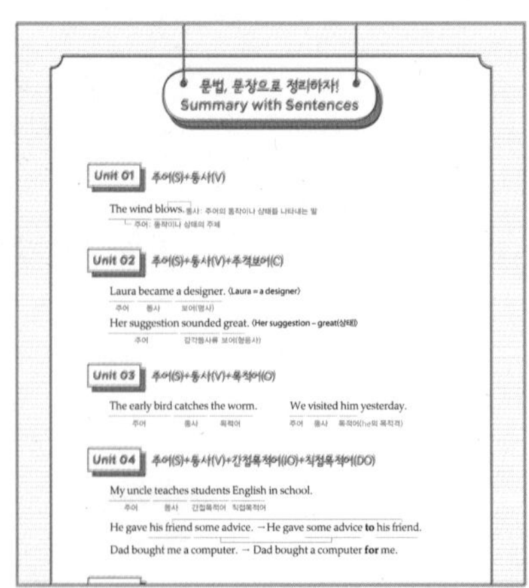

문법, 문장으로 정리하자!
Summary with Sentences

Unit 01 주어(S)+동사(V)
The wind blows.

Unit 02 주어(S)+동사(V)+주격보어(C)
Laura became a designer.
Her suggestion sounded great.

Unit 03 주어(S)+동사(V)+목적어(O)
The early bird catches the worm. We visited him yesterday.

Unit 04 주어(S)+동사(V)+간접목적어(IO)+직접목적어(DO)
My uncle teaches students English in school.
He gave his friend some advice. → He gave some advice to his friend.
Dad bought me a computer. → Dad bought a computer for me.

Summary with Sentences

앞에서 배운 예문을 통해 핵심 문법을 다시 한 번 정리합니다.

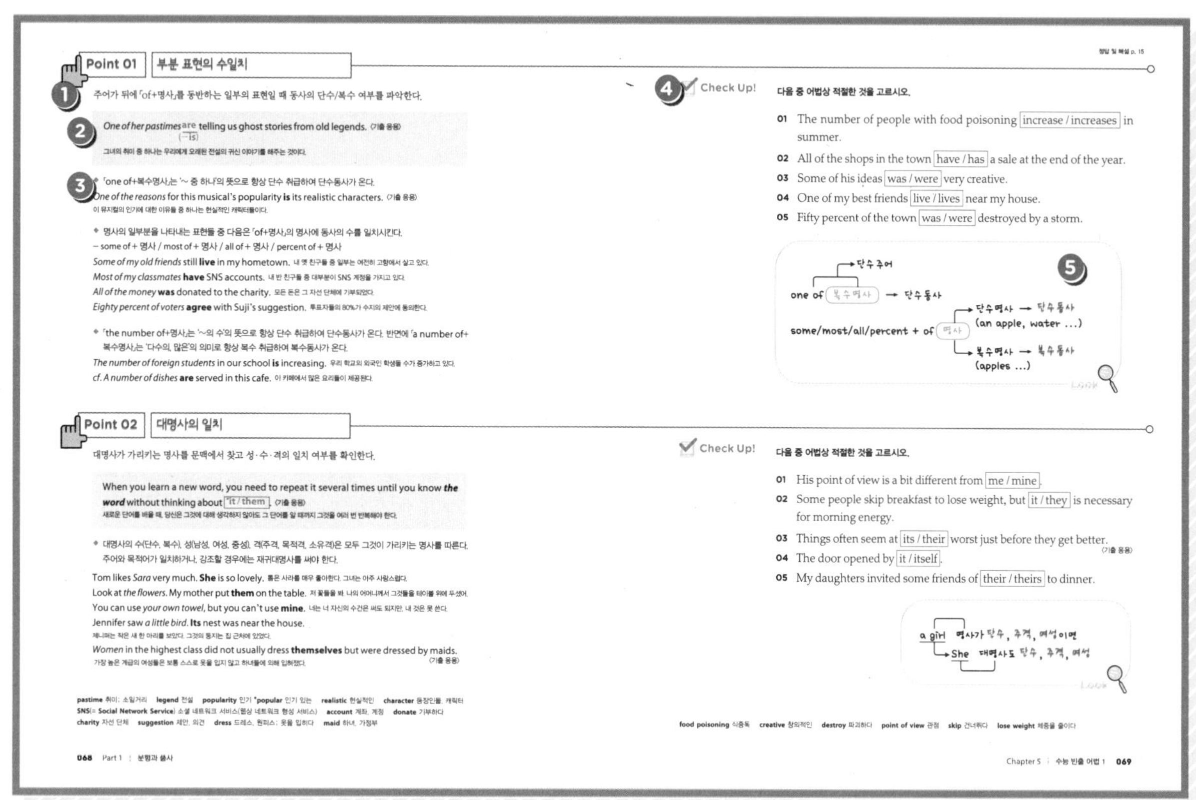

Point 01 | 부분 표현의 수일치

주어가 뒤에 「of+명사」를 동반하는 일부의 표현일 때 동사의 단수/복수 여부를 파악한다.

One of her pastimes are telling us ghost stories from old legends. (기출 응용)
그녀의 취미 중 하나는 우리에게 오래된 전설의 귀신 이야기를 해주는 것이다.

「one of+복수명사」는 '~ 중 하나'의 뜻으로 항상 단수 취급하여 단수동사가 온다.
One of the reasons for this musical's popularity is its realistic characters. (기출 응용)
이 뮤지컬의 인기에 대한 이유들 중 하나는 현실적인 캐릭터들이다.

- 명사의 일부분을 나타내는 표현들 중 다음은 「of+명사」의 명사에 동사의 수를 일치시킨다.
  – some of + 명사 / most of + 명사 / all of + 명사 / percent of + 명사
  Some of my old friends still live in my hometown.
  Most of my classmates have SNS accounts.
  All of the money was donated to the charity.
  Eighty percent of voters agree with Suji's suggestion.
- 「the number of+명사」는 '~의 수'의 뜻으로 항상 단수 취급하여 단수동사가 온다. 반면에 'a number of+복수명사'는 '다수의, 많은'의 의미로 항상 복수 취급하여 복수동사가 온다.
  The number of foreign students in our school is increasing.
  cf. A number of dishes are served in this cafe.

Check Up! 다음 중 어법상 적절한 것을 고르시오.

01 The number of people with food poisoning [increase / increases] in summer.
02 All of the shops in the town [have / has] a sale at the end of the year.
03 Some of his ideas [was / were] very creative.
04 One of my best friends [live / lives] near my house.
05 Fifty percent of the town [was / were] destroyed by a storm.

one of (복수명사) → 단수동사
some/most/all/percent + of (명사) → 단수명사 → 단수동사 (an apple, water ...) / 복수명사 → 복수동사 (apples ...)

Point 02 | 대명사의 일치

대명사가 가리키는 명사를 문맥에서 찾고 성·수·격의 일치 여부를 확인한다.

When you learn a new word, you need to repeat it several times until you know the word without thinking about [it / them]. (기출 응용)

- 대명사의 수(단수, 복수), 성(남성, 여성, 중성), 격(주격, 목적격, 소유격)은 모두 그것이 가리키는 명사를 따른다. 주어와 목적어가 일치하거나, 강조할 경우에는 재귀대명사를 써야 한다.
  Tom likes Sara very much. She is so lovely.
  Look at the flowers. My mother put them on the table.
  You can use your own towel, but you can't use mine.
  Jennifer saw a little bird. Its nest was near the house.
  Women in the highest class did not usually dress themselves but were dressed by maids. (기출 응용)

Check Up! 다음 중 어법상 적절한 것을 고르시오.

01 His point of view is a bit different from [me / mine].
02 Some people skip breakfast to lose weight, but [it / they] is necessary for morning energy.
03 Things often seem at [its / their] worst just before they get better. (기출 응용)
04 The door opened by [it / itself].
05 My daughters invited some friends of [their / theirs] to dinner.

a girl 명사가 단수, 주격, 여성이면 → She 대명사도 단수, 주격, 여성

068 Part 1 | 문법과 어법 · Chapter 5 | 수능 빈출 어법 1 069

이런 어법 포인트가 나온다!

Point

❶ 각 Point에서 다룰 문제 유형의 핵심 해결전략을 익힙니다.
❷ 기출 문제를 통해 실제 어법 문제가 출제되는 경향을 확인합니다.
❸ 문제 해결에 필수적인 어법 Point를 예문으로 학습합니다.
❹ 간단한 네모어법 문제를 통해 어법사항에 대한 이해를 높입니다.
❺ 어법 Point를 한 눈에 요약한 도식을 보면서 학습한 내용을 정리합니다.

이제 실전이다! 실전 감각 Up!

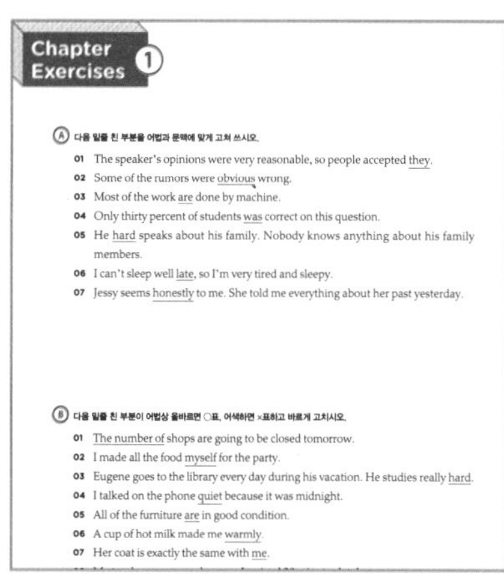

Chapter Exercises ①

Ⓐ 다음 밑줄 친 부분을 어법과 문맥에 맞게 고쳐 쓰시오.

01 The speaker's opinions were very reasonable, so people accepted they.
02 Some of the rumors were obvious wrong.
03 Most of the work are done by machine.
04 Only thirty percent of students was correct on this question.
05 He hard speaks about his family. Nobody knows anything about his family members.
06 I can't sleep well late, so I'm very tired and sleepy.
07 Jessy seems honestly to me. She told me everything about her past yesterday.

Ⓑ 다음 밑줄 친 부분이 어법상 올바르면 ○표, 어색하면 ×표하고 바르게 고치시오.

01 The number of shops are going to be closed tomorrow.
02 I made all the food myself for the party.
03 Eugene goes to the library every day during his vacation. He studies really hard.
04 I talked on the phone quiet because it was midnight.
05 All of the furniture are in good condition.
06 A cup of hot milk made me warmly.
07 Her coat is exactly the same with me.

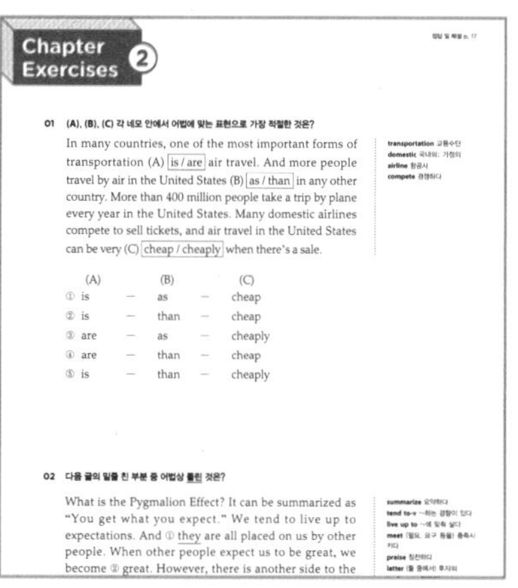

Chapter Exercises ②

01 (A), (B), (C) 각 네모 안에서 어법에 맞는 표현으로 가장 적절한 것은?

In many countries, one of the most important forms of transportation (A) [is / are] air travel. And more people travel by air in the United States (B) [as / than] in any other country. More than 400 million people take a trip by plane every year in the United States. Many domestic airlines compete to sell tickets, and air travel in the United States can be very (C) [cheap / cheaply] when there's a sale.

	(A)		(B)		(C)
①	is	–	as	–	cheap
②	is	–	than	–	cheap
③	are	–	as	–	cheaply
④	are	–	than	–	cheap
⑤	is	–	than	–	cheaply

02 다음 글의 밑줄 친 부분 중 어법상 틀린 것은?

What is the Pygmalion Effect? It can be summarized as "You get what you expect." We tend to live up to expectations. And ① they are all placed on us by other people. When other people expect us to be great, we become ② great. However, there is another side to the

추가 학습을 위한 부가 자료!

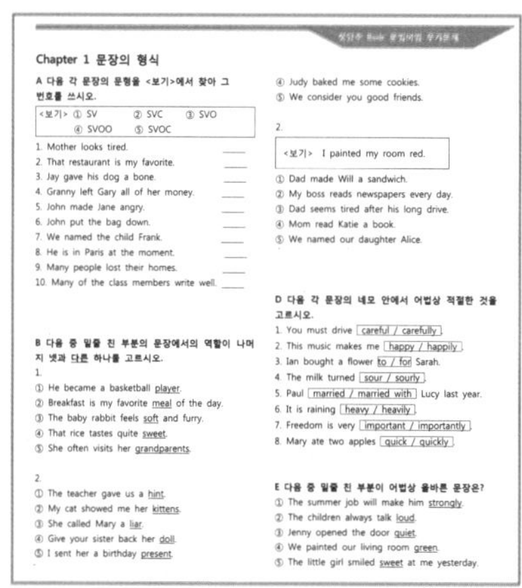

Chapter 1 문장의 형식

A 다음 각 문장의 형식을 <보기>에서 찾아 그 번호를 쓰시오.

<보기> ① SV ② SVC ③ SVO ④ SVOO ⑤ SVOC

1. Mother looks tired.
2. That restaurant is my favorite.
3. Jay gave his dog a bone.
4. Granny left Gary all of her money.
5. John made Jane angry.
6. John put the bag down.
7. We named the child Frank.
8. He is in Paris at the moment.
9. Many people lost their homes.
10. Many of the class members write well.

B 다음 중 밑줄 친 부분의 문장에서의 역할이 나머지 넷과 다른 하나를 고르시오.

1.
① He became a basketball player.
② Breakfast is my favorite meal of the day.
③ The baby rabbit feels soft and furry.
④ That rice tastes quite sweet.
⑤ She often visits her grandparents.

2.
① The teacher gave us a hint.
② My cat showed me her kittens.
③ She called Mary a liar.
④ Give your sister back her doll.
⑤ I sent her a birthday present.

④ Judy baked me some cookies.
⑤ We consider you good friends.

2.
<보기> I painted my room red.
① Dad made Will a sandwich.
② My boss reads newspapers every day.
③ Dad seems tired after his long drive.
④ Mom read Katie a book.
⑤ We named our daughter Alice.

D 다음 각 문장의 네모 안에서 어법상 적절한 것을 고르시오.

1. You must drive [careful / carefully].
2. This music makes me [happy / happily].
3. Ian bought a flower [to / for] Sarah.
4. The milk turned [sour / sourly].
5. Paul [married / married with] Lucy last year.
6. It is raining [heavy / heavily].
7. Freedom is very [important / importantly].
8. Mary ate two apples [quick / quickly].

E 다음 중 밑줄 친 부분이 어법상 올바른 문장은?

① The summer job will make him strongly.
② The children always talk loud.
③ Jenny opened the door quiet.
④ We painted our living room green.
⑤ The little girl smiled sweet at me yesterday.

Chapter Exercises

① 앞에서 배운 어법 Point를 다룬 다양한 유형의 문제를 통해 문제 해결력을 높입니다.
② 실제 수능에서 출제되는 지문형 문제로 실전에 대한 감각을 기릅니다.

쎄듀북 홈페이지에서 어휘리스트/어휘테스트/챕터별 추가문제 등의 부가 자료를 무료로 다운로드 받으실 수 있습니다.
www.cedubook.com

Contents

1권

권두부록

아래 목차는 본 교재가 아닌 2권에 해당하는 목차입니다.

2권

권두부록

수능 영어 문법·어법, What&How?

문법이란?

문법이란 언어를 사용하는 데 필요한 모든 규칙과 정보를 의미합니다. 좀 더 쉽게 설명하면, 영어 문법은 영어를 올바르게 읽고, 쓰고, 말하고, 듣기 위해 꼭 배워야 하는 영어만의 규칙을 말해요.

I like watermelon. 나는 수박을 좋아한다. (I watermelon like ×)

I(나), watermelon(수박), like(좋아하다)와 같은 단어들을 무작정 나열해서는 올바르게 완성된 영어라고 할 수 없어요. 영어는 「주어+동사+목적어」의 순서로 써야 하는 규칙이 있기 때문이에요. 따라서 우리말 어순처럼 「주어+목적어+동사」의 순서로 문장을 만든다면 문법적으로 틀린 것이 되지요. 이처럼 어순을 포함해 명사, 형용사, 부사, 동사와 같은 품사들을 어떻게 활용하는지에 대한 규칙이 바로 영어 문법이에요. 문법을 공부하면 아래와 같은 문제를 풀 수 있어요.

● 다음 중 밑줄 친 부분의 문장에서의 역할이 나머지 넷과 다른 하나를 고르시오.

① The teacher gave us a hint.
② My cat showed me her kittens.
③ She called Mary a liar.
④ Give your sister back her doll.
⑤ I sent her a birthday present.

어법이란?

그럼 이제 어법에 대해 알아볼까요? 어법이란 개별적이고 단편적인 문법 사항들을 종합적으로 활용하는 것을 말하는데, 대개 글 안에서 앞뒤 문맥상 문법이 적절한지 판단하는 경우를 의미해요.

Customers will only buy a product after they notice it at the market. If they don't know that the product is there, customers would probably not buy [it / them]. Advertising also helps people find the best for themselves. ~

〈기출 응용〉

위에서 예로 든 어법 문제는 대명사 it과 them 중 어떤 것이 적절한지를 묻고 있어요. 문법적으로는 동사 buy의 목적어로 대명사 it과 them 모두 가능해요. 하지만 문장의 구조와 문맥을 살펴보면, 이 대명사가 가리키는 것은 앞에 나온 the product이므로 정답은 it이 되는 거죠.

최근 수능과 모의고사에는 이러한 어법 문제를 통해 문법 지식뿐만 아니라 문장구조에 대한 지식을 묻는 문제가 출제된답니다. 즉, 각 품사의 역할과 기능이 올바른지, 문맥상 적절히 쓰였는지를 판단해야 하는 거죠. 따라서 각각의 문법 사항들을 암기하는 것에 그치는 것이 아니라 문장구조와 문맥에 따라 알맞게 쓰였는지를 파악할 수 있는 실력이 필요하답니다.

어법 문제 유형과 출제 경향

수능/모의고사 어법 문제는 두 가지 유형이 있어요. 첫 번째 유형은 지문에서 (A), (B), (C) 자리에 제시된 두 가지 선택지들의 알맞은 조합을 찾는 겁니다. 두 번째 유형은 밑줄이 그어진 다섯 개의 선택지 중 어법상 틀린 하나를 고르는 거예요. 이 두 가지 유형을 잘 알아두고 어떤 것이 나오더라도 막힘없이 풀 수 있어야 해요!

● (A), (B), (C)의 각 네모 안에서 어법에 맞는 표현으로 가장 적절한 것은?

A lot of customers buy products only after they are made aware that the products are available in the market. Let's say a product, even if it has been out there for a while, is not (A) [advertising / advertised]. Then what might happen? Not knowing that the product exists, customers would probably not buy it even if the product may have worked for (B) [it/them]. Advertising also helps people find the best for themselves. When they are made aware of a whole range of goods, they are able to compare them and make purchases so that they get (C) [that/what] they desire with their hard-earned money. Thus, advertising has become a necessity in everybody's daily life.

	(A)		(B)		(C)
①	advertising	……	it	……	that
②	advertising	……	them	……	what
③	advertised	……	them	……	what
④	advertised	……	it	……	what
⑤	advertised	……	them	……	that

● 다음 글의 밑줄 친 부분 중, 어법상 틀린 것은?

Your parents may be afraid that you will not spend your allowance wisely. You may make some foolish spending choices, but if you ① do, the decision to do so is your own and hopefully you will learn from your mistakes. Much of learning ② occurs through trial and error. Explain to your parents that money is something you will have to deal with for the rest of your life. It is better ③ what you make your mistakes early on rather than later in life. Explain that you will have a family someday and you need to know how ④ to manage your money. Not everything ⑤ is taught at school!

수능/모의고사 기출 어법 문제는 다양한 어법 포인트들을 다루지만 모든 문법 사항이 똑같은 비중으로 출제되는 것은 아니랍니다. 좀 더 중요하고 자주 출제되는 어법 포인트는 확실하게 학습해두어야 출제될 때마다 놓치지 않고 풀 수 있답니다. 〈수능 빈출 어법〉 챕터에서 아래 역대 수능/모의고사 최다 빈출 어법 포인트들을 포함해 자주 출제되는 어법 포인트를 집중적으로 훈련해 보아요!

순위	출제 빈도 높은 기출 어법 포인트	본문 수록
1	문장의 동사 vs. 준동사	2권 Ch 18 Point 01
2	관계대명사와 관계부사	2권 Ch 23, 24, 25
3	what vs. that[which]	2권 Ch 25 Point 05, 06
4	접속사의 병렬구조	2권 Ch 22 Point 01
5	능동 v-ing vs. 수동 p.p.	2권 Ch 18 Point 04
6	수식받는 주어의 수일치	1권 Ch 05, 13 / 2권 Ch 18, 22, 25
7	능동태 vs. 수동태	1권 Ch 09 Point 01, 02
8	형용사 vs. 부사 자리	1권 Ch 05 Point 03
9	대명사의 일치	1권 Ch 05 Point 02
10	다양한 목적격보어의 형태	2권 Ch 17

권두부록

1. 품사

문장을 구성하는 낱말을 문법적인 기능에 따라 분류한 것이 품사이다.

1. **명사:** 사람 또는 사물의 이름을 지칭한다.

English is a language. 영어는 언어이다.
Brian has a car. 브라이언은 자동차를 가지고 있다.

2. **대명사:** 명사를 대신하여 쓰이는 말로, 가리키는 명사와 같은 의미를 갖는다.

In-line skating is interesting. I like it. 인라인 스케이팅은 재미있다. 나는 그것을 좋아한다.

3. **형용사:** 사람이나 사물의 성질이나 상태를 나타내는 말이다.

Terry is a tall, handsome, and rich man. 테리는 키가 크고, 잘생기고, 부유한 남자이다.
An elephant is large, but a mouse is small. 코끼리는 크지만, 쥐는 작다.

4. **부사:** 동사, 형용사 또는 다른 부사를 수식하는 말이다.

My father *drives* carefully. 〈동사 수식〉 나의 아버지께서는 조심스럽게 운전하신다.

My mother is very *diligent*. 〈형용사 수식〉 나의 어머니께서는 매우 부지런하시다.

John speaks too *fast*. 〈부사 수식〉 존은 너무 빨리 말한다.

5. **동사:** 주어의 동작이나 상태를 설명하는 말이다.

I love Ann very much. 나는 앤을 매우 많이 사랑한다.
The weather is nice today. 오늘 날씨가 좋다.

6. **전치사:** 명사 또는 대명사 앞에 와서 시간, 장소, 방법 등을 나타내는 말이다.

The cell phone is on the table. 휴대폰은 테이블 위에 있다.
I get up early in the morning. 나는 아침에 일찍 일어난다.

7. **접속사:** 단어와 단어, 구와 구, 절과 절을 연결하는 말이다.

Tom and Jerry fight all the time. 탐과 제리는 늘 싸운다.
연결

People smile when they are happy. 사람들은 행복할 때 미소를 짓는다.
연결

8. **감탄사:** 느낌이나 감정을 간단하게 표현하는 말이다.

Oh, I am sorry. 오, 미안합니다.
Oops, I spilled my drink. 어이쿠, 내 음료수를 쏟았어.

2. 문장의 종류

문장은 의미상 평서문, 의문문, 명령문, 감탄문, 기원문으로 나눌 수 있다.

1. 평서문

사실을 그대로 설명하는 문장으로 긍정문과 not 등의 부정어가 쓰인 부정문이 있다.

Tom is a student. 〈긍정문〉 탐은 학생이다.

Tom is not a student. (is not = isn't) 〈부정문〉 탐은 학생이 아니다.

2. 의문문

(1) 의문사가 없는 의문문: be동사나 조동사로 시작되는 의문문이다. 끝을 올려 읽으며, yes/no로 답할 수 있다.

A: Are you hungry now? 너는 지금 배가 고프니?

B: Yes, I am. 그래, 배가 고파. / **No, I am not.** 아니, 배가 고프지 않아.

A: Can you speak English? 너는 영어를 말할 수 있니?

B: Yes, I can. 그래, 할 수 있어. / **No, I can't.** 아니, 할 수 없어.

A: Do you like soccer? 너는 축구를 좋아하니?

B: Yes, I do. 그래, 좋아해. / **No, I don't.** 아니, 좋아하지 않아.

(2) 의문사가 있는 의문문: 의문사에 해당하는 정보를 묻는 의문문으로 보통 끝을 내려 읽는다.

• 의문사의 종류: who 누구 / when 언제 / where 어디서 / what 무엇 / how 어떻게 (how much 얼마, how long 얼마나 오래, how often 얼마나 자주) / why 왜 / which 어느, 어떤 (것)

A: When is your birthday? 너의 생일은 언제니? — **B: April 5th.** 4월 5일이야.

A: How do you go to school? 너는 학교에 어떻게 가니? — **B: By bus.** 버스를 타고 가.

(3) 선택의문문: 두 가지 이상의 것 중에서 선택을 묻는 의문문이다. 보통 or 앞에서는 올려서 말하고, or 다음은 올렸다가 내려서 말한다.

A: Is your teacher tall or short? 너의 선생님께서는 키가 크시니, 작으시니?

B: He is tall. 선생님께서는 키가 크셔.

(4) 부가의문문: 자신이 말한 내용에 대하여 상대방의 동의를 구하거나 확인하고자 할 때 평서문 다음에 짧은 의문문의 형태를 덧붙인 의문문이다. 긍정문에는 부정의 부가의문문이, 부정문에는 긍정의 부가의문문이 사용된다.

* 영어는 우리말과 달리 긍정으로 묻든 부정으로 묻든, 응답이 긍정이면 Yes로, 부정이면 No로 답한다.

A: You are sleepy, aren't you? 너 졸리지, 그렇지 않니?

B: Yes, I am. 그래, 졸려. / **No, I am not.** 아니, 안 졸려.

A: You can't drive a car, can you? 너는 자동차를 운전할 수 없어, 그렇지?

B: Yes, I can. 아니, 할 수 있어. / **No, I can't.** 그래, 할 수 없어.

3. 명령문

(1) 직접 명령문: 상대방에게 직접 명령, 요구, 금지의 의미를 전달하는 문장으로, 일반적으로 주어 You를 생략한다. 부정형 명령문은 문장 앞에 Don't를 붙인다. 부탁이나 요청을 할 때는 문장 앞이나 뒤에 please를 붙인다.

Be careful! 조심해!

Don't walk on the grass. 풀밭 위를 걷지 마라.

Fasten your seat belts, please. 안전벨트를 매어 주세요.

(2) 간접 명령문: 상대방을 통하여 허락을 구하거나 제삼자에게 명령, 권유하는 문장으로 「Let + 목적어 + 동사원형 ~.」으로 나타낸다.

Let me know your opinion. 내게 네 의견을 알려 줘.

Let him wait for a while. 그를 잠깐 기다리게 해라.

Don't let her go there. 그녀가 거기에 가도록 내버려 두지 마라.

Let's go out and play soccer. 밖에 나가서 축구하자. *let's는 let us의 줄임말

4. 감탄문

기쁨, 슬픔, 놀람 등의 감정을 나타내는 문장이다.

What a beautiful flower (it is)! 참 아름다운 꽃이다!

How awful (it is)! 정말 끔찍하다!

5. 기원문

소망이나 기원을 나타내는 관용적인 문장이다.

God bless you! 당신에게 신의 가호가 있기를!

May your Christmas be white! 당신의 크리스마스가 눈 내리는 크리스마스이기를!

3. be동사의 활용

be동사는 '~이다; ~에 있다'의 의미로 주로 사용되며 주어의 인칭과 수에 따라 형태가 달라진다.

〈인칭대명사와 be동사〉

	인칭대명사	be동사		인칭대명사	be동사	
	단수	현재형	과거형	복수	현재형	과거형
1인칭	I	am	was	we	are	were
2인칭	you	are	were	you		
3인칭	he/she/it	is	was	they		

* 1인칭은 '나(우리)'를 가리키고, 2인칭은 '너(너희들)'를 가리킨다.
1인칭과 2인칭을 제외한 모든 사람과 사물은 3인칭에 해당한다.

1. be동사의 현재형
주어의 인칭과 수에 따라서 am, are, is가 쓰인다.

I am in London now. 나는 지금 런던에 있다.
You are a good singer. 너는 훌륭한 가수이다.
The Earth is wonderful. It's a beautiful planet. 지구는 멋지다. 그것은 아름다운 행성이다.
We are hardworking students. 우리는 근면한 학생이다.
You and Brian are my true friends. 너와 브라이언은 나의 진정한 친구이다.

2. be동사의 과거형
주어의 인칭과 수에 따라서 was 또는 were가 쓰인다.

Last year, I was fourteen, and now I'm fifteen. 작년에 나는 14살이었고 지금 나는 15살이다.
You were late for school yesterday. 너는 어제 학교에 늦었다.
Mother Teresa was a saint. She was the friend of poor people.
테레사 수녀는 성인이었다. 그녀는 가난한 사람들의 친구였다.
We were very excited about the World Cup Games. 우리는 월드컵에 매우 신이 나 있었다.
Dick and Jane were at the beach yesterday. They were happy.
딕과 제인은 어제 해변에 있었다. 그들은 행복했다.

3. be동사의 부정문
be동사 다음에 not을 넣는다: am[are, is] + **not** / was[were] + **not**

I am not hungry. I ate sandwiches in the morning.
나는 배고프지 않아. 나는 아침에 샌드위치를 먹었어.
You are not(= aren't) fat. You are slim. 너는 뚱뚱하지 않아. 너는 날씬해.
Alice is not(= isn't) at school now. 앨리스는 지금 학교에 없다.
The movie was not(= wasn't) interesting. It was boring.
그 영화는 흥미롭지 않았다. 그것은 지루했다.
They were not(= weren't) soccer players. They were baseball players.
그들은 축구 선수가 아니었다. 그들은 야구 선수였다.

4. be동사의 의문문
주어와 be동사의 순서를 바꾼 「be동사+주어 ~?」의 어순이다.

A: Are you ready? 준비됐니?
B: Yes, I am. 그래, 준비됐어. / **No, I'm not.** 아니, 안 됐어.

A: Were you nervous the first day of class? 너는 수업 첫날에 긴장했니?
B: Yes, I was. 그래, 긴장했어. / **No, I wasn't.** 아니, 긴장하지 않았어.

5. 의문사를 포함하는 be동사의 의문문
「의문사+be동사+주어 ~?」의 어순이다.

A: When was your last visit to a dentist? 너는 마지막으로 치과에 간 것이 언제니?
B: Six months ago. 6개월 전에.

A: Where are my socks? 내 양말이 어디에 있지?
B: They are in the drawer. 서랍 안에 있어.

6. There+be동사+주어

(1) 의미: '~(주어)가 있다[있었다]'라는 뜻이다.

There is a computer in my classroom. 나의 교실에 컴퓨터가 한 대 있다.
There are several children in the playground. 운동장에 아이들이 몇 명 있다.
There was a terrible earthquake in Nepal last year. 작년에 네팔에 끔찍한 지진이 있었다.
There were many interesting books at the bookstore. 서점에는 재미있는 책들이 많이 있었다.

(2) 부정문: be동사 다음에 not을 넣는다.

There isn't a flower in the vase. 꽃병에 꽃이 없다.
There aren't any parking spaces downtown. 도심에는 주차 공간이 전혀 없다.

(3) 의문문: be동사를 문장 앞으로 보낸다.

A: Excuse me, is there a hotel near here? 실례합니다만, 이 근처에 호텔이 있나요?
B: Yes, there is. 네, 있어요. / **No, there isn't.** 아니요, 없어요.

A: Was there a car accident around here? 이 근처에서 자동차 사고가 있었니?
B: Yes, there was. 그래, 있었어. / **No, there wasn't.** 아니, 없었어.

4. 일반동사의 활용

일상적인 활동이나 습관, 일반적인 사실을 나타낼 때는 현재형으로 쓰고, 지나간 일이나 끝나버린 일을 나타낼 때는 과거형으로 쓴다.

1. 일반동사의 현재형

현재의 일상적인 활동이나 습관, 일반적인 사실을 나타낸다. 주어가 3인칭 단수인 경우에는 일반동사의 현재형에 -s 또는 -es가 붙는다.

I drink milk every day. 나는 매일 우유를 마신다.
Tom often bites his fingernails. 톰은 자신의 손톱을 종종 물어뜯는다.
The sun rises in the east. 해는 동쪽에서 뜬다.

〈3인칭 단수 현재형 만들기〉
① 보통 동사원형에 -s를 붙인다: get — gets / come — comes / help — helps
② s, sh, ch, x로 끝나는 동사는 -es를 붙인다: pass — passes / wash — washes / watch — watches / fix — fixes
③ 「자음+y」로 끝나는 동사는 y를 i로 고치고 -es를 붙인다: study — studies / try — tries
cf. play — plays (「모음+y」로 끝나는 동사)
④ 기타: have — has / do — does / go — goes

2. 일반동사의 과거형
이미 지나간 일이나 과거에 끝나버린 일을 나타낸다.

I went to the park yesterday. 나는 어제 공원에 갔다.
Last night I had a good night's sleep. I slept ten hours. 어젯밤에 나는 잘 잤다. 나는 10시간을 잤다.

〈일반동사의 과거형 만들기〉
① 동사원형에 -ed를 붙인다: help — helped / talk — talked
② e로 끝나는 동사는 -d만 붙인다: live — lived / love — loved
③ 「단모음+단자음」으로 끝나고, 그 단모음에 강세가 있는 경우에는 끝 자음을 한 번 더 쓰고 -ed를 붙인다: stop — stopped / admit — admitted
④ 「자음+y」로 끝나는 동사는 y를 i로 고치고, -ed를 붙인다: carry — carried / study — studied
cf. enjoy — enjoyed (「모음+y」로 끝나는 동사)

3. 일반동사의 부정문
일반동사가 현재형인 경우에는 동사 앞에 do not(= don't)을 붙이되, 주어가 3인칭 단수인 경우에는 does not(= doesn't)을 붙인다. 과거형인 경우에는 did not(= didn't)을 붙인다. 이때의 do/does/did는 조동사이며, 그 뒤에 오는 일반동사는 반드시 동사원형으로 쓴다.
• 현재형: don't + 동사원형 / (주어가 3인칭 단수면) doesn't + 동사원형
• 과거형: (주어에 관계없이) didn't + 동사원형

I don't like loud music. 나는 시끄러운 음악을 좋아하지 않는다.
Nancy doesn't like horror movies. 낸시는 공포 영화를 좋아하지 않는다.
Sam didn't study hard for the test. 샘은 시험에 대비해서 열심히 공부하지 않았다.

4. 일반동사의 의문문
• 현재형: Do[Does] + 주어 + 동사원형 ~ ?
• 과거형: Did + 주어 + 동사원형 ~ ?

A: Do you like classical music? 너는 고전 음악을 좋아하니? — **B: Yes, I do.** 그래, 좋아해.

A: Does your sister live in New York? 너의 여동생은 뉴욕에 살고 있니?
B: No, she doesn't. She moved to Chicago. 아니, 안 그래. 그녀는 시카고로 이사 갔어.

A: Did Tom and you play tennis last weekend? 톰과 너는 지난 주말에 테니스를 쳤니?
B: Yes, we did. 그래, 그랬어.

5. 의문사를 포함하는 일반동사의 의문문
일반동사의 의문문 앞에 의문사만 덧붙이면 된다. (단, 의문사가 주어인 경우에는 「Who+동사 ~?」의 형태로 쓴다.)

Mr. Lee teaches English at school. 이 선생님께서는 학교에서 영어를 가르치신다.
→ **Does Mr. Lee teach English at school?** 이 선생님께서는 학교에서 영어를 가르치시니?
→ **What does Mr. Lee teach at school?** 이 선생님께서는 학교에서 무엇을 가르치시니?

A: When did you send your e-mail to me? 너는 이메일을 언제 내게 보냈니?
B: I sent it last night. 나는 어젯밤에 그것을 보냈어.

A: Who usually washes the dishes after dinner? 누가 주로 저녁 식사 후에 설거지를 하니?
B: My father does. 나의 아버지께서 하셔.

Part 1
문형과 품사

Chapter ① 문장의 형식

Chapter ② 명사

Chapter ③ 대명사

Chapter ④ 형용사와 부사

Chapter ⑤ 수능 빈출 어법 1

Chapter ①
문장의 형식

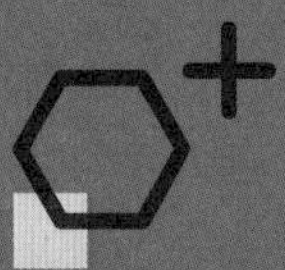

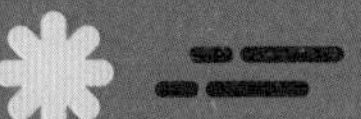

Unit 01　주어(S)+동사(V)
Unit 02　주어(S)+동사(V)+주격보어(C)
Unit 03　주어(S)+동사(V)+목적어(O)
Unit 04　주어(S)+동사(V)+간접목적어(IO)+직접목적어(DO)
Unit 05　주어(S)+동사(V)+목적어(O)+목적격보어(C)

Unit 01 주어(S)+동사(V)

1. 주어(S)와 동사(V)의 개념

◆ 문장을 구성하는 요소 중에서 **주어(Subject)**는 동작이나 상태의 주체가 되는 말로 우리말의 '~은/는, ~이/가'로 해석된다. 주어가 될 수 있는 품사는 명사, 대명사 (및 명사 역할 어구)이다.

◆ **동사(Verb)**는 주어의 동작이나 상태를 나타내며, '~하다'로 해석된다.

◆ 주어와 동사는 문장의 필수 요소로서, 주어와 동사만으로도 의미가 완전한 문장이 될 수 있다. 즉 주어와 동사 중 하나라도 없으면 의미가 통하지 않아 문장이 성립하지 않는다(명령문 제외).

Stars twinkle. 별들이 반짝인다.
주어(명사) 동사

He cried. 그가 울었다.
주어(대명사) 동사

The wind blows. 바람이 분다.
주어(명사구) 동사

The boy shouted. 그 소년이 소리쳤다.
주어(명사구) 동사

◆ 주어와 동사만으로 의미가 완전해도 풍부한 의미 전달을 위해 다양한 부사(구) 수식어가 덧붙여질 때가 많다.

Rivers flow **toward the sea.** 강들은 바다를 향하여 흐른다.
부사구 수식어

Plants grow **in a forest.** 식물들이 숲속에서 자란다.
부사구 수식어

TIP

SV 다음에 부사(구)가 반드시 필요한 동사

be(있다), lie(눕다; 놓여 있다), stand(서 있다), stay(머무르다) 등의 동사는 장소를 나타내는 부사(구) 수식어가 꼭 있어야 문장의 의미가 분명해진다.

Mother **is in the kitchen.**
동사 부사구
어머니는 부엌에 계신다.

My school **stands on the hill.**
동사 부사구
우리 학교는 그 언덕 위에 있다.

TIP

구동사

2개 이상의 단어가 하나의 품사 역할을 하는 것을 '구'라고 한다. 구동사란 동사가 부사 또는 전치사와 결합하여 하나의 동사처럼 쓰이는 것을 말한다.

She **stood up** and walked to the window.
그녀는 일어나서 창 쪽으로 걸어갔다.

Go away and don't **come back.**
가서 돌아오지 마.

2. 「주어(S)+동사(V)」 문형으로 잘 쓰이는 주요 동사

◆ occur((사건 등이) 일어나다), appear(나타나다), rise(떠오르다), die(죽다), fall(떨어지다), happen(발생하다)과 같은 동사들은 「주어+동사」 문형으로 잘 쓰인다.

A car accident **occurred.** 자동차 사고가 일어났다.
A small bee **appeared.** 작은 벌 한 마리가 나타났다.
The heavy snow **fell.** 폭설이 내렸다.
What **happened** in the kitchen now? 지금 부엌에서 무슨 일이 일어났니?

CHECK UP 다음 밑줄 친 부분 중 주어와 동사를 찾아 각각 S, V로 표시하시오.

1 My friend runs very fast.

2 In the afternoon, the rain stopped.

3 Jane smiled at the joke quietly.

twinkle 반짝이다 **blow** (바람이) 불다 **flow** 흐르다 **toward** ~ 쪽으로, ~을 향하여 **forest** 숲 **joke** 농담(하다)

정답 및 해설 p. 2

Practice

A 다음 중 문장이 성립하는 것은 ○표, 성립하지 않는 것은 ×표하고 〈보기〉에서 그 이유를 골라 번호를 쓰시오.

보기 ① 주어 없음 ② 동사 없음

01 Rises quietly and gently.

02 The ship sailed smoothly across the sea.

03 The thief quickly.

04 Raindrops fall from the sky.

05 The bird on the tree beautifully.

B 다음 각 문장에서 주어와 동사를 찾아 밑줄을 긋고 각각 S, V로 표시하시오.

01 My family moved to our new home yesterday.

02 The rabbit jumped out of the grass.

03 The bookstore opens at 10 o'clock in the morning.

04 The fog disappeared and the sun shone.

C 주어진 우리말과 일치하도록 괄호 안의 단어들을 배열하여 문장을 완성하시오.

01 고래들이 물속에서 헤엄친다. (swim / water / in / whales)

→ ______________________________

02 우리는 강을 따라서 걸었다. (walked / we / the river / along)

→ ______________________________

03 나의 엄마는 나에게 미소를 지었다. (at / me / smiled / my mom)

→ ______________________________

04 비행기가 하늘 위를 날았다. (the sky / flew / across / the plane)

→ ______________________________

A **gently** 다정하게, 완만하게 **sail** 항해하다 **smoothly** 부드럽게, 매끄럽게 **raindrop** 빗방울 **B** **disappear** 사라지다 **shine(-shone-shone)** 빛나다 **C** **along** ~을 따라서 **across** ~을 가로질러

Unit 02 주어(S)+동사(V)+주격보어(C)

1. 보어(C)가 필요한 문형

- **보어(Complement)**란 '보충해 주는 말'이라는 뜻으로, '~이다', '(상태가) ~하다'라는 뜻을 가진 동사들의 '~'에 해당하는 말이다. 이 동사들은 보어가 있어야 비로소 완전한 의미를 이룬다. 보어가 될 수 있는 품사는 명사와 형용사뿐이다. 형용사 보어 자리에 부사는 올 수 없다.
- 주어와 동사만으로는 문장의 의미가 완전하지 않아 주어를 보충 설명해 주는 보어(주격보어)가 필요한 문형이 있다.

Laura became **a designer**. 로라는 디자이너가 되었다. (Laura became. ×)
주격보어(명사)

Dreams come **true**. 꿈은 이루어진다.
주격보어(형용사)

The traffic light turned **green**. 신호등이 녹색으로 바뀌었다.
주격보어(형용사)

> **TIP**
>
> **SVC 문형의 관용적 표현**
>
> come true 실현되다
> get sick 병들다
> go bad 상하다
> look young 젊어 보이다
> run dry 말라 버리다
> turn pale 창백해지다
>
> The young pianist suddenly **got sick**.
> 그 젊은 피아니스트는 갑자기 병들었다.
>
> The river **ran dry** during the drought.
> 강이 가뭄 동안 말라 버렸다.

2. 「주어(S)+동사(V)+주격보어(C)」 문형으로 잘 쓰이는 주요 동사

- be동사류

be ~이다	Kate **is** cute. 케이트는 귀엽다. My cousins **are** high school students. 내 사촌들은 고등학생이다.
remain, keep, stay ~인 채[상태]로 있다	The boy **kept** calm. 그 소년은 침착한 상태로 있었다. The water bottle **remains** empty. 그 물병은 빈 채로 있다.
become, get, grow, go, come, turn ~해지다, ~하게 되다	Suddenly, my friend Mary **became** upset. 갑자기 나의 친구 메리는 화가 났었다. Leaves **turn** red in the fall. 나뭇잎들은 가을에 빨갛게 변한다.
seem, appear, look ~인 것 같다, ~해 보이다	This orange **seems** very fresh. 이 오렌지는 매우 신선한 것 같다. You **look** angry. What's wrong? 너는 화가 나 보인다. 무슨 일이니?

- 감각동사류

sound ~하게 들리다 **taste** ~한 맛이 나다 **smell** ~한 냄새가 나다 **feel** ~한 느낌이 들다	Her suggestion **sounded** great. 그녀의 제안은 근사하게 들렸다. Your ice cream **tastes** sweet. 너의 아이스크림은 달콤하다. This curry **smells** really good. 이 카레는 정말 좋은 냄새가 난다. I **feel** glad about my test scores. 나는 내 시험 점수에 기쁘다.

CHECK UP 다음 중 어법상 적절한 것을 고르시오.

1 The little girl looked [happy / happily].
2 Glass breaks [easy / easily].
3 The spring breeze blows [soft / softly].
4 This hamburger tastes a bit [strange / strangely].

traffic light 신호등 **calm** 침착한, 차분한 **leaf** (pl. **leaves**) 나뭇잎 **suggestion** 제안 **score** 점수 **breeze** 산들바람

정답 및 해설 p. 2

Ⓐ 다음 각 문장에서 동사, 주격보어를 찾아 밑줄을 긋고 각각 V, C로 표시하시오.

01 She looks beautiful in that dress.

02 The girl is a good actress.

03 The milk in this bottle turned sour.

04 The students remained silent during the class.

05 My grandmother exercises every day and stays healthy.

Ⓑ 다음 중 문형이 다른 하나를 고르시오.

① I always feel happy after school.
② The man in the bus laughed really loudly.
③ My dad seemed lonely in the empty room.
④ The violinist looked comfortable on the stage.
⑤ Today, the weather suddenly turned cold.

Ⓒ 주어진 우리말과 일치하도록 〈보기〉의 동사와 괄호 안의 단어를 이용하여 문장을 완성하시오.

보기 sound look feel taste

01 그녀는 그 소식에 슬픔을 느꼈다. (sad)

➔ She ______________________ at the news.

02 그녀의 얼굴이 매우 아름다워 보였다. (very beautiful)

➔ Her face ______________________.

03 네 목소리가 이상하게 들렸다. (strange)

➔ Your voice ______________________.

04 그 팬케이크는 맛이 별로였다. (bad)

➔ The pancake ______________________.

A **sour** (맛이) 신 **silent** 조용한, 말이 없는 **B** **empty** 빈, 비어있는 **violinist** 바이올린 연주자 **comfortable** 편안한 **stage** 무대

Unit 03 주어(S)+동사(V)+목적어(O)

1. 목적어(O)가 필요한 문형

◆ **목적어(Object)**는 동사가 나타내는 동작이나 상태의 대상이 되는 말로, 대개 우리말의 조사 '~을/를'로 해석되는 경우가 많다. 목적어로 쓰일 수 있는 품사는 명사, 대명사 (및 명사 역할 어구)이고, 인칭대명사를 목적어로 쓸 때는 목적격으로 써야 한다.

The early bird catches **the worm**. [속담] 일찍 일어나는 새가 벌레를 잡는다.
목적어(명사)

John is in the hospital. We visited **him** yesterday. 존은 병원에 있다. 우리는 어제 그를 방문했다.
목적어(목적격 인칭대명사)

◆ 「주어(S)+동사(V)+목적어(O)」 문형은 주어와 동사만으로는 문장이 완전하지 않아 목적어가 반드시 필요하며 'S는 O를 V하다'로 해석한다. 이와 같이 목적어를 필요로 하는 동사를 '타동사'라고 한다.

The students want **a cafeteria**. 학생들은 구내식당을 원한다.
주어 타동사 목적어

People have **two ears and one mouth**. 사람은 두 개의 귀와 한 개의 입을 가지고 있다.

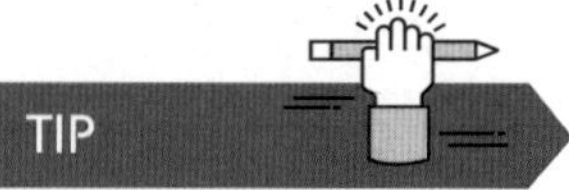

TIP

보어(C)와 목적어(O)의 비교

- 보어는 주어를 보충 설명하는 것이므로 주어와 의미상 연결되지만, 목적어는 동사의 대상이므로 주어와 연결되지 않는다.
- 보어로는 명사와 형용사 둘 다 가능하지만, 목적어로는 명사만 쓸 수 있다. (Unit 02 참조)

She became **a teacher**.
[She = a teacher]
* a teacher는 보어

She likes **music**.
[She ≠ music]
* music은 목적어

2. 주의해야 할 타동사

◆ 타동사와 다르게 앞에서 학습한 문형의 동사처럼 목적어가 필요 없는 동사를 '자동사'라고 한다. 형태와 의미가 유사하여 혼동하기 쉬운 자동사와 타동사를 주의한다.

– rise ㉆ 솟다, 솟아오르다 / raise ㉟ 올리다

The sun **rises**. 해가 솟아오른다. He **raised** *his hand*. 그가 손을 들었다.

– sit ㉆ 앉다 / seat ㉟ 앉히다

He **sat** on the sofa. 그는 소파에 앉았다.
The mother **seated** *her baby* on the baby chair. 어머니는 아기를 아기용 의자에 앉혔다.

– lie(-lay-lain) ㉆ 눕다; (놓여) 있다 / lay(-laid-laid) ㉟ 눕히다; 놓다

On a sunny day, I **lay** on the grass in the park. 맑은 날에, 나는 공원 풀밭 위에 누웠다.
He **laid** *a hand* on my shoulder. 그가 내 어깨에 한 손을 얹었다.

TIP

전치사가 필요 없는 타동사

해석상 목적어 앞에 전치사가 필요한 것으로 착각하기 쉬운 타동사를 주의한다.

- answer ~에 답하다
  answer ~~to~~ the question
  질문에 답하다
- enter ~에 들어가다
  enter ~~into~~ the room
  방에 들어가다
- discuss ~에 대해 논의하다
  discuss ~~about~~ the problem
  문제에 대해 논의하다
- marry ~와 결혼하다
  marry ~~with~~ her 그녀와 결혼하다
- reach ~에 도달하다
  reach ~~to~~ the top 정상에 도달하다

CHECK UP 다음 각 문장에서 목적어를 찾아 밑줄을 그으시오.

1 I met Tim at the theater last weekend.
2 A bad workman blames his tools.
3 I can't believe you anymore.
4 Please explain it to me again.
5 Many people drink coffee every morning.

worm 벌레 **cafeteria** 구내식당, 카페테리아 **workman** 노동자, 일꾼 **blame** 탓하다, 비난하다 **tool** 연장, 도구 **explain** 설명하다

정답 및 해설 p. 3

Ⓐ 다음 각 문장에서 주어, 동사, 목적어를 찾아 밑줄을 긋고 각각 S, V, O로 표시하시오.

01 The teacher wrote words on the chalkboard.

02 Don't judge a book by its cover.

03 We discussed the problem for an hour.

04 She invited her friends to her birthday party.

05 My uncle opened an Italian restaurant a few years ago.

Ⓑ 다음 각 문장에서 밑줄 친 부분이 보어이면 C, 목적어이면 O를 쓰시오.

01 A student raised <u>his hand</u> and asked a question.

02 Silvia doesn't feel <u>happy</u> now.

03 Yesterday, we reached <u>the hotel</u> at midnight.

04 George married <u>Lucy</u> four years ago.

05 Your trip sounds very <u>exciting</u>.

Ⓒ 다음 중 문형이 <u>다른</u> 하나를 고르시오.

① I explained my plan to my parents.
② John eats meals very fast.
③ Yuna will visit her grandma in Sokcho.
④ She sat on the sand of the beach.
⑤ Fred laid his bag on the bed in his room.

A **chalkboard** 칠판 **judge** 판단하다; 재판관 **cover** 덮개; 표지; 덮다 **B** **midnight** 자정(밤 열두 시); 한밤중 **C** **meal** 식사, 끼니

Unit 04 주어(S)+동사(V)+간접목적어(IO)+직접목적어(DO)

1. 두 개의 목적어가 필요한 문형

- '~에게 …을 주다'라는 뜻을 가진 동사들은 동작의 대상이 2개이므로 목적어가 2개 필요하다. 이러한 동사를 '수여동사'라고 한다.
- 「주어(S)+동사(V)+목적어(O)+목적어(O)」 문형에서 앞의 목적어는 **간접목적어**(IO: **I**ndirect **O**bject)이고 우리말 '~에게'에 해당하며, 뒤의 목적어는 **직접목적어**(DO: **D**irect **O**bject)이고 우리말 '~을/를'에 해당한다. 'S는 IO에게 DO를 V해 주다'로 해석한다.

보이는 문법

He gave her a candy.
IO DO

간접목적어 '(대상)에게' 직접목적어 '(물건)을'

The singer **showed us a wonderful performance**. 그 가수는 우리에게 멋진 공연을 보여 주었다.
(The singer: 주어 / showed: 동사 / us: 간접목적어 / a wonderful performance: 직접목적어)

My uncle **teaches students English** in school. 나의 삼촌은 학교에서 학생들에게 영어를 가르치신다.
(students: 간접목적어 / English: 직접목적어)

- 수여동사의 종류

bring me a book 나에게 책을 가져다주다
buy me a toy 나에게 장난감을 사 주다
make me dinner 나에게 저녁을 만들어 주다
give me a present 나에게 선물을 주다
tell me your ID 나에게 아이디를 말해 주다
show me a picture 나에게 사진을 보여 주다
send me a letter 나에게 편지를 보내 주다
teach me English 나에게 영어를 가르쳐 주다
lend me a pen 나에게 펜을 빌려 주다
get me an umbrella 나에게 우산을 챙겨 주다

2. SVOO → SVO 전환

- SVOO 문형은 「간접목적어+직접목적어」의 어순을 바꿔 「직접목적어+to[for]+간접목적어」의 SVO 문형으로 전환할 수 있다. 이때 대부분의 수여동사는 간접목적어 앞에 전치사 to를 쓰는데, buy, make, get, find 등은 간접목적어 앞에 for를 쓴다.

He **gave** his friend some advice. 그는 그의 친구에게 몇 마디 조언을 해 주었다.
→ He **gave** some advice **to** his friend.

Dad **bought** me a computer. 아빠는 나에게 컴퓨터를 사 주셨다.
→ Dad **bought** a computer **for** me.

cf. ask 동사는 직접목적어로 a favor, a question을 먼저 취할 때 간접목적어 앞에 전치사 of를 쓴다. 그러나 SVO 문형보다는 「간접목적어+직접목적어」 어순의 SVOO 문형을 주로 쓴다.
I **asked** him a favor. → I **asked** a favor **of** him. 나는 그에게 도움을 요청했다.
She **asked** me a question. → She **asked** a question **of** me. 그녀가 내게 질문을 했다.

TIP

직접목적어가 대명사일 경우

직접목적어가 it, them 등의 대명사일 경우에는 「간접목적어+직접목적어」 어순의 SVOO 문형 대신 전치사를 활용한 SVO 문형을 쓴다.

I finished my report, so I showed **it *to* my father**.
과제를 끝내서, 나는 그것을 나의 아버지께 보여 드렸다.
(I showed my father it. ×)

CHECK UP 다음 중 어법상 적절한 것을 고르시오.

1 My parents bought [a pizza me / me a pizza].
2 Jinsu sent [his photos us / his photos to us].

performance 공연; 연주회 **advice** 조언, 충고 **favor** 호의, 친절(한 행위)

정답 및 해설 p. 3

Ⓐ 다음 각 문장에서 간접목적어와 직접목적어를 찾아 밑줄을 긋고 각각 IO, DO로 표시하시오.

01 I sent Ted a small present for his birthday.

02 Could you tell me the way to City Hall?

03 Can I ask you a favor?

04 John bought me some beautiful flowers.

05 Volunteers give elderly people lunch in the park.

Ⓑ 다음 각 문장에서 밑줄 친 부분을 바르게 고쳐 쓰시오.

01 Can you lend your book me?

02 Here are the keys. Give your father them.

03 Can you get some coffee to me?

04 They will buy for me some bread.

05 I made a paper plane to my younger brother.

Ⓒ 다음 각 문장을 〈보기〉와 같이 전환할 때 전치사 to 또는 for를 이용하여 문장을 완성하시오.

보기 Sarah told Daniel her secret.
➔ Sarah told her secret **to Daniel**.

01 Jessica sent her parents a letter from New York.
➔ Jessica sent a letter ______________ from New York.

02 My uncle bought my sister a cake.
➔ My uncle bought a cake ______________.

03 Can you bring me the book, please?
➔ Can you bring the book ______________, please?

04 Mrs. Baker made us a meal.
➔ Mrs. Baker made a meal ______________.

A **City Hall** 시청 **volunteer** 자원봉사자 **elderly** 나이가 지긋한, 연세가 드신 **C** **secret** 비밀(의)

Unit 05 주어(S)+동사(V)+목적어(O)+목적격보어(C)

1. 목적격보어가 필요한 문형

보이는 문법
He named the dog Mimi.
O
C
Mimi
목적어
=
목적격보어

◆ 주어를 보충 설명하는 것이 주격보어인 것처럼 목적어를 보충 설명하는 것을 **목적격보어**라고 한다. 즉 주격보어가 주어와 의미상 연결되는 것처럼, 목적어를 보충 설명하는 목적격보어도 목적어와 의미상 연결된다.

◆ 주격보어와 마찬가지로 목적격보어가 될 수 있는 품사도 명사와 형용사뿐이다.

◆ 「주어(S)+동사(V)+목적어(O)+목적격보어(C)」 문형은 'S는 O를 C로[하게] V하다'로 해석한다.

We can make **the world a better place.** 우리는 세상을 더 좋은 곳으로 만들 수 있다.
주어 동사 목적어 목적격보어(명사구)

You must keep **your passwords secret.** 당신은 당신의 비밀번호들을 비밀로 유지해야 한다.
목적어 목적격보어(형용사)

2. 목적격보어의 품사와 의미

◆ 목적격보어가 명사인 경우 목적어와 목적격보어는 동일한 대상이다.

We named **the cat** *Coco*. (the cat = Coco) 우리는 그 고양이를 코코라고 이름 지었다.

Many experiences made **me** *a good writer*. (me= a good writer)
많은 경험이 나를 좋은 작가로 만들었다.

◆ 목적격보어가 형용사인 경우 목적어의 성질이나 상태를 나타낸다.

Everybody thinks **him** *honest*. 모든 사람이 그가 정직하다고 생각한다.

I found **my teacher** *very kind*. 나는 나의 선생님이 아주 친절하다는 것을 알게 되었다.

The rotten food made **him** *sick*. 그 상한 음식은 그를 병이 나게 만들었다.

3. 「목적어+목적격보어」와 「간접목적어+직접목적어」의 구별

◆ 목적격보어는 목적어와 동일 대상이거나 성질/상태를 설명하는 관계(목적어 = 목적격보어)이므로 SVOO 문형(간접목적어 ≠ 직접목적어)과 구별된다.

We elected Jenny the leader. 우리는 제니를 리더로 선출했다.
목적어 = 목적격보어

cf. Mr. Ford made his son a toy car. 포드 씨는 자신의 아들에게 장난감 차 한 대를 만들어 주었다.
간접목적어 ≠ 직접목적어

CHECK UP 다음 각 문장에서 목적격보어를 찾아 밑줄을 그으시오.

1 People call him Danny.
2 Vitamin C makes our skin smooth and healthy.
3 He considered the challenge impossible.

password 암호 **experience** 경험(하다) **rotten** 썩은, 부패한 **elect** 선출하다, 선택하다 **consider** 여기다, 고려하다 **impossible** 불가능한 (↔ **possible** 가능한)

정답 및 해설 p. 4

Ⓐ 다음 각 문장에서 목적어와 목적격보어를 찾아 밑줄을 긋고 각각 O, C로 표시하시오.

01 Everyone thinks Shakespeare a great dramatist.

02 The smell of food makes me hungry.

03 We call Paris the City of Light.

04 I usually leave the front door open.

Ⓑ 다음 각 항목에 해당하는 문장을 〈보기〉에서 골라 그 번호를 쓰시오.

보기
① What makes you so angry?
② We elected her captain.
③ I found the exam very easy.
④ I consider Jane my best friend.
⑤ She kept her house neat.

01 목적격보어가 명사인 경우:

02 목적격보어가 형용사인 경우:

Ⓒ 주어진 우리말과 일치하도록 괄호 안의 단어들을 배열하여 문장을 완성하시오.

01 나는 그 상자가 비어 있음을 발견했다. (I / the box / found / empty)
➔ ______________________________

02 당신의 친구를 바보라고 부르지 마라. (call / your friend / don't / a fool)
➔ ______________________________

03 그녀의 미소는 나를 행복하게 만든다. (happy / me / makes / her smile)
➔ ______________________________

A **dramatist** 극작가 **usually** 보통, 대개 **leave** (~을 …한 상태로) 두다; 떠나다 **front** 앞쪽의 **B** **neat** 깔끔한, 정돈된 **C** **fool** 바보

Chapter Exercises

A **다음 각 문장의 문형을 〈보기〉에서 찾아 그 번호를 쓰시오.**

보기	① SV	② SVC	③ SVO	④ SVOO	⑤ SVOC

01 Tom broke the cup on the table.

02 He told me the secret about Nancy.

03 The boy in the cafe smiled at me.

04 These gloves keep me warm.

05 My family visited the museum yesterday.

06 Time flies very fast.

07 Jane became a movie star.

08 Mom made me a birthday cake.

B **다음 밑줄 친 부분 중 문장에서의 역할이 나머지와 다른 하나를 고르시오.**

01
① The man is a policeman.
② This shop has many used goods.
③ The restroom looks clean.
④ Mike became a baseball player.
⑤ This pillow is really silky.

02
① Everyone thought my story funny.
② The sound of rain kept me awake.
③ This library needs more books.
④ We elected him the boss.
⑤ The rain made me wet.

B **used** 중고의 **restroom** (공공장소의) 화장실 **pillow** 베개 **silky** 부드러운, 비단 같은 **awake** 깨어 있는, 깨우다

정답 및 해설 p. 4

C 다음 중 〈보기〉와 문형이 같은 것을 고르시오.

01

보기	May I ask you a question?

① My brother bought me a toy.
② I put my bag on the desk.
③ The bananas on the table turned black.
④ Water is flowing through the tunnel.
⑤ My mom considers me a child.

02

보기	My friends call me Jenny.

① My dad bought me the new shoes.
② That accident occurred last night.
③ Kate kept the window open.
④ This milk seems rotten.
⑤ We want hamburgers and coke.

D 다음 중 밑줄 친 부분이 올바르면 ○표, 어색하면 ×표하고 바르게 고치시오.

01 The tea tastes very strongly.
02 All of her stories are true.
03 Susan rides a bike dangerous.
04 Andy teaches science of the kids.
05 The forecast of a typhoon made our mood serious.

C **through** ~을 통과하여　D **dangerous** 위험한　**forecast** 예측, 예보　**typhoon** 태풍　**mood** 기분; 분위기

E 다음 중 빈칸에 적절하지 <u>않은</u> 것을 고르시오.

01 The new student looks ______________.

① smart ② nicely ③ friendly ④ healthy

02 That sounds ______________.

① good ② great ③ interesting ④ strangely

03 Mary ______________ hungry.

① felt ② became ③ was ④ found

04 My brother ______________ quickly.

① ran ② spoke ③ kept ④ walked

서술형 대비

F 다음 각 문장을 〈보기〉와 같이 전치사 to 또는 for를 이용하여 SVO 문형으로 전환하시오.

보기	Bring me two books, please. → **Bring two books to me, please**.

01 I teach little children English.

→ ____

02 He bought his friend a movie ticket.

→ ____

03 Mary told me a scary story.

→ ____

04 I cooked my parents dinner.

→ ____

E **nicely** 멋지게; 친절하게 **friendly** 친절한, 다정한 **F** **scary** 무서운

Ⓖ 다음 중 어법상 적절한 것을 고르시오.

01 Could you speak [slow / slowly]?

02 Keep your room [neat / neatly].

03 Will you buy some cake [to / for] me?

04 My sister remained [silent / silently] all day.

05 She didn't [answer / answer to] the phone last night.

서술형 대비

Ⓗ 주어진 우리말과 일치하도록 괄호 안의 단어들을 배열하여 문장을 완성하시오.

01 우리에게 문제가 있을 때, 우리 선생님은 우리에게 유용한 조언을 해 주신다.
(our teacher / us / gives / useful advice)
→ When we have problems, ______________________.

02 커피가 지난밤에 나를 깨어 있게 만들었다. (me / the coffee / awake / kept)
→ ______________________________ last night.

03 마술사가 우리에게 신기한 마술을 보여 주었다.
(showed / amazing magic / the magician / us)
→ ______________________________________.

04 나를 위해 내 가방을 찾아줄 수 있니? (find / my bag / me / for)
→ Can you ____________________________?

G **all day** 하루 종일 H **useful** 유용한 **amazing** 놀라운 **magician** 마술사

문법, 문장으로 정리하자!
Summary with Sentences

Unit 01 주어(S)+동사(V)

The wind blows. 동사: 주어의 동작이나 상태를 나타내는 말
주어: 동작이나 상태의 주체

Unit 02 주어(S)+동사(V)+주격보어(C)

Laura became a designer. 〈Laura = a designer〉
주어 동사 보어(명사)

Her suggestion sounded great. 〈Her suggestion – great(상태)〉
주어 감각동사류 보어(형용사)

Unit 03 주어(S)+동사(V)+목적어(O)

The early bird catches the worm.
주어 동사 목적어

We visited him yesterday.
주어 동사 목적어(he의 목적격)

Unit 04 주어(S)+동사(V)+간접목적어(IO)+직접목적어(DO)

My uncle teaches students English in school.
주어 동사 간접목적어 직접목적어

He gave his friend some advice. → He gave some advice **to** his friend.

Dad bought me a computer. → Dad bought a computer **for** me.

Unit 05 주어(S)+동사(V)+목적어(O)+목적격보어(C)

We named the cat Coco. 〈the cat = Coco〉
주어 동사 목적어 목적격보어(명사)

The rotten food made him sick. 〈him – sick(상태)〉
주어 동사 목적어 목적격보어(형용사)

Chapter ②
명사

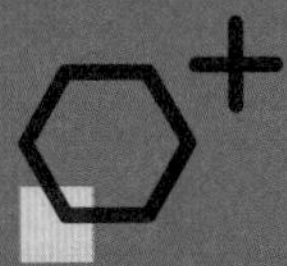

Unit 01 명사의 수

1. 명사의 단수와 복수

◆ 명사에는 셀 수 있는 명사와 셀 수 없는 명사가 있다. 셀 수 있는 명사는 단수(하나)와 복수(둘 이상)의 구분이 있으며, 단수는 앞에 a/an을 붙이고 복수는 보통 뒤에 -s/-es를 붙인다.

◆ 셀 수 없는 명사는 앞에 a/an을 붙이지 않고 복수형도 없다.

a student (○), student**s** (○) 〈셀 수 있는 명사〉

information (○), **an** information (×), information**s** (×) 〈셀 수 없는 명사〉

A good **book** is **a friend** for life. 좋은 책은 평생의 친구이다.

I eat **an apple** every day. 나는 매일 사과 한 개씩을 먹는다.

Sandy wrote **letters** to her old **friends**. 샌디는 그녀의 옛 친구들에게 편지를 썼다.

◆ 「명사+-s」 이외의 명사 복수형 만드는 법

① -es를 붙이는 명사

-s, -ss, -sh, -ch, -x로 끝나는 명사 → a bus – buses

「자음+o」 → a tomato – tomatoes

「자음+y」는 y를 i로 고치고 -es를 붙인다. → a baby – babies

-f/-fe로 끝나는 명사는 -v로 고치고 -es를 붙인다. → a leaf – leaves/a knife – knives

② 불규칙한 복수형의 명사

a child – children	a foot – feet	a man – men
a mouse – mice	a tooth – teeth	a goose – geese

③ 단수형 = 복수형

a fish – two fish	a deer – three deer	a sheep – four sheep

2. 셀 수 없는 명사의 수량 표현

◆ 셀 수 없는 명사는 복수형이 없으므로 그것을 담는 그릇, 모양, 단위를 붙여서 센다.

a glass[bottle] of milk/water 우유/물 한 잔[병]	a cup of coffee/tea 커피/차 한 잔
a sheet[piece] of paper 종이 한 장	a bowl of soup/rice/cereal 수프/밥/시리얼 한 그릇
a slice[loaf] of bread 빵 한 조각[덩어리]	a slice[piece] of pizza/cheese 피자/치즈 한 조각
two bars of soap/chocolate 비누/초콜릿 두 개[덩어리]	a piece of information/furniture 정보/가구 한 개

Would you give me ***two pieces of* pizza**? 제게 피자 두 조각 주시겠어요?

I usually drink ***four cups of* water** a day. 나는 보통 하루에 넉 잔의 물을 마신다.

CHECK UP 다음 표현이 어법상 올바르면 ○표, 어색하면 ×표하고 바르게 고치시오.

1 a peace	2 three pens	3 ten sheet of paper
4 knifes	5 a bird	6 five breads

보이는 문법 

셀 수 없는 명사의 종류

• 기체, 액체, 가루 등 특정한 형태가 없는 것
water, air, bread, meat, money, salt, wood, gold 등

• 눈에 보이지 않거나 만질 수 없는 것
love, health, peace, honesty, happiness 등

• 고유명사(사람, 장소 등의 고유 이름): 첫 글자는 반드시 대문자

London

Jane

• 다른 부분들로 구성된 전체
information, fruit, food, furniture(가구), mail, jewelry(장신구), baggage(짐, 수하물), advice 등

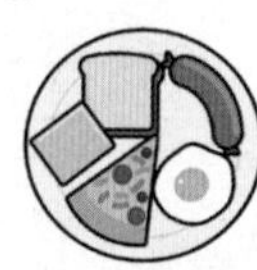

TIP 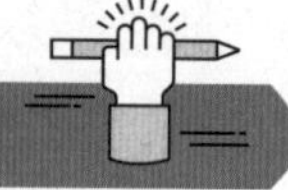

hundred vs. hundreds

hundred, thousand, million 등은 명확한 수를 나타낼 때는 단수형을 쓰지만, 막연한 다수(수백, 수천)를 나타낼 때는 복수형을 쓴다.

three **hundred** students
300명의 학생들

hundreds of cars
수백 대의 차

정답 및 해설 p. 6

A 다음 각 문장에서 밑줄 친 복수형의 어색한 부분을 바르게 고쳐 쓰시오.

01 I need some <u>informations</u>.

02 <u>The mails</u> arrived early that morning.

03 I read a newspaper, wrote <u>two letter</u>, and listened to some music.

04 Can I have <u>three piece of pizza</u>?

05 Look at the <u>gooses</u> on the pond. They are so big.

B 다음 중 어법상 적절한 것을 고르시오.

01 My [foot / feet] are tired.

02 In the spring, new [leaf / leaves] appear on the trees.

03 A family with two [child / children] lives next door.

04 They have a lot of antique [furniture / furnitures].

05 Can you give me a [soap / toothbrush]?

06 We bought some [bottle / bottles] of mineral water.

07 I ate two slices of [bread / breads] with a glass of [juice / juices].

08 [Sheep / Sheeps] eat grass.

C 주어진 우리말과 일치하도록 괄호 안의 단어들을 이용하여 어구를 완성하시오.

01 다섯 잔의 주스 → ______________________ (glass, juice)

02 한 병의 와인 → ______________________ (bottle, wine)

03 빵 세 조각 → ______________________ (slice, bread)

04 종이 네 장 → ______________________ (piece, paper)

05 비누 한 개 → ______________________ (bar, soap)

A **goose** 거위 **pond** 연못 **B** **antique** 골동품(인) **toothbrush** 칫솔 **mineral** 광물(의); 무기물, 미네랄

Unit 02 명사의 용법과 수일치

1. 명사의 역할

◆ 명사는 문장에서 S(주어), O(목적어), C(보어) 역할을 한다.

Knowledge is **power**. 아는 것이 힘이다. (Knowledge: 주어, power: 보어)

I have a **dog**. 나는 개가 한 마리 있다. (dog: 목적어)

2. 주어와 동사의 수일치

◆ 주어가 단수면 동사도 단수동사, 복수면 복수동사를 써 주어와 동사를 수일치시켜야 한다.

A butterfly *flies* in the garden. 나비 한 마리가 정원에서 날아다닌다.

My friends and I *go* to the amusement park once a month.
내 친구들과 나는 한 달에 한 번씩 놀이공원에 간다.

◆ 항상 단수/복수 취급하는 명사를 잘 알아두어 동사와 수를 일치시킨다.

– 항상 단수 취급: news / 학문·과목명 mathematics(수학), economics(경제학), physics(물리학) / 단독으로 또는 합성어를 이루어 다른 명사를 수식 a **shoe** store, a ten-**dollar** bill, a 14-**year**-old boy

– 항상 복수 취급: glasses, clothes, scissors, jeans, shoes 등 짝으로 이루어진 사물

Economics *is* very difficult for me. 경제학은 내게 매우 어렵다.

Those glasses *are* my style. 저 안경은 내 스타일이다.

TIP

집합명사의 단수/복수

집합명사란 여러 개체가 모여 이룬 집합을 나타내는 명사로 class, family, police, team 등을 말한다.

- 집합명사를 하나의 단위로 볼 때는 단수 취급한다.
  My family *has* five people.
  내 가족은 5명이다.
- 구성원 각각을 가리키면 복수 취급한다.
  My family *are* very active.
  내 가족들은 매우 활동적이다.
- police는 항상 복수 취급한다.
  The police *are* here.
  경찰들은 여기에 있다.

3. 명사의 소유격

◆ 명사의 소유격은 생물의 경우 뒤에 's를 붙인다. 단 -s로 끝나는 복수명사는 '만 붙인다.

a **puppy's** tail 강아지의 꼬리 / a **girls'** school 여학교

The store over there sells **children's** toys. 저쪽에 있는 가게는 아이들의 장난감을 판다.

◆ 무생물의 소유격은 「of+명사」로 나타내지만, 일부(장소, 시간, 거리, 가격 등) 경우에는 's를 붙인다.

the roof **of the house** 〈무생물〉 / the **world's** population 〈장소〉
next week's meeting 〈시간〉 / **three miles'** distance 〈거리〉

I can't remember the title **of the book**. 나는 그 책의 제목을 기억할 수 없다.

Do you know the result **of the match**? 너는 그 시합의 결과를 아니?

TIP

「수사+하이픈(-)+단수명사」의 형용사구

둘 이상의 수(two, three ...)가 뒤의 명사와 하이픈(-)으로 연결되어 또 다른 명사를 수식할 때 수사 뒤의 명사는 반드시 단수명사를 써야 한다.

a five-**year** plan 5년 계획
a 10-**year**-old girl 10살 소녀
cf. She is 10 years old.
그녀는 10살이다.

CHECK UP 다음 중 어법상 적절한 것을 고르시오.

1 Her glasses [is / are] old ones.

2 I live near the station. It's only about five [minute's / minutes'] walk.

3 Mathematics [seem / seems] like a foreign language to me.

knowledge 지식 **amusement park** 놀이공원 **distance** 거리 **result** 결과 (↔ **cause** 원인) **match** 시합; 성냥 **foreign** 외국의 **language** 언어

정답 및 해설 p. 7

Practice

A 다음 각 문장의 밑줄 친 부분을 S, O, C로 표시하시오.

01 Maria is wearing jewelry today.

02 My favorite sport is basketball.

03 My uncle is a history teacher.

04 Would you give me some advice?

B 다음 중 밑줄 친 부분이 어법상 바르지 않은 것을 고르시오.

① Yesterday was my mother's birthday.
② Four pieces of paper is on the table.
③ Today's news is about the holiday season.
④ Simon has a really cute five-year-old son.
⑤ The police are coming through the door.

C 주어진 우리말과 일치하도록 괄호 안의 단어들을 이용하여 문장을 완성하시오.

01 나는 지난 주말에 내 친구의 결혼식에 갔다. (wedding, my friend)

➔ I went to ________ ________ ________ last weekend.

02 너는 그 문제의 원인을 알고 있니? (the cause, the problem)

➔ Do you know ________ ________ ________ ________ ________?

03 나의 오빠는 매주 일요일에 축구를 한다. (play, soccer)

➔ My brother ________ ________ every Sunday.

04 장미와 해바라기들이 매우 아름답다. (be)

➔ Roses and sunflowers ________ very beautiful.

B season 계절; 시기 **C sunflower** 해바라기

Unit 03 관사

관사는 명사 앞에 붙어서 명사를 수식하는 일종의 형용사로 부정관사 a/an과 정관사 the가 있다.

1. 부정관사(a/an)의 용법

◆ a/an은 '불특정한 하나'의 의미로서 셀 수 있는 단수명사 앞에 붙인다. 자음 발음으로 시작되는 명사 앞에는 a를 쓰고, 모음 발음으로 시작되는 명사 앞에는 an을 쓴다.

a book, **a** pencil, **an** apple, **an** orange

She didn't say **a word**. 그녀는 한 마디도 말하지 않았다.

Do you need **an umbrella**? 너는 우산이 필요하니?

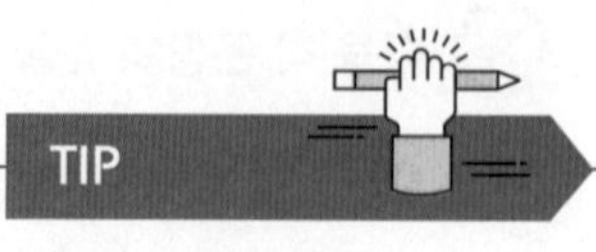

TIP

주의해야 할 a/an

- 철자는 모음으로 시작해도 첫 발음이 모음이 아니면 a를 붙임: [j]나 [w] 등
  a university, **a** European
  [ju-] [ju-]
- 철자는 자음으로 시작하지만 첫 발음이 모음이면 an을 붙임
  an hour, **an** X-ray
  [auər] [éks-]

2. 정관사(the)의 용법

◆ the는 명사 앞에 붙여 '그 특정한 것'의 의미를 나타낸다.

◆ 서로 알고 있는 것을 말할 때, 앞서 말한 명사를 다시 말할 때, 유일한 것을 나타낼 때 the를 쓴다.

A: Can you pass me **the salt**, please? — B: Sure. 〈서로 알고 있는 것〉
A: 제게 소금 좀 건네주시겠습니까? B: 그러죠.

I bought a jacket. **The jacket** was cheap. 〈앞서 말한 명사〉
나는 재킷 한 벌을 샀다. 그 재킷은 저렴했다.

The sky is blue and **the sun** is shining. 〈유일한 것〉 하늘은 파랗고 태양이 빛나고 있다.

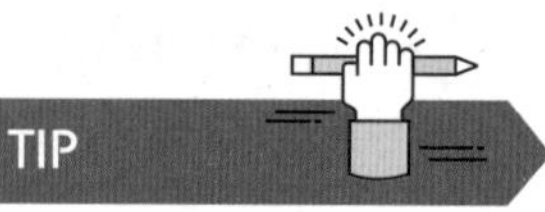

TIP

a/an의 또 다른 뜻

- ~마다(per)
  $1 **an** hour 시간당 1달러
- 사람이나 동식물종의 대표
  An ant is **an insect.**
  개미는 곤충이다.

3. 관사 없이 명사만을 쓰는 경우

◆ 장소 본래의 목적으로 사용될 때

go to **school**, go to **church**, go to **bed**

I go to **school** by bus. 나는 버스를 타고 학교에 간다.

◆ 식사, 운동명 앞

What's for **dinner** today? 오늘 저녁 식사는 뭐지?

Let's play **table tennis** in the basement! 지하실에서 탁구 치자!

◆ 「by + 교통[통신]수단」

He traveled all over Europe **by train.** 그는 유럽 전역을 기차로 여행했다.

I want to talk with you **by phone.** 나는 너와 전화로 이야기하고 싶다.

cf. 그러나 특정한 것, 구체적인 것을 가리킬 때는 the를 쓴다.

Dad went to ***the* school** to meet my teacher. 아빠는 나의 선생님을 만나러 학교에 가셨다.

***The* breakfast** yesterday was really delicious. 어제 아침 식사는 정말 맛있었다.

CHECK UP 다음 중 어법상 적절한 것을 고르시오.

1 [A / The] moon goes around [a / the] earth every 27 days.

2 We stayed at a very nice hotel, but I don't remember [a / the] name.

3 I drink three cups of milk [a / the] day.

pass 건네주다; 통과하다 **cheap** 싼 **table tennis** 탁구

정답 및 해설 p. 7

A 다음 각 문장의 빈칸에 a, an 또는 the를 쓰고, 관사가 불필요한 곳에는 ×표로 표시하시오.

01 Children may be afraid of ________ thunder and ________ lightning.

02 Yesterday, I saw some cats. ________ cats were very big.

03 We went to an opera last night. ________ music was very good.

04 Do you know ________ girls in this photo?

05 My favorite sports are ________ tennis and ________ skiing.

06 I had ________ sandwich for ________ lunch today.

07 I've got ________ problem. Can you help me?

08 My cousin Tom is ________ honest person.

09 What did you learn at ________ school today?

10 Surely ________ fruit is good for you.

B 다음 중 밑줄 친 부분이 올바르면 ○표, 어색하면 ×표하고 바르게 고치시오.

01 A: How did you get here? Did you walk?
B: No, I took <u>the taxi</u>.

02 The doctor wants to improve <u>health</u> of his patient.

03 Do you often travel <u>by the plane</u>?

04 That sounds like <u>a</u> good idea.

05 We had a very nice meal last night. <u>Fish</u> was very good.

06 Good food keeps us healthy and adds <u>pleasure</u> to our lives.

07 We ate some fruits. The apples were very good, but <u>bananas</u> were too ripe.

A **be afraid of** ~을 두려워하다 **thunder** 천둥 **lightning** 번개 **B** **improve** 개선하다; 나아지다 **health** 건강 ***healthy** 건강한 **patient** 환자; 참을성 있는 **add A to B** A를 B에 더하다 **pleasure** 기쁨 **ripe** (과일, 곡물이) 익은

Chapter Exercises

A 다음 중 어법상 적절한 것을 고르시오.

01 We had a lot of [baggage / baggages].

02 Our [child / children] play a lot of computer games.

03 [Information / The information] in today's newspaper is interesting.

04 My aunt will marry [a / an] European.

05 Joe usually goes to [church / the church] on Sundays.

06 [Life / The life] is not possible without water.

B 다음 중 어법에 맞게 영작된 문장을 고르시오.

01 ① 나는 새 청바지 한 벌이 필요하다. → I need a new pair of jean.

② 그 연못 안의 물은 더럽다. → The waters in the pond are dirty.

③ 그녀는 내게 빵 한 조각과 주스 한 잔을 주었다.
→ She gave me a piece of bread and a glass of juice.

④ 이것은 2년 된 건물이다. → This is a two-years-old building.

⑤ 나의 선생님은 내게 많은 조언을 해 주셨다. → My teacher gave me a lot of advices.

02 ① 나는 어제 가위 하나를 샀다. → I bought a scissor yesterday.

② 그 여인의 모자는 검정색이었다. → The woman hat was black.

③ 수백 명의 사람들이 공원에 있었다. → Hundred of people were at the park.

④ 나의 가족과 나는 일요일에 배드민턴을 한다.
→ My family and I play badminton on Sunday.

⑤ 나는 그 영화의 결말을 안다. → I know the ending the movie.

A **European** 유럽인; 유럽의 **possible** 가능한 (↔ **impossible** 불가능한) B **ending** 결말

Ⓒ 괄호 안의 명사를 적절한 단수/복수형으로 바꾸어 다음 각 문장을 완성하시오.

01 There are many ________________ at the park. (dog)

02 My soccer ________________ has 20 players. (team)

03 The dentist pulled out one of my ________________. (tooth)

04 There are many ________________ on the farm. (sheep)

05 ________________ steal valuable things: money, ________________, cars, etc. (thief, jewelry)

06 I need some ________________ about the concert. (information)

Ⓓ 다음 중 빈칸에 적절하지 않은 것을 고르시오.

01 They have ________________ in their house.

① a furniture ② no furniture ③ antique furniture

④ a lot of furniture ⑤ two pieces of furniture

02 I drink ____________ milk every day.

① a glass of ② a loaf of ③ a bottle of ④ a bowl of ⑤ a cup of

03 Fred didn't go to ____________ yesterday.

① school ② building ③ work ④ bed ⑤ church

Ⓔ 다음 중 각 문장의 빈칸에 들어갈 말이 순서대로 바르게 짝지어진 것을 고르시오.

• There is an apple tree. ____________ tree is ten years old. • Economics ____________ not my major. • Can I buy ____________ chocolate?

① A — are — a sheet of

② A — are — a bar of

③ The — is — a sheet of

④ The — is — a bar of

⑤ The — are — a bar of

C **player** 선수 **dentist** 치과의사 **pull (out)** ~을 뽑다 **steal** 훔치다 **valuable** 귀중한; 값비싼 **E** **major** 전공; 주요한

Ⓕ 다음 중 어법상 바르지 않은 문장을 고르시오.

01 ① I want to have dinner with you.
② I go to the school by bus.
③ Mike traveled Asia for a month.
④ Hundreds of people came to the music festival.
⑤ She is a six-year-old girl.

02 ① Five children are swimming in the pool.
② Do you know the title of the movie?
③ Her advices were really helpful.
④ I drink a bottle of yogurt every morning.
⑤ Physics is really difficult for me.

Ⓖ 주어진 우리말과 일치하도록 다음 각 문장의 빈칸에 알맞은 관사를 〈보기〉에서 골라 쓰시오.

보기	a	an	the

01 나는 어제 새 코트를 샀다.
➔ I bought _________ new coat yesterday.

02 테이블 위에 있는 병을 나에게 건네줘.
➔ Please pass me _________ bottle on the table.

03 그 모자는 그녀에게 작다.
➔ _________ hat is small for her.

04 너는 아파트에 사니?
➔ Do you live in _________ apartment?

05 나는 어제 한 시간 동안 공부했다.
➔ I studied for _________ hour yesterday.

F **travel** 여행하다 **festival** 축제 **helpful** 도움이 되는 **yogurt** 요구르트

H 다음 중 〈보기〉의 밑줄 친 단어와 같은 의미로 쓰인 것을 고르시오.

보기 I call my mother two times <u>a</u> day.

① The baby can't say <u>a</u> word.
② I ride a bike once <u>a</u> week.
③ My mom bought <u>a</u> kilo of potatoes.
④ Jim learned Korean for <u>a</u> year.
⑤ An elephant is <u>a</u> huge animal.

I 다음 각 문장에서 <u>어색한</u> 부분을 찾아 바르게 고쳐 쓰시오.

01 Peter and I share a lot of informations through e-mail.
02 I practice the piano three days the week.
03 Can you lend me a red pen on your desk?
04 My mom made five loaf of bread.
05 Happiness are a wonderful thing.

서술형 대비

J 주어진 우리말과 일치하도록 괄호 안의 단어들을 이용하여 문장을 완성하시오.

01 나는 케이크 두 조각과 커피 세 잔을 주문했다. (cake, coffee, piece, cup)
→ I ordered ________ ________ ________ ________ and ________ ________ ________ ________.

02 마이크는 물 한 잔을 마셨다. (glass, water)
→ Mike drank ________ ________ ________ ________.

03 미나의 안경이 깨졌다. 그녀는 지금 잘 볼 수 없다. (glass, Mina)
→ ________ ________ are broken. She can't see well now.

04 우리 집의 문은 빨간색이다. (the door, my house, of)
→ ________ ________ ________ ________ ________ is red.

H **huge** 거대한 I **practice** 연습하다 J **order** 주문하다 **broken** 깨진

문법, 문장으로 정리하자!
Summary with Sentences

Unit 01 명사의 수

I eat an apple every day.
a/an+셀 수 있는 단수명사

Would you give me two pieces of pizza?
셀 수 없는 명사의 수량 표현 셀 수 없는 명사

Unit 02 명사의 용법과 수일치

Knowledge is power.
주어 보어

I have a dog.
목적어

A butterfly flies in the garden.
단수명사 단수동사

My friends and I go to the amusement park once a month.
복수명사 복수동사

The store over there sells children's toys.
명사의 소유격 표현 ①

I can't remember the title of the book.
명사의 소유격 표현 ②

Unit 03 관사

Do you need an umbrella?
부정관사: 불특정한 하나

Can you pass me the salt, please?
정관사: 그 특정한 것, 서로 알고 있는 대상

Chapter ③
대명사

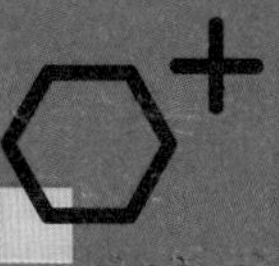

Unit 01 대명사의 종류

1. 인칭대명사와 재귀대명사

◆ 명사를 대신하는 대명사는 명사의 인칭, 수에 따라 형태가 다르며 주어 자리에는 주격을, 목적어 자리에는 목적격을 쓴다.

◆ 재귀대명사는 보통 「인칭대명사+self[selves]」의 형태로 '~ 자신[자체], ~ 스스로'의 의미를 나타내며 문장의 주어와 목적어가 일치할 때 목적어로 재귀대명사를 쓴다.

She looked at **herself** in the mirror. 〈주어 = 목적어〉 그녀는 거울 속의 자신을 바라보았다.

◆ 주어나 목적어를 강조할 때 재귀대명사를 쓰기도 하는데 이때는 생략해도 문장이 성립한다.

The movie **itself** wasn't good, but I liked the music. 〈주어 강조〉
영화 자체는 좋지 않았지만, 음악은 좋았다.

◆ 인칭대명사의 변화

		주격	소유격	목적격	소유대명사	재귀대명사
단수	1인칭(나)	I	my	me	mine	myself
	2인칭(당신)	you	your	you	yours	yourself
	3인칭	he she it	his her its	him her it	his hers ×	himself herself itself
복수	1인칭(우리)	we	our	us	ours	ourselves
	2인칭(당신들)	you	your	you	yours	yourselves
	3인칭	they	their	them	theirs	themselves

수능 첫단추

대명사는 문맥에서 가리키는 명사와 성, 수, 격이 일치한다.

(➔ Ch ⑤ Point 02 대명사의 일치)

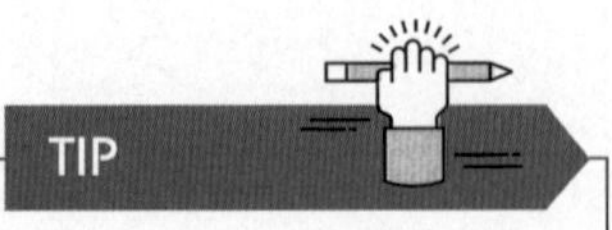

TIP

재귀대명사 관용 표현

- by oneself 혼자서(= alone)
- help oneself (to ~) (~을) 마음껏 먹다
- make oneself at home 편안히 하다[쉬다]

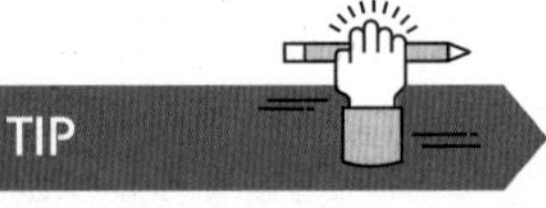

TIP

비인칭주어 it

시간, 거리, 날씨, 요일, 명암 등을 나타내는 주어로 쓰이는 it은 해석하지 않는다.

A: What time is **it** now?
지금 몇 시지?
B: **It**'s 10:30. 10시 30분이야.

A: How's the weather today?
오늘 날씨가 어때?
B: **It**'s cloudy. 흐려.

2. 지시대명사

◆ 지시대명사는 '이것', '저것' 등 어떤 대상을 가리키는 대명사이다. 가까이 있는 하나의 대상은 this, 멀리 있는 하나의 대상은 that이라고 칭한다. 가까이 있는 두 개 이상의 대상은 these, 멀리 있는 두 개 이상의 대상은 those라고 칭한다.

This is my towel, and **that** is yours. 이것은 내 수건이고, 저것은 네 것이다.
These are my shoes, but **those** are not mine. 이것들은 내 신발이지만, 저것들은 내 것이 아니다.

CHECK UP 다음 굵게 표시된 대명사가 가리키는 것을 찾아 밑줄을 그으시오.

1 There is a famous restaurant here, and we should visit **it**.
2 Jim borrowed a book from Cathy. **He** will read it tonight.
3 Look at the birds on the branch. **They** are cute.

borrow 빌리다 **branch** 나뭇가지

정답 및 해설 p. 9

Practice

A 다음 각 문장에서 밑줄 친 부분을 바르게 고쳐 쓰시오.

01 I birthday is in May.

02 What are that over there?

03 She fell off her bike, but she didn't hurt her.

04 Your opinion is different from my.

05 My puppy always follows I.

B 다음 각 문장의 빈칸에 알맞은 재귀대명사를 써넣으시오.

01 May I introduce ____________?

02 Betty, you have to take care of ____________ first.

03 My grandmother often talks to ____________.

04 History repeats ____________.

05 Do we have to cook ____________?

06 You don't have to help Dave. He has to do the work by ____________.

07 Jenny and her brother made ____________ at home.

C 주어진 우리말과 일치하도록 빈칸에 알맞은 대명사를 써넣어 문장을 완성하시오.

01 이 접시들은 깨끗하지만, 저 접시들은 더럽다.

➔ ____________ dishes are clean, but ____________ dishes are dirty.

02 이 사진들을 네가 직접 찍었니?

➔ Did you take these photographs ____________?

03 준호는 자신의 여동생을 매우 좋아한다. 그는 항상 그녀에 대해 이야기한다.

➔ Junho likes his little sister a lot. He always talks about ____________.

04 베이커 씨는 우리의 영어 선생님이시다.

➔ Mr. Baker is ____________ English teacher.

A **fall off** ~에서 떨어지다 **hurt** 다치다 **opinion** 의견, 견해 **B** **introduce** 소개하다 **take care of** ~을 돌보다 **repeat** 반복하다

Unit 02 one / another / other

특정 대상이 아닌 불특정 대상을 가리키는 말을 부정(不定)대명사라고 한다.

1. one

◆ one은 같은 종류의 불특정한 하나를 가리킨다. 복수형은 ones이다.

My watch is very old. I'll buy a new **one.** 내 시계는 너무 낡았어. 나는 새 것을 살 거야.

These cups are dirty. Can we have some clean **ones**?
이 컵들은 더러워요. 우리가 깨끗한 것들로 몇 개 가질 수 있을까요?

cf. 특정한 하나를 가리킬 때는 it을 쓴다.

I bought a sweater yesterday, but I can't find **it.**
나는 어제 스웨터를 하나 샀는데 그것을 못 찾겠어.

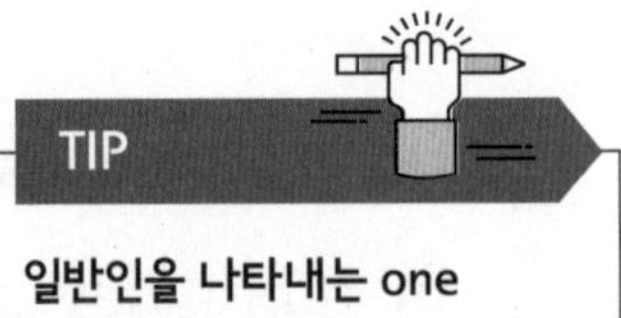

TIP

일반인을 나타내는 one

If **one** makes a promise, he or she should keep it.
사람이 약속을 하면, 그것을 지켜야 한다.

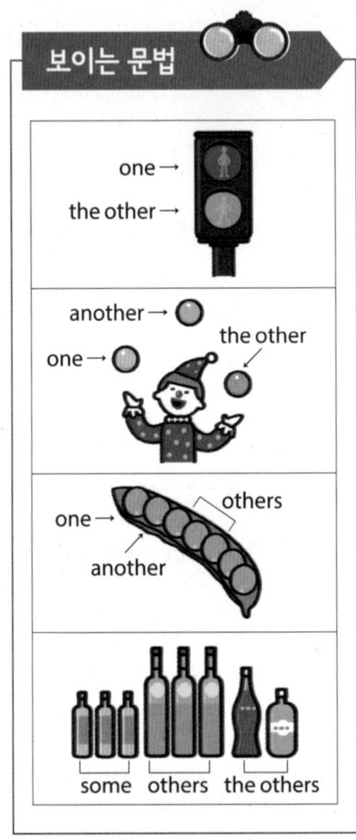

2. another

◆ another는 「an+other」의 의미로, 같은 종류의 다른 하나를 가리킨다.

I don't like this cap. Show me **another.** 이 모자는 마음에 들지 않아요. 다른 것을 보여 주세요.

3. other

◆ other는 '다른 (것, 사람)'의 뜻이다. 복수형은 others이다.

◆ some ~ others ...는 '(여럿 중에서) 몇몇은 ~ 다른 몇몇은 …'라는 뜻이다.

Some people like meat, and **others** don't.
몇몇 사람들은 고기를 좋아하는데 다른 몇몇 사람들은 그렇지 않다.

◆ 나머지 전부를 가리킬 때는 정관사 the가 other(s) 앞에 붙는다.
the other: (둘 중) 남은 하나 / the others: (여럿 중 둘 이상의) 나머지 모두

Sam was holding a newspaper in one hand and a cup of coffee in **the other.**
샘은 한 손에는 신문을, 다른 한 손에는 커피 한 잔을 들고 있었다.

There are several dishes on the table. **One** is salad, and **the others** are all pastas. 식탁 위에 여러 음식이 있다. 하나는 샐러드이고, 나머지는 모두 파스타이다.

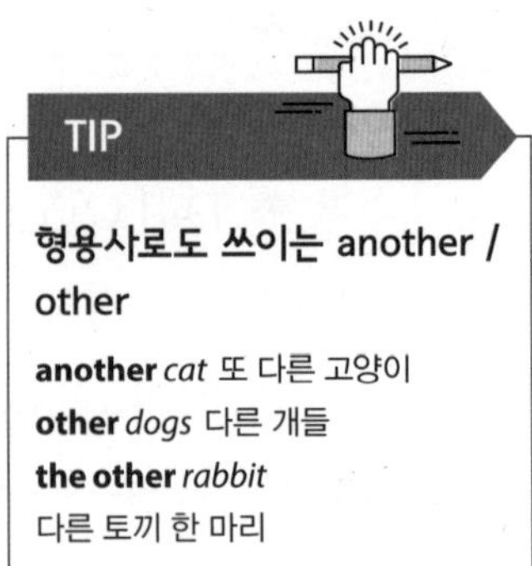

TIP

형용사로도 쓰이는 another / other

another *cat* 또 다른 고양이
other *dogs* 다른 개들
the other *rabbit*
다른 토끼 한 마리

CHECK UP 다음 중 어법상 적절한 것을 고르시오.

1 A: Is there a hospital near here? — B: Yes, there's [one / it] over there.

2 Some students like math and [other / others] don't like it.

3 There are two pools at the park. One is for children. [Another / The other] is for adults only.

meat 고기 **hold(-held-held)** 잡다, 쥐다 **several** (셋 이상의) 여러, 몇몇의 **dish** 접시; (식사의 일부로 만든) 요리

정답 및 해설 p. 10

A 다음 각 문장에서 밑줄 친 부분을 바르게 고쳐 쓰시오.

01 I'm looking for a house. I'd like it with a wide garden.

02 A: Did you see my watch? —B: I saw one on the sofa.

03 Jake ate one apple. Then he ate other one.

04 Two countries border on the United States. One is Canada. Another is Mexico.

05 There are three books on the desk. One is mine. Others are yours.

B 다음 각 문장의 빈칸에 알맞은 부정대명사를 〈보기〉에서 골라 쓰시오.

보기 another　one　ones　others　the other　the others

01 I prefer yellow dresses to red ____________.

02 She lost her umbrella, so she will buy a new ____________.

03 I have two sisters. One is named Nancy. ____________ is named Sarah.

04 This towel is wet. Hand me ____________.

05 Some children learn languages easily and ____________ learn with difficulty.

06 I invited four people to my party. Of those four people, only Mary can come. ____________ can't come.

C 주어진 우리말과 일치하도록 괄호 안의 단어들을 이용하여 문장을 완성하시오.

01 몇몇 사람들은 축구를 좋아하고, 다른 사람들은 야구를 좋아한다. (soccer, like, people, baseball)

➔ ______ ______ ______ ______, and ______ ______ ______.

02 이 주스는 정말 맛있네요. 한 잔 더 주시겠어요? (give, me, cup)

➔ This juice is really delicious. Would you ______ ______ ______ ______?

03 나의 집에는 방이 두 개가 있다. 한 개는 나의 방이고, 나머지 한 개는 내 여동생의 방이다. (my, is, sister's, mine)

➔ There are two rooms in my house. ______ ______ ______ and ______ ______ ______ ______ ______.

A **border on** ~에 접하다　B **prefer A to B** A를 B보다 더 좋아하다　**with difficulty** 어렵게

Unit 03 some/any & all/each/every

1. some/any (막연한 수량)

◆ some은 주로 긍정문과 긍정의 대답을 기대하는 의문문에 쓰이며, '몇몇(의), 약간(의), 다소(의)' 혹은 정해지지 않은 불특정한 '어떤'의 의미로 쓰인다.

Some of the guests at the party were the neighbors of Jim.
파티에 있던 손님 몇몇은 짐의 이웃들이었다.

◆ any는 주로 부정문·의문문에 쓰이며 부정문에서는 '조금도, 누구도, 아무것도'의 의미로, 의문문에서는 '얼마간(의), 몇 사람(의)'의 의미로 쓰인다.

I made some cake for John. But he *didn't* eat **any**.
나는 존을 위해 약간의 케이크를 만들었다. 하지만 그는 조금도 먹지 않았다.

2. all/each/every

◆ all은 '모든 (것, 사람)'의 의미로 대명사 또는 형용사로 쓰인다. 단독으로 쓰거나 뒤에 「(of)+명사구」를 동반하기도 한다. all 뒤에 오는 명사의 수에 동사의 수를 일치시킨다.

All (of) *the students* in the class *are* singing. 그 반의 모든 학생들이 노래를 부르고 있다.

cf. 「of+대명사」일 때는 of를 생략하지 못한다.
All of us should arrive at the airport on time. 우리 모두는 공항에 제 시간에 도착해야 한다.

◆ each는 '각각(의 것, 사람)'의 의미로 대명사 또는 형용사로 쓰인다. 대명사로 쓰일 때는 단독으로 쓰거나 뒤에 「of+명사구(복수명사)」와 함께 쓰인다. 형용사로 쓰일 때는 뒤에 단수명사와 함께 쓰인다. 모든 경우에 항상 단수 취급한다.

Each *costs* 10 dollars. 각각은 10달러이다.
Each of the brothers *has* a different personality. 그 형제들 각각은 다른 성격을 갖고 있다.
Each photo *is* special to me. 각각의 사진은 내게 특별하다.

◆ every는 '모든, ~마다'의 의미로 형용사로만 쓰인다. 뒤에 단수명사와 함께 쓰이며 항상 단수 취급한다.

Every student *has* lunch at the cafeteria. 모든 학생이 구내식당에서 점심을 먹는다.

> **수능 첫단추**
> 주어가 뒤에 「of+명사」를 동반하는 표현일 때 동사의 단/복수 여부를 파악한다.
> (➔ Ch ⑤ Point 01 부분 표현의 수일치)

CHECK UP 주어진 우리말과 일치하도록 빈칸에 알맞은 부정대명사를 써넣으시오.

1 모든 구성원이 그 모임에 출석했다.
➔ __________ member was present at the meeting.

2 너에게 온 편지가 몇 통 있다. ➔ There are __________ letters for you.

3 각각의 학생은 도서관에 자기 자신의 자리를 가지고 있다.
➔ __________ student has his or her own place in the library.

neighbor 이웃 **personality** 성격 **present** 출석한; 현재의

TIP

부정대명사의 형용사적 쓰임
부정대명사 some, any, all, each 등은 형용사처럼 뒤에 오는 명사를 수식하기도 한다.
(☞ Ch ④ Unit 01 형용사 참조)

A: I need **some** *money*. Can you lend me some? 나는 돈이 좀 필요해. 좀 빌려줄 수 있니?
B: I'm sorry, but I don't have **any** *money*. 미안하지만, 나는 돈이 전혀 없어.

TIP

-thing/-body/-one
some, any, every에 사물을 뜻하는 -thing, 사람을 뜻하는 -body/-one이 붙어 대명사로 쓰인다.

Judy bought **something** at the store.
주디는 가게에서 뭔가를 샀다.

I don't know **anything** about baseball.
나는 야구에 대해 아무것도 모른다.

Everyone was happy there.
거기에서 모든 사람이 행복했다.

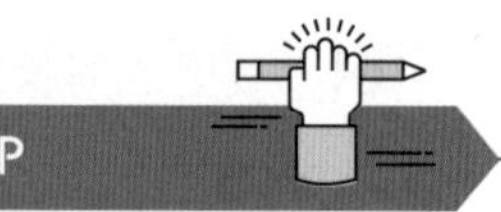

TIP

부정(否定)의 의미의 대명사
nothing / nobody(= no one) / none

She said **nothing**.
(= She didn't say anything.)
그녀는 아무것도 말하지 않았다.

Nobody understands me.
아무도 나를 이해하지 못한다.

None of the passengers were hurt.
승객 중 어느 누구도 다치지 않았다.

정답 및 해설 p. 10

Practice

Ⓐ 다음 중 어법상 적절한 것을 고르시오.

01 [All / Every] animals have feelings.

02 [Somebody / Anybody] called while you were out.

03 There were many people at the wedding ceremony. But I didn't know [someone / anyone].

04 There is [something / anything] wrong with the computer.

Ⓑ 괄호 안의 동사를 문맥에 알맞은 형태로 써넣으시오. (현재 시제로 쓸 것)

01 All the windows ______________ dirty. (be)

02 Every member ______________ excited about the result. (be)

03 Each of the customers ______________ his own parking space. (have)

04 Each student ______________ a student card to enter the library. (need)

05 All the baggage ______________ full and heavy. (be)

Ⓒ 주어진 우리말과 일치하도록 빈칸에 알맞은 말을 〈보기〉에서 골라 쓰시오. (단 한 번씩만 쓸 것)

보기	something	anything	all	each	any

01 주디는 아무것도 사지 않았다.

➔ Judy didn't buy ______________.

02 이 정원의 모든 꽃들은 아름답다.

➔ ______________ of the flowers in this garden are beautiful.

03 이 전시회의 그림들 각각은 고유의 스타일이 있다.

➔ ______________ of the paintings in this exhibition has its own style.

04 나는 정확히 모르겠지만, 수잔이 뭔가에 화가 났었다.

➔ I don't know exactly, but Susan was upset about ______________.

05 나는 다이어트 중이다. 나는 이 쿠키들 중에 아무것도 먹지 않을 것이다.

➔ I'm on a diet. I will not eat ______________ of these cookies.

A **feeling** 감정; 감각 **wedding ceremony** 결혼식 **B** **customer** 고객 **parking space** 주차 공간 ***park** 주차하다 **C** **exhibition** 전시회 **exactly** 정확히 ***exact** 정확한 **be on a diet** 다이어트 중이다 ***diet** 규정식; 식단

Chapter Exercises

Ⓐ 다음 중 빈칸에 알맞은 것을 고르시오.

01 All of the guests brought some food ____________ at the party.

① they ② their ③ them
④ theirs ⑤ themselves

02 France is close to several countries. One is Spain. ____________ is Italy.

① One ② Another ③ Other
④ The other ⑤ The others

03 A: Is there a drugstore near here?
B: Yes, there's ____________ on Maple Street.

① one ② it ③ another
④ the one ⑤ some

04 I ordered three cups of coffee. One is for me and ____________ are for my sisters.

① another ② the other ③ the others
④ all ⑤ some

Ⓑ 다음 각 문장의 밑줄 친 부분 중 생략할 수 없는 것을 고르시오.

① He himself painted the house.
② Sarah and her sister helped themselves to some French fries.
③ The young boy made a cup of coffee himself.
④ She told me the news herself.
⑤ I delivered the letter to him myself.

A **be close to** ~에 가깝다 **drugstore** 약국 **B** **French fry** 감자튀김

Ⓒ 다음 중 어법상 적절한 것을 고르시오.

01 We set up our tents by [us / ourselves].

02 I don't have my own bike, but I can rent [it / one] at the shop.

03 Are you ready yet? Everybody [is / are] waiting for you.

04 [Each / Every] of those flowers costs one dollar.

05 She didn't meet [some / any] nice people at the party.

06 The teacher gave each [student / students] a test paper.

07 Can [all / every] birds fly?

08 One of the two boys is wearing glasses and [another / the other] isn't.

09 Some people prefer classical music, but [the other / others] prefer rock music.

Ⓓ 다음 중 각 문장의 빈칸에 들어갈 말이 순서대로 바르게 짝지어진 것을 고르시오.

01

- You already ate all your pieces of pizza. Do you want ______________?
- There's only one girl in my class. ______________ are all boys.

① another — The others ② some — Others ③ other — Some
④ any — The other ⑤ others — Another

02

- There isn't any room. ______________ the rooms are full.
- He doesn't want ______________ now.

① Every — something ② Each — anything ③ All — anything
④ Each — something ⑤ All — something

C **set up** ~을 설치하다[세우다] **rent** 대여하다 **yet** ((부정문 · 의문문에서)) 아직 **cost** (비용이) 들다 **classical music** 고전음악, 클래식 D **already** 벌써

Ⓔ **다음 중 어법상 바르지 않은 문장을 고르시오.**

01 ① Some like cats, and others don't like them.
② This hat is quite small. Please show me another.
③ There weren't any clouds in the sky.
④ Can I have some bread?
⑤ Each of us were surprised at their marriage.

02 ① I took a tennis class this month. I will take another class next month.
② I couldn't get any sleep last night because of the noise outside.
③ Each has his or her own room.
④ Any of my homework is too difficult.
⑤ Be careful with the knife. You might cut yourself.

Ⓕ **다음 중 어법상 바른 문장을 고르시오.**

01 ① He doesn't trust somebody.
② I'm tired of it. I want anything different.
③ Don't give up. There is another way.
④ My mother bought me a coat. One is pretty.
⑤ I invited two friends to my house. One can come but another can't come.

02 ① Some people like bread for breakfast. But the other prefer rice.
② All the guests were happy with the food.
③ Each books on that table is on sale.
④ Every classroom have a computer.
⑤ I'm angry with me about the carelessness.

E **quite** 꽤, 상당히 **marriage** 결혼 (생활) **F** **trust** 믿다, 신뢰하다 **be tired of** ~에 질리다 **carelessness** 부주의함 ***careless** 부주의한

G 다음 각 문장에서 밑줄 친 부분을 바르게 고쳐 쓰시오.

01 There are lots of clocks in the store. Some clocks are rectangular and <u>another</u> are circular.

02 Sujin has three pairs of shoes. One is black, <u>other</u> is white, and the other is red.

03 We don't have <u>some</u> plans this vacation.

04 It was not your fault. Don't blame <u>you</u>.

05 There were two people at the house. One was in the living room, and <u>the others</u> was in the garden.

서술형 대비

H 주어진 우리말과 일치하도록 〈보기〉의 부정대명사와 괄호 안의 단어들을 이용하여 문장을 완성하시오.

보기	all	each	any	another

01 각각의 책들은 다른 특징을 가지고 있다. (the books, have, of)
→ ______________________ a different feature.

02 모든 식물들이 다 죽었다. (the plants, be)
→ ______________________ dead.

03 나는 탁자 위의 저 책들 중에 아무것도 모른다. (of, books, those)
→ I don't know ______________________ on the table.

04 이 셔츠는 조금 작아요. 또 다른 것을 가지고 있나요? (you, have)
→ This shirt is a bit small. ______________________?

G **rectangular** 직사각형의; 직각의 **circular** 원형의, 둥근 **fault** 잘못 **blame** 비난하다 H **feature** 특징 **a bit** 조금, 다소, 약간

문법, 문장으로 정리하자!
Summary with Sentences

Unit 01 대명사의 종류

She looked at herself in the mirror.
she의 재귀대명사: 주어와 목적어가 동일할 때 쓰임

The movie itself wasn't good, but I liked the music.
it의 재귀대명사: 주어(The movie)를 강조하기 위해 쓰임

This is my towel, and that is yours.
that: 멀리 있는 하나를 가리키는 지시대명사
This: 가까이 있는 하나를 가리키는 지시대명사

Unit 02 one / another / other

My watch is very old. I'll buy a new one. 불특정한 하나

I don't like this cap. Show me another. 또 다른 하나

Sam was holding a newspaper in one hand and a cup of coffee in the other. 남은 하나

There are several dishes on the table. One is salad, and the others are all pastas.
the others: (여럿 중 둘 이상의) 나머지 모두

Unit 03 some/any & all/each/every

Some of the guests at the party were the neighbors of Jim.
Some: 몇몇: 긍정문일 때

I made some cake for John. But he didn't eat any. 조금도: 부정문일 때

All (of) the students in the class are singing.
All: 모든 (것, 사람) / the students – are: 수일치

Each of the brothers has a different personality.
Each: 각각(의 것, 사람) / has: 단수 취급

Every student has lunch at the cafeteria.
Every: 모든 / has: 단수 취급

Chapter ④
형용사와 부사

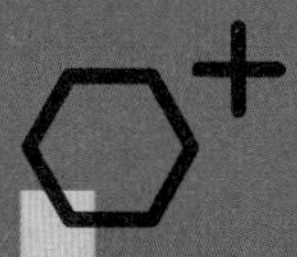

Unit 01 형용사

1. 형용사의 역할

◆ 명사 수식: 형용사는 명사 앞에서 뒤의 명사를 꾸며 주는 역할을 한다. 단 -thing, -body, -one으로 끝나는 대명사를 수식할 때는 형용사가 명사 뒤에 위치한다.

The model was wearing a **beautiful white** *dress.*
그 모델은 아름다운 흰색의 드레스를 입고 있었다.

I want to eat *something* **sweet** every night. 나는 매일 밤 달콤한 뭔가를 먹고 싶다.

Is there *anybody* **sick** in this class? 이 반에 아픈 사람 누구 있나요?

◆ 보어 역할: 형용사는 주어나 목적어를 보충 설명해 주는 서술 용법으로도 쓰인다. 즉 주어를 서술하는 주격보어 또는 목적어를 서술하는 목적격보어로 쓰인다.

The big black dog looks **dangerous.** 그 큰 검은색 개는 위험해 보인다.

At first, I thought my neighbor **strange.** 처음에, 나는 내 이웃이 이상하다고 생각했다.

2. 수량 형용사

◆ 셀 수 있는 명사인지 아닌지에 따라 수량을 나타내는 형용사가 다르다.

	수 (셀 수 있는 명사)	양 (셀 수 없는 명사)	수/양 모두 가능
많은	many	much	a lot of, lots of, plenty of
약간의	a few	a little	some(긍정문), any(부정·의문문)
거의 없는	few[not many]	little[not much]	

Every evening my parents watch **a few** *programs* on TV.
매일 저녁 나의 부모님은 TV로 몇 개의 프로그램을 시청하신다.

We've got **a little** *time* before the train leaves.
우리는 기차가 출발하기 전에 약간의 시간이 있다.

There are **few** *garbage bags*. We have to buy more.
쓰레기봉투가 거의 없다. 우리는 더 사야 한다.

I paid **little** *attention* during the class. 나는 수업 시간 중에 거의 주의를 기울이지 않았다.

There are **a lot of [many]** *nice parks* in Seoul. 서울에는 많은 멋진 공원들이 있다.

This book has **a lot of [much]** *useful information.* 이 책은 많은 유용한 정보를 갖고 있다.

TIP

한 가지 역할만 하는 형용사

• 명사 수식만 하는 형용사: drunken(술 취한), live(살아있는), main(주된), mere(단순한), only(유일한) 등

Look at that **drunken** *man.*
저기 술 취한 남자를 봐.
* He is drunken. (×)
* He is drunk. (○)

• 보어 역할만 하는 형용사: afraid(두려운), alike(같은), alive(살아있는), alone(혼자인), ashamed(부끄러운), asleep(잠든), awake(깨어 있는) 등

I can't believe it! He is **alive**!
믿을 수 없어! 그가 살아있어!
* an alive man (×)
* a living *man* (○)

TIP

the+형용사

• 「the+형용사」는 '~하는 사람들' 또는 '~한 것'의 뜻을 나타낸다.
the rich = rich people (부자들)
the young = young people (젊은이들)
the true = truth (진실)

Those seats are for **the old** and **the weak**.
저 좌석들은 노약자를 위한 것이다.

She has an eye for **the beautiful** (= beauty).
그녀는 미(美)에 대한 안목이 있다.

• 「the+국가명 형용사」는 국민 전체를 나타낸다.

the English = English people (영국인들)
the French = French people (프랑스인들)

CHECK UP 다음 각 밑줄 친 형용사의 역할을 〈보기〉에서 골라 그 기호를 쓰시오.

보기	ⓐ 명사 수식	ⓑ 보어 역할

1 Jenny is a <u>friendly</u> person.
2 The theater near my house is <u>old</u>.
3 I prepared <u>a few</u> desserts.
4 Can you give me something <u>cold</u>?
5 My teacher seemed <u>upset</u> this morning.

crowded 붐비는 **pay attention** 주의[관심]를 기울이다 **useful** 유용한

정답 및 해설 p. 13

Ⓐ 다음 각 문장에서 밑줄 친 형용사가 수식하는 명사를 찾아 〈보기〉와 같이 밑줄을 긋고 화살표로 연결하시오.

보기 I don't like cold weather.

01 Practical people wear comfortable shoes.

02 The young girl in the blue dress was looking for a telephone.

03 Nothing new happened yesterday.

04 Did you meet anybody interesting at the party?

Ⓑ 다음 중 밑줄 친 부분이 올바르면 ○표, 어색하면 ×표하고 바르게 고치시오.

01 Your English is very correct. You make a few mistakes.

02 Put a little oil in a pan before you cook.

03 We didn't have much good experiences there.

04 This is a special school for blind.

05 I need somebody strong to move the luggage.

06 On average the British drinks 3-4 cups of tea a day.

07 You and your brother don't look very much alike.

Ⓒ 다음 각 문장에서 밑줄 친 부분과 같은 의미로 바꿔 쓸 수 있는 말을 〈보기〉에서 골라 쓰시오.

보기 many much few little a few a little

01 Can this hard disk store a lot of information?

02 You can see a lot of visitors at the zoo on Sunday.

03 We must be quick. There is not much time.

04 I bought some oranges at the market.

A practical 실용적인; 현실적인 **comfortable** 편안한 **look for** ~을 찾다 **B correct** 옳은, 올바른 **pan** (손잡이가 달린 납작한) 냄비, 팬 **experience** 경험 **blind** 눈이 먼 **luggage** 짐, 수하물 **on average** 평균적으로, 보통 **British** 영국의; 영국인의 **C store** 저장하다; 가게

Unit 02 부사

1. 부사의 역할

◆ 부사는 동사, 형용사, 다른 부사 또는 문장 전체를 수식한다. 대개 형용사에 -ly를 붙인 형태이며 우리말로 '~하게'로 해석한다.

Walk **carefully** on those icy roads. 저 빙판길에서는 조심스럽게 걸어라.
Brian learns languages **incredibly** *quickly*. 브라이언은 믿을 수 없을 만큼 빨리 언어들을 배운다.
Happily, *he won his first race*. 행복하게도, 그는 자신의 첫 번째 경주에서 우승했다.

2. 빈도부사

◆ 빈도부사는 사건, 동작, 행위가 얼마나 자주 일어나는지를 나타낸다.
◆ 종류: always(항상) > usually(대개) > often(종종) > sometimes(때때로) > seldom(드물게)/rarely(좀처럼 ~ 않다) > never(결코 ~ 않다)
◆ 위치: be동사/조동사 뒤, 일반동사 앞에 위치하고 의문문에서는 주어 뒤에 쓴다.

He *is* **always** in the gym on Sunday. 그는 일요일에는 항상 체육관에 있다.
I **usually** *eat* breakfast at seven. 나는 대개 일곱 시에 아침을 먹는다.
I *have* **never** met a famous actor. 나는 유명한 배우를 결코 만나본 적이 없다.

3. 유의해야 할 형용사와 부사

◆ 형용사/부사 의미가 다른 경우

pretty ㉻ 예쁜 ㉾ 매우	Your baby is so **pretty**. 당신의 아기가 매우 예쁘네요. My house is **pretty** big. 내 집은 매우 크다.
well ㉻ 건강한 ㉾ 잘, 훌륭하게	Are you sick? You don't look **well**. 너 아프니? 몸이 안 좋아 보여. She plays badminton **well**. 그녀는 배드민턴을 잘 친다.

◆ -ly가 붙어 다른 뜻이 되는 부사

hard ㉻ 어려운; 딱딱한 ㉾ 열심히 — hardly ㉾ 거의 ~ 않다 (= scarcely)
late ㉻ 늦은 ㉾ 늦게 — lately ㉾ 최근에 (= recently)

The teacher asked me a **hard** question. 선생님은 나에게 어려운 질문을 하셨다.
I **hardly** play soccer nowadays. 나는 요즘 거의 축구를 하지 않는다.

수능 첫단추

• 형용사와 부사는 형태는 비슷해도 그 역할이 다르다.
(➔ Ch ⑤ Point 03 형용사 vs. 부사 자리)
• 형용사와 부사 둘 다로 쓰이는 경우와 -ly가 붙어 다른 의미의 부사가 되는 경우가 있다.
(➔ Ch ⑤ Point 04 혼동되는 형태의 형용사 vs. 부사)

보이는 문법

빈도부사의 의미 차이

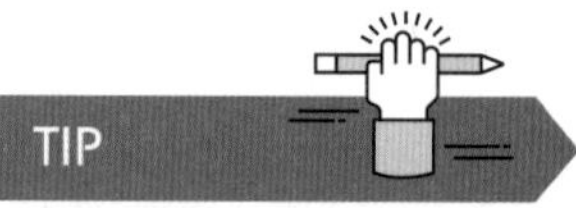

so vs. such
• so는 형용사 또는 부사를 강조한다.
so nice / **so** quickly
• such는 명사(구)를 강조한다.
such a nice day

The food was **so** *expensive*.
그 음식은 아주 비쌌다.
It was **such** *expensive food*.
그것은 아주 비싼 음식이었다.

CHECK UP 다음 중 어법상 적절한 것을 고르시오.

1 Choose your friends very [careful / carefully].
2 I [see sometimes / sometimes see] John at the library.

icy 얼음으로 뒤덮인; 얼음같이 찬 **incredibly** 믿을 수 없을 정도로, 엄청나게 **gym** 체육관 **nowadays** 요즘에는

정답 및 해설 p. 13

Practice

Ⓐ 다음 각 문장에서 부사를 찾아 밑줄을 긋고 그것이 수식하는 말과 화살표로 연결하시오.

01 Tom seriously hurt his nose.

02 He played the violin wonderfully.

03 Your dog is so pretty!

04 Usually, Linda reads two books a month.

Ⓑ 괄호 안의 빈도부사가 자리할 곳으로 적절한 위치를 ⓐ, ⓑ 중에 고르시오.

01 Jessica ⓐ drinks ⓑ a cup of tea in the morning. (often)

02 ⓐ I could ⓑ forget my last holiday. (never)

03 Nick ⓐ bites ⓑ his nails. (sometimes)

04 She ⓐ is ⓑ talkative and usually talks about her boyfriend. (always)

Ⓒ 다음 중 밑줄 친 부분이 올바르면 ○표, 어색하면 ×표하고 바르게 고치시오.

01 You <u>never must</u> swim after a big meal.

02 We <u>see rarely</u> each other these days.

03 My mom made the dinner <u>quickly</u>.

04 The children played <u>happy</u> in the garden.

05 Where did you get <u>such</u> good things?

06 I did <u>such</u> badly on the exam.

A **seriously** 심각하게 ***serious** 심각한 **B** **bite** 물다; 물어뜯다 **talkative** 말하기를 좋아하는, 수다스러운 **C** **meal** 식사 **these days** 요즘에는 **badly** 심하게, 몹시

Chapter Exercises

A **다음 중 어법상 적절한 것을 고르시오.**

01 I saved [a few / a little] money last year.

02 I want to visit [many / much] cities in the United States.

03 She spent a(n) [alone / lonely] childhood.

04 I can remember her face [clear / clearly].

05 I don't know the [exact / exactly] address.

06 The homeless [need / needs] help from the government.

B **주어진 우리말과 일치하도록 빈칸에 알맞은 것을 〈보기〉에서 골라 문장을 완성하시오.**

보기	a few	few	a little	little

01 모든 사람은 건강을 위해 약간의 소금이 필요하다.

→ Everyone needs ______________ salt for their health.

02 몇몇 사람들이 그 행사에 참여했다.

→ ______________ people participated in the event.

03 나는 나의 새로운 선생님에 대한 정보가 거의 없다.

→ I have ______________ information about my new teacher.

04 테이블 위에는 종이컵이 거의 없었다.

→ There were ______________ paper cups on the table.

보기	always	often	never	rarely

05 그녀는 항상 아침 여덟 시에 버스를 탄다.

→ She ______________ takes a bus at eight in the morning.

06 그는 절대로 양파를 먹지 않는다.

→ He ______________ eats onions.

07 나는 종종 나의 엄마를 대신해 설거지를 한다.

→ I ______________ wash the dishes instead of my mom.

08 이 지역은 눈이 거의 내리지 않는다.

→ It ______________ snows in this area.

A **save** 절약하다, 저축하다; 구하다 **homeless** 집 없는 **government** 정부 **B** **participate in** ~에 참가하다 **instead of** ~ 대신에

C 다음 각 문장의 굵은 단어가 형용사면 '형', 부사면 '부'를 쓰시오.

01 Today's weather is **lovely**! Let's go on a picnic.

02 My dad is really busy **lately**. He can't take a rest on weekends either.

03 The singer sang **gracefully** at the concert.

04 My teacher is always **kind** to me.

05 My sister reads books **unbelievably** fast.

06 He practices running very **hard** every morning.

D 다음 각 문장에서 밑줄 친 부분을 바르게 고쳐 쓰시오.

01 I would like to do <u>different something</u>.

02 Maria speaks English very <u>good</u>.

03 Excuse me, can I ask you <u>few</u> favors?

04 Susan doesn't have <u>many interest</u> in sports.

05 The rich usually <u>wants</u> to get more money.

06 Tom <u>goes always</u> to work by car.

07 Don't eat <u>such quickly</u>. It's not good for you.

E 다음 밑줄 친 부분을 해석한 것 중 바르지 <u>않은</u> 것을 고르시오.

① There was <u>little</u> air in the balloon. (거의 없는)

② There are <u>plenty of</u> animals in the zoo. (많은)

③ I <u>sometimes</u> go to baseball games with my father. (때때로)

④ The math problems were really <u>hard</u> for her. (어려운)

⑤ A: You don't look <u>well</u>. (잘)
B: I'm sick now.

C **go on a picnic** 소풍을 가다 **take a rest** 휴식을 취하다 **either** ((부정문에서)) ~도 또한 **practice** 연습하다 D **interest** 관심, 흥미

Ⓕ 다음 중 밑줄 친 부분의 쓰임이 나머지와 다른 하나를 고르시오.

01 ① This book is pretty difficult for me.
② Mary is small, but she is pretty strong.
③ These sandwiches are pretty delicious.
④ Your driving is pretty fast.
⑤ Kate bought a pretty hat.

02 ① There is a little church next to my house.
② She was a little tired yesterday.
③ He is a little boring.
④ He walks a little slowly.
⑤ The weather is a little hot today.

Ⓖ 다음 중 어법상 바르지 않은 문장을 고르시오.

① There are some beautiful flowers in the garden.
② Unfortunately, I lost my wallet yesterday.
③ She opens never the door carefully.
④ How many languages do you speak?
⑤ I must always wait for the bus for a long time.

Ⓗ 다음 영작 중 밑줄 친 부분이 어법상 바른 것을 고르시오.

① 나는 그 책을 몇 번 읽었다.
➔ I read that book few times.
② 부유한 사람들은 사회를 돕기 위해 더 많은 세금을 낸다.
➔ The rich pay more taxes to help society.
③ 그녀는 좀처럼 그녀의 엄마를 돕지 않는다.
➔ She never helps her mother.
④ 나는 매우 바쁜 하루를 보냈다.
➔ I spent so a busy day.
⑤ 그는 최근에 이상해 보인다.
➔ He seems strange late.

G **wallet** (접게 되어 있는) 지갑 H **tax** 세금

I 다음 각 문장의 빈칸에 들어갈 말이 순서대로 바르게 짝지어진 것을 고르시오.

01

- After the barbecue in the garden, we drank some ____________ tea.
- Sally waters the plant ____________ in the morning.

① sweetly – regularly
② sweetly – regular
③ sweet – regulate
④ sweet – regular
⑤ sweet – regularly

02

- I don't like outdoor activities. So I ____________ go hiking.
- There is ____________ food in the refrigerator. Let's go to the market.

① often – a little
② often – little
③ rarely – a little
④ rarely – little
⑤ rarely – few

서술형 대비

J 주어진 우리말과 일치하도록 〈보기〉에서 알맞은 수량형용사와 괄호 안의 단어들을 이용하여 문장을 완성하시오.

보기	(a) little	(a) few	many	much

01 양동이에는 물이 거의 없었다. 그것은 거의 비어 있었다. (water, the bucket, in)
→ There was ____________________________. It was nearly empty.

02 나의 엄마는 나에게 몇 가지 질문들을 하셨다. (question, ask, me)
→ My mom ____________________________.

03 저스틴은 많은 취미들을 가지고 있어서 항상 바쁘다. (have, hobby)
→ Justin ____________________________ and he is always busy.

04 해리는 열심히 일했지만, 자신을 위한 많은 돈을 벌지는 못했다. (earn, money)
→ Harry worked hard but ____________________________ for himself.

I **barbecue** 바비큐 **water** (식물에) 물을 주다 **regularly** 규칙적으로 ***regular** 규칙적인 **outdoor** 야외의, 실외의 **refrigerator** 냉장고 J **bucket** 양동이 **earn** (돈을) 벌다

문법, 문장으로 정리하자!
Summary with Sentences

Unit 01 형용사

The model was wearing a beautiful white dress.
명사 수식 형용사

At first, I thought my neighbor strange.
보어 역할 형용사

Every evening my parents watch a few programs on TV.
셀 수 있는 명사의 수량을 나타내는 형용사

We've got a little time before the train leaves.
셀 수 없는 명사의 수량을 나타내는 형용사

Unit 02 부사

Walk carefully on those icy roads.
동사 수식 부사

Brian learns languages incredibly quickly.
부사 수식 부사

Happily, he won his first race.
문장 전체 수식 부사

He is always in the gym on Sunday.
빈도부사

I have never met a famous actor.
빈도부사

Your baby is so pretty. My house is pretty big.
형용사(예쁜) 부사(매우)

Chapter ⑤
수능 빈출 어법 1

앞 챕터에서 학습한 명사, 대명사, 형용사, 부사와 같은 품사들이 어법 문제 요소로 자주 등장하는 사항을 이번 챕터에서 모아서 학습해 보자.

Point 01
부분 표현의 수일치

Point 02
대명사의 일치

Point 03
형용사 vs. 부사 자리

Point 04
혼동되는 형태의 형용사 vs. 부사

Point 01 부분 표현의 수일치

주어가 뒤에 「of+명사」를 동반하는 일부의 표현일 때 동사의 단수/복수 여부를 파악한다.

> *One of her pastimes* are telling us ghost stories from old legends. 〈기출 응용〉
> (→ **is**)
> 그녀의 취미 중 하나는 우리에게 오래된 전설의 귀신 이야기를 해주는 것이다.

◆ 「one of+복수명사」는 '~ 중 하나'의 뜻으로 항상 단수 취급하여 단수동사가 온다.

One of the reasons for this musical's popularity **is** its realistic characters. 〈기출 응용〉
이 뮤지컬의 인기에 대한 이유들 중 하나는 현실적인 캐릭터들이다.

◆ 명사의 일부분을 나타내는 표현들 중 다음은 「of+명사」의 명사에 동사의 수를 일치시킨다.
– some of + 명사 / most of + 명사 / all of + 명사 / percent of + 명사

Some of my old friends still **live** in my hometown. 내 옛 친구들 중 일부는 여전히 고향에서 살고 있다.
Most of my classmates **have** SNS accounts. 내 반 친구들 중 대부분이 SNS 계정을 가지고 있다.
All of the money **was** donated to the charity. 모든 돈은 그 자선 단체에 기부되었다.
Eighty percent of voters **agree** with Suji's suggestion. 투표자들의 80%가 수지의 제안에 동의한다.

◆ 「the number of+명사」는 '~의 수'의 뜻으로 항상 단수 취급하여 단수동사가 온다. 반면에 「a number of+복수명사」는 '다수의, 많은'의 의미로 항상 복수 취급하여 복수동사가 온다.

The number of foreign students in our school **is** increasing. 우리 학교의 외국인 학생들 수가 증가하고 있다.
cf. A number of dishes **are** served in this cafe. 이 카페에서 많은 요리들이 제공된다.

Point 02 대명사의 일치

대명사가 가리키는 명사를 문맥에서 찾고 성·수·격의 일치 여부를 확인한다.

> When you learn a new word, you need to repeat it several times until you know ***the word*** without thinking about [*it / them]. 〈기출 응용〉
> 새로운 단어를 배울 때, 당신은 그것에 대해 생각하지 않아도 그 단어를 알 때까지 그것을 여러 번 반복해야 한다.

◆ 대명사의 수(단수, 복수), 성(남성, 여성, 중성), 격(주격, 목적격, 소유격)은 모두 그것이 가리키는 명사를 따른다. 주어와 목적어가 일치하거나, 강조할 경우에는 재귀대명사를 써야 한다.

Tom likes *Sara* very much. **She** is so lovely. 톰은 사라를 매우 좋아한다. 그녀는 아주 사랑스럽다.
Look at *the flowers*. My mother put **them** on the table. 저 꽃들을 봐. 나의 어머니께서 그것들을 테이블 위에 두셨어.
You can use *your own towel*, but you can't use **mine**. 너는 너 자신의 수건은 써도 되지만, 내 것은 못 쓴다.
Jennifer saw *a little bird*. **Its** nest was near the house.
제니퍼는 작은 새 한 마리를 보았다. 그것의 둥지는 집 근처에 있었다.
Women in the highest class did not usually dress **themselves** but were dressed by maids. 〈기출 응용〉
가장 높은 계급의 여성들은 보통 스스로 옷을 입지 않고 하녀들에 의해 입혀졌다.

pastime 취미; 소일거리 **legend** 전설 **popularity** 인기 ***popular** 인기 있는 **realistic** 현실적인 **character** 등장인물, 캐릭터 **SNS(= Social Network Service)** 소셜 네트워크 서비스(웹상 네트워크 형성 서비스) **account** 계좌, 계정 **donate** 기부하다 **charity** 자선 단체 **suggestion** 제안, 의견 **dress** 드레스, 원피스; 옷을 입히다 **maid** 하녀, 가정부

Check Up! 다음 중 어법상 적절한 것을 고르시오.

01 The number of people with food poisoning [increase / increases] in summer.

02 All of the shops in the town [have / has] a sale at the end of the year.

03 Some of his ideas [was / were] very creative.

04 One of my best friends [live / lives] near my house.

05 Fifty percent of the town [was / were] destroyed by a storm.

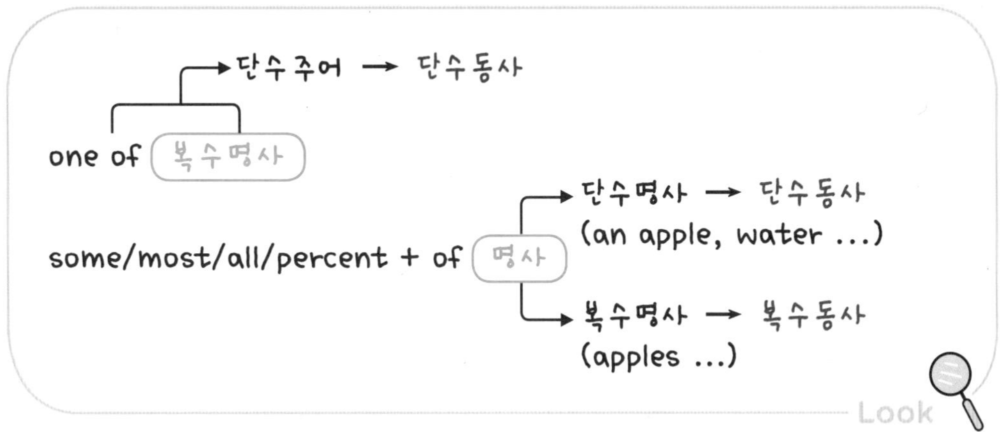

Check Up! 다음 중 어법상 적절한 것을 고르시오.

01 His point of view is a bit different from [me / mine].

02 Some people skip breakfast to lose weight, but [it / they] is necessary for morning energy.

03 Things often seem at [its / their] worst just before they get better. 〈기출 응용〉

04 The door opened by [it / itself].

05 My daughters invited some friends of [their / theirs] to dinner.

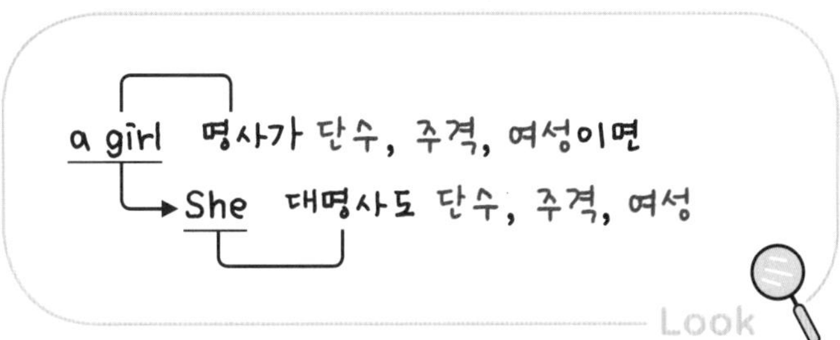

food poisoning 식중독 **creative** 창의적인 **destroy** 파괴하다 **point of view** 관점 **skip** 건너뛰다 **lose weight** 체중을 줄이다

Point 03 형용사 vs. 부사 자리

형용사와 부사는 형태는 비슷해도 그 역할이 다르므로 명확히 구분할 줄 알아야 한다.

The body of a fish *is* streamlined and **smooth**, with fins and a powerful tail. 〈기출 응용〉
주어 동사 보어
물고기의 몸은 유선형으로 되어 있고 부드러우며, 지느러미와 힘센 꼬리가 있다.
*streamlined 유선형의(저항을 최소한으로 받도록 앞부분은 곡선, 뒤로 갈수록 뾰족해지는)

◆ 형용사는 명사를 수식하고, 부사는 동사/형용사/다른 부사/문장 전체를 수식한다.

You can enjoy **interesting** *outdoor activities, such as camping, surfing, and hiking,* in summer. 〈형용사 자리 – 명사구 수식〉 당신은 여름에 캠핑, 서핑, 하이킹 같은 재미있는 야외 활동을 즐길 수 있다.

Interestingly, *every student was late for the appointment.* 〈부사 자리 – 문장 전체 수식〉
흥미롭게도, 모든 학생이 약속에 늦었다.

◆ 보어 자리에는 명사와 형용사만 가능하므로 부사는 올 수 없다.

The village *was* very **peaceful**(**peacefully** ×). 그 마을은 아주 평화로웠다.

Point 04 혼동되는 형태의 형용사 vs. 부사

하나의 단어가 형용사와 부사 둘 다로 쓰이는 경우와, 형용사에 -ly가 붙어 다른 의미의 부사가 되는 경우가 있으므로 잘 구별할 수 있어야 한다.

I'm sorry I woke you up, but I had to call because I'm going to be a little **lately** (→ **late**) getting home. 〈기출 응용〉
깨워서 죄송하지만, 집에 조금 늦게 갈 예정이라 전화해야 했어요.

hard 형 어려운; 딱딱한 부 열심히 hardly 부 거의 ~ 않다 (= scarcely)	The bread was **hard** as stone. 그 빵은 돌처럼 딱딱했다. I will practice tennis **hard** this vacation. 나는 이번 방학에 테니스를 열심히 연습할 것이다. He often tells a lie, so we **hardly** believe his words. 그는 자주 거짓말을 해서, 우리는 그의 말을 거의 믿지 않는다.
late 형 늦은 부 늦게 lately 부 최근에 (= recently)	You shouldn't be **late** for the train. 너는 기차 시간에 늦으면 안 돼. I watched a movie **late** last night. 나는 어젯밤에 늦게까지 영화를 봤다. John is very busy **lately**. He will open a new restaurant next month. 존은 최근에 매우 바쁘다. 그는 다음 달에 새로운 식당을 열 것이다.
short 형 짧은 부 짧게 shortly 부 곧; 간단히	A month is too **short** for her full recovery. 한 달은 그녀가 완전히 회복하기에는 너무 짧다. I will arrive **shortly**. 나는 곧 도착할 것이다.
high 형 높은 부 높게 highly 부 매우	Sally's score was very **high**. 샐리의 점수는 아주 높았다. The kite flew so **high**. 그 연은 아주 높게 날았다. The documentary is **highly** educational. 그 다큐멘터리는 매우 교육적이다.

fin (물고기의) 지느러미 **appointment** 약속 **recovery** 회복 **documentary** 다큐멘터리 **educational** 교육적인

Check Up! 다음 중 어법상 적절한 것을 고르시오.

01 People have [different / differently] tastes.

02 The flu virus spreads [quick / quickly] throughout the country.

03 Our teacher gave us some [easy / easily] homework.

04 He can't run fast, but he can run [steady / steadily].

05 Mr. and Mrs. Brown [special / specially] planned their son's first birthday.

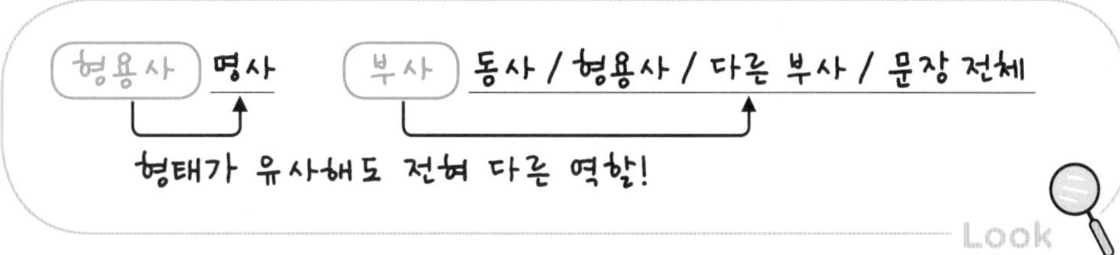

형용사 명사
부사 동사 / 형용사 / 다른 부사 / 문장 전체
형태가 유사해도 전혀 다른 역할!
Look

Check Up! 다음 중 어법상 적절한 것을 고르시오.

01 I can [hard / hardly] remember others' names.

02 Global warming has become more serious [late / lately].

03 My parents have very [high / highly] expectations of me.

04 Habits are [hard / hardly] to change.

05 The meeting will be over [short / shortly].

quick + ly = quickly 빠르게
빠른
hard + ly = hardly 거의 ~ 않다
어려운; 열심히
Look

taste 기호, 취향 **flu virus** 감기 바이러스 **spread** 퍼지다, 확산되다 **throughout** ~ 도처에[구석구석까지]; ~ 동안 내내 **steady** 꾸준한 ***steadily** 꾸준히 **global warming** 지구 온난화 **expectation** 예상, 기대 ***expect** 예상하다, 기대하다

Chapter Exercises 1

A **다음 밑줄 친 부분을 어법과 문맥에 맞게 고쳐 쓰시오.**

01 The speaker's opinions were very reasonable, so people accepted they.

02 Some of the rumors were obvious wrong.

03 Most of the work are done by machine.

04 Only thirty percent of students was correct on this question.

05 He hard speaks about his family. Nobody knows anything about his family members.

06 I can't sleep well late, so I'm very tired and sleepy.

07 Jessy seems honestly to me. She told me everything about her past yesterday.

B **다음 밑줄 친 부분이 어법상 올바르면 ○표, 어색하면 ×표하고 바르게 고치시오.**

01 The number of shops are going to be closed tomorrow.

02 I made all the food myself for the party.

03 Eugene goes to the library every day during his vacation. He studies really hard.

04 I talked on the phone quiet because it was midnight.

05 All of the furniture are in good condition.

06 A cup of hot milk made me warmly.

07 Her coat is exactly the same with me.

08 My teacher was angry because I arrived 30 minutes lately.

A **reasonable** 합리적인 **obvious** 분명한, 명백한

Ⓒ 다음 중 어법상 바르지 않은 문장을 모두 고르시오.

01 ① Some people find the flavor of broccoli unpleasantly strong.
② Charlie will arrive home in 10 minutes. We can meet him short.
③ A number of balloons is rising into the sky.
④ I'd like to buy a ring like hers.
⑤ The owner of my favorite restaurant is always friendly.

02 ① Great job. You actively participated in the teamwork.
② The number of cars in the city is increasing every year.
③ He taught himself how to ride a bike.
④ Most of your body's weight are water.
⑤ He found the shoes very comfortably.

Ⓓ 괄호 안의 단어를 어법에 알맞은 형태로 써넣으시오.

01 After the test tomorrow, you can relax ______________ mind and enjoy yourself. (you)

02 She adapted ______________ to the new environment. (quick)

03 He has ______________ own swimming pool at home. (he)

04 I will ______________ consider it. (serious)

05 These days, people ______________ know their neighbors. (hard)

06 There's nothing ______________ about him. (special)

C **flavor** 풍미, 맛 **actively** 적극적으로, 활발히 **D** **relax** 편히 쉬다[쉬게 하다] **adapt** 맞추다; 적응하다 **environment** (주변의) 환경 **consider** 고려하다; 여기다

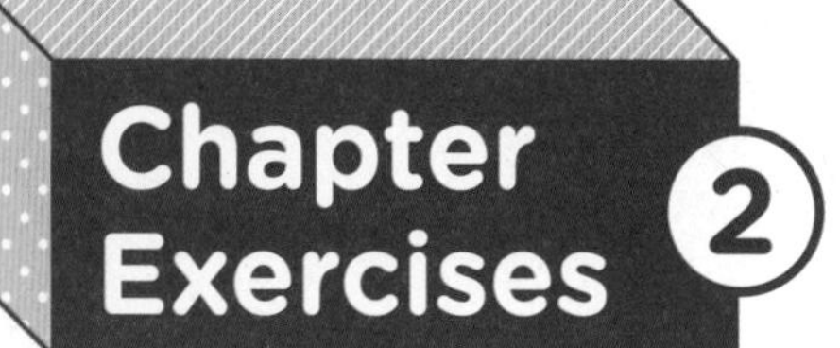

정답 및 해설 p. 17

01 **(A), (B), (C) 각 네모 안에서 어법에 맞는 표현으로 가장 적절한 것은?**

In many countries, one of the most important forms of transportation (A) [is / are] air travel. And more people travel by air in the United States (B) [as / than] in any other country. More than 400 million people take a trip by plane every year in the United States. Many domestic airlines compete to sell tickets, and air travel in the United States can be very (C) [cheap / cheaply] when there's a sale.

transportation 교통수단
domestic 국내의; 가정의
airline 항공사
compete 경쟁하다

	(A)		(B)		(C)
①	is	—	as	—	cheap
②	is	—	than	—	cheap
③	are	—	as	—	cheaply
④	are	—	than	—	cheap
⑤	is	—	than	—	cheaply

02 **다음 글의 밑줄 친 부분 중 어법상 틀린 것은?**

What is the Pygmalion Effect? It can be summarized as "You get what you expect." We tend to live up to expectations. And ① they are all placed on us by other people. When other people expect us to be great, we become ② great. However, there is another side to the Pygmalion Effect, of course. Just as we rise to meet high expectations, low expectations may hurt us. A famous test on school children showed this quite ③ clearly. Students were divided into groups and praised or made to feel stupid. Most students from the latter group performed poorly on ④ its exams. When we expect people to fail, they usually fail; when we expect them to win, they win. If you want to be the best, expect it from ⑤ yourself!

summarize 요약하다
tend to-v ~하는 경향이 있다
live up to ~에 맞춰 살다
meet (필요, 요구 등을) 충족시키다
praise 칭찬하다
latter (둘 중에서) 후자의 (↔ **former** 전자의)
poorly 좋지 못하게, 형편없이

어법 Point Summary

Point 01 부분 표현의 수일치

one of + 복수명사 → 단수주어 → ① ______________

some/most/all/percent + of 명사
→ 단수명사 → ② ______________
→ 복수명사 → ③ ______________

Hint One of the reasons for this musical's popularity is its realistic characters.
Some of my old friends still live in my hometown.

Point 02 대명사의 일치

명사 (단수, 주격, 여성) ——→ 대명사 (④ ______________)

Hint Look at the flowers. My mother put them on the table.
Jennifer saw a little bird. Its nest was near the house.

Point 03 형용사 vs. 부사 자리

⑤ ______________ → 명사　　⑥ ______________ → 동사 / 형용사 / 다른 부사 / 문장 전체

Hint Interestingly, every student was late for the appointment.
The village was very peaceful.

Point 04 혼동되는 형태의 형용사 vs. 부사

quick + ly = quickly
빠른　　빠르게

hard + ly = hardly
⑦ ______________　⑧ ______________

Hint The bread was hard as stone.
I will practice tennis hard this vacation.
He often tells a lie, so we hardly believe his words.

정답 및 해설 p. 18

Part 2
동사의 형태와 의미 변화

Chapter ⑥ 동사의 시제

Chapter ⑦ 조동사

Chapter ⑧ 수동태

Chapter ⑨ 수능 빈출 어법 2

Chapter ⑥
동사의 시제

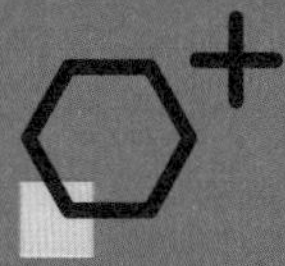

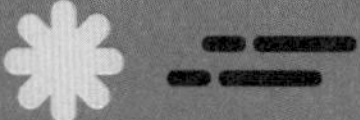

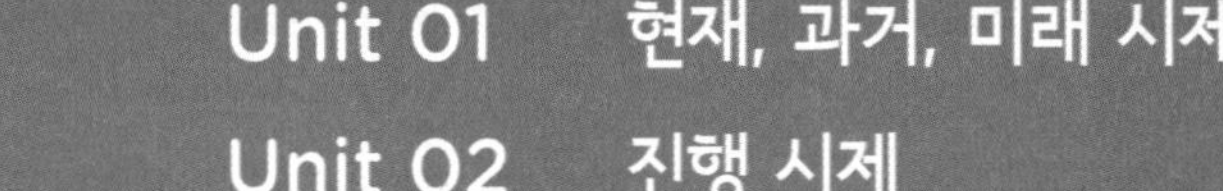

Unit 01 현재, 과거, 미래 시제

시제란 어떤 일이 일어난 '때'를 나타낸다. 시제는 동사의 형태를 변화시켜서 표현한다.

1. 현재 시제

◆ 동사원형을 쓴다. 단 3인칭 단수 주어일 때는 「동사원형+(e)s」 형태를 쓴다.

My sister **lives** in London. 〈현재의 상태나 동작〉 내 여동생은 런던에 산다.

I **get up** at seven every morning. 〈정기적이고 습관적인 일〉 나는 매일 아침 7시에 일어난다.

The Earth **goes** around the Sun. 〈언제나 사실이고 영원한 것〉 지구는 태양 주위를 돈다.

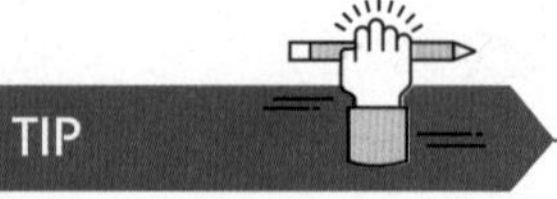

TIP

미래를 나타내는 현재 시제

명확한 스케줄이나 시간표상에 있는 일에 관해 미래를 나타낼 때는 현재형을 쓴다. 대개 미래를 나타내는 어구를 포함한다.

The concert **begins** at seven tonight.
그 음악회는 오늘 밤 7시에 시작한다.

2. 과거 시제

◆ 동사의 과거형을 쓰고, 현재나 미래를 나타내는 부사(구)와 같이 쓸 수 없다.

Susan **helped** me with my homework yesterday. 〈과거의 상태나 동작〉
수잔은 어제 내 숙제를 도와주었다.

I usually **went** to the library after school. 〈과거의 반복적인 동작〉
나는 방과 후에 주로 도서관에 갔다.

Beethoven **composed** *the Moonlight Sonata* in 1801. 〈역사적 사실〉
베토벤은 1801년에 '월광 소나타'를 작곡했다.

3. 미래 시제

◆ 미래의 예측 또는 의지를 나타낼 때 「will+동사원형」이나 「be going to+동사원형」의 형태로 쓴다.

Our team **will do** well in the game tomorrow. 우리 팀은 내일 경기에서 잘할 것이다.

I'**m going to visit** my grandma this Sunday. 나는 이번 일요일에 할머니를 방문할 거야.

It's very sunny now. It **won't(= will not) rain** tomorrow.
지금 아주 맑아. 내일 비가 오지 않을 거야.

CHECK UP 괄호 안의 동사를 문맥에 알맞은 형태로 써넣으시오.

1 The sun ______________ in the east and ______________ in the west. (rise, set)

2 I finished my meal, ______________ the bill and ______________ the restaurant. (pay, leave)

3 Next year, she ____________________ to New York. (go)

compose 작곡하다; 구성하다 **bill** 계산서; 지폐 **pay** 지불하다

정답 및 해설 p. 19

Ⓐ 다음 중 어법상 적절한 것을 고르시오.

01 We [arrived / will arrive] in Busan soon.

02 Four plus two [was / is] six.

03 The restaurant [wasn't / isn't] busy three days ago.

04 She [will be / was] free tomorrow.

05 Sam [goes / went] swimming every morning.

Ⓑ 주어진 우리말과 일치하도록 괄호 안의 단어를 알맞은 형태로 써넣으시오.

01 나는 오늘 아침에 아침을 먹지 않을 것이다. (have)

➔ I ________ ________ ________ breakfast this morning.

02 탐은 주말에 배드민턴을 친다. (play)

➔ Tom ________ badminton on weekends.

03 우리는 어제 많은 새 단어들을 배웠다. (learn)

➔ We ________ many new words yesterday.

04 나는 다음 주에 유럽으로 갈 예정이다. (go)

➔ I'm ________ ________ ________ to Europe next week.

Ⓒ 다음 각 문장에서 밑줄 친 부분을 바르게 고쳐 쓰시오.

01 Jane <u>eat</u> sandwiches for lunch these days.

02 I <u>meet</u> Cindy at the library tomorrow evening.

03 Ann <u>speaks</u> very loudly in the classroom yesterday morning.

04 My father <u>was</u> going to take a vacation next month.

05 Jenny <u>comes</u> home late last night.

C **take a vacation** 휴가를 얻다

Unit 02 진행 시제

특정 시점에서 진행 중인 동작은 「be동사+v-ing(동사원형+-ing)」로 표현한다.

1. 현재진행

◆ 현재진행형(am[are, is]+v-ing)은 현재 진행 중인 동작을 나타내며 '~하는 중이다'로 해석한다.

My father **is reading** a newspaper in the living room. 아버지는 거실에서 신문을 읽고 계신다.
You **are not concentrating** on the lecture. 너는 강의에 집중하지 않고 있다.

◆ 이미 확정되어 있는 미래의 일도 현재진행 시제로 표현할 수 있는데, 주로 미래를 나타내는 어구와 함께 쓰인다. (≒ be going to+동사원형)

Ann **is coming** to New York tomorrow. 앤은 내일 뉴욕에 올 것이다.

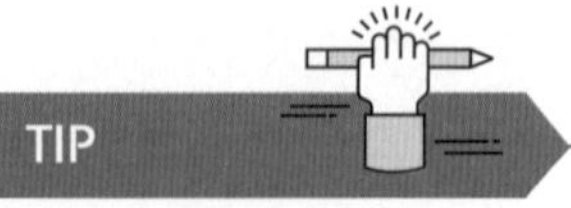

TIP

진행형을 쓸 수 없는 동사

- 움직임이 아니라 '상태'를 나타내는 동사는 진행형으로 쓸 수 없다.

– 소유(have, belong 등)
– 감정(like, love, hate 등)
– 인지(know, believe 등)

John has a car. (○)
John is having a car. (×)

*단 have가 '소유' 이외의 의미일 때에는 진행형이 가능하다.
We'**re having** lunch now.
우리는 지금 점심을 먹는 중이다.

2. 과거진행, 미래진행

◆ 과거진행형(was[were]+v-ing)은 과거의 어느 시점에 진행 중이었던 동작을 나타내며 '~하는 중이었다'로 해석한다.

I **was studying** at home at 10 last night. 나는 어젯밤 10시에 집에서 공부하는 중이었다.

◆ 미래진행형(will be+v-ing)은 미래의 어느 시점에 진행 중일 것으로 예상되는 일을 나타내며 '~하고 있을 것이다'로 해석한다.

At this time tomorrow, I **will be meeting** Susan. 내일 이 시간에, 나는 수잔을 만나고 있을 것이다.

3. 진행 시제의 의문문

◆ be동사를 주어 앞으로 보낸다.
주어+be동사+v-ing ~. → Be동사+주어+v-ing ~?
→ 의문사+be동사+주어+v-ing ~?

A: **Was** it **raining** when you left home? 네가 집을 나올 때 비가 오고 있었니?
B: No, it wasn't. 아니, 오고 있지 않았어.

A: *What* **are** you **doing** now? 너는 지금 무엇을 하고 있니?
B: I'm making cookies. 나는 쿠키를 만들고 있어.

CHECK UP 다음 중 어법상 적절한 것을 고르시오.

1 It [was not / is not] raining at the moment.
2 She [was / is] having dinner then.
3 Jack [is / will be] sleeping late into the morning. Don't wake him today.

concentrate (on) (~에) 집중하다 **lecture** 강의, 강연 **at the moment** 바로 지금

정답 및 해설 p. 19

Practice

Ⓐ 괄호 안의 동사를 현재진행형, 과거진행형, 미래진행형 중에서 문맥에 알맞은 형태로 써넣으시오.

01 I ______________________ on the phone now. (talk)

02 Sorry, I missed your call. I ______________________ a shower then. (take)

03 Next year, I ______________________ in this school. (study)

04 Hurry up! People ______________________ for you already. (wait)

05 I ______________________ TV when my mom came home. (watch)

Ⓑ 다음 각 문장에서 밑줄 친 부분을 바르게 고쳐 쓰시오.

01 A: Where's your mother?
B: She's in the kitchen. She cooks something.

02 Jack is eating dinner at that time.

03 A: What your sister is doing?
B: She is cleaning her room.

04 Mrs. Jackson is drinking coffee at the table. She is drinking a cup of coffee every morning.

Ⓒ 주어진 우리말과 일치하도록 괄호 안의 단어들을 이용하여 문장을 완성하시오.

01 헬렌은 그때 머리를 감고 있었다. (wash, her hair)
➔ Helen ______________________ then.

02 그는 거실에 있는 소파에서 잠을 자고 있다. (sleep)
➔ ______________________ on the sofa in the living room.

03 너는 시험을 대비하여 수학을 공부하는 중이니? (study, math)
➔ ______________________ for the exam?

04 우리가 길에서 만났을 때 너는 어디에 가고 있었니? (go)
➔ ______________________ when we met on the street?

05 내일 이 시간에 나는 영어 시험을 보고 있을 것이다. (take, exam)
➔ At this time tomorrow, ______________________.

A miss 놓치다

Unit 03 현재완료 시제 (1)

과거의 어느 시점에 일어난 일이 현재까지 영향을 미칠 때 현재완료 시제를 쓴다.

1. 현재완료 시제의 기본 형태

- 현재완료는 「have[has]+과거분사(p.p.)」로 나타낸다. 현재완료의 부정문은 「have[has]+not+과거분사(p.p.)」로 쓴다.
- 동사의 과거분사형(p.p.)은 과거형과 대부분 유사하지만 불규칙 변화하는 경우도 잘 알아두어야 한다.

– 규칙변화 = 동사원형+-ed
work – worked(과거형) – **worked(과거분사형 p.p.)** / play – played – **played**
live – lived – **lived**

– 불규칙변화 (☞ 동사의 불규칙 과거 – 과거분사형 p.168)
① ABB형: keep – kept – **kept** / sleep – slept – **slept**
② ABA형: come – came – **come** / run – ran – **run**
③ ABC형: eat – ate – **eaten** / see – saw – **seen** / ride – rode – **ridden**
④ AAA형: put – put – **put** / hit – hit – **hit** / cut – cut – **cut**

2. 현재완료 시제 vs. 과거 시제

- 현재완료 시제는 과거에 발생한 일이 현재까지 영향을 미치는 것을 나타내는 반면, 과거 시제는 단지 과거에 대해서만 나타낸다.

She **has lived** in L.A. for ten years. 그녀는 LA에서 10년간 살아 왔다. (→ 여전히 살고 있다)
cf. She **lived** in L.A. for ten years. 그녀는 LA에서 10년간 살았었다.
Somebody **has broken** the window. 누군가가 그 창문을 깼다. (→ 현재까지도 깨져 있는 상태)
cf. Somebody **broke** the window. 누군가가 그 창문을 깼었다.

- 현재완료 시제는 과거부터 현재까지 계속되는 것, 과거에 일어난 일이 현재에 미친 결과 등 '현재'에 더 가까운 의미를 갖는다. 따라서 '분명한 과거'를 나타내는 yesterday, ago, just now, 연도, last+명사, when으로 시작하는 의문문 등은 현재완료와 함께 쓸 수 없다.

They **have moved** into a new apartment last month. (×)
cf. They **moved** into a new apartment *last month*. 그들은 지난달에 새 아파트로 이사했다.

보이는 문법

현재완료 개념

He **has ridden** his bike for an hour.
그는 자전거를 한 시간 동안 탔다.

1시간 전 / 현재
0 / 30 / 60(분)

TIP

현재완료 의문문

• 의문사가 없는 경우
Have[Has]+주어+p.p. ~?

A: **Have** you ever **eaten** at that restaurant?
너는 저 음식점에서 먹어 봤니?
B: Yes, I have. 응, 먹어 봤어. /
No, I haven't(= have not).
아니, 안 먹어 봤어.

• 의문사가 있는 경우
의문사+have[has]+주어+p.p. ~?

A: ***How long*** **have** you **been** in Korea?
너는 한국에 있은 지 얼마나 오래 됐니?
B: I have been in Korea for three years.
나는 3년째 한국에 있어.

CHECK UP 괄호 안의 동사를 이용하여 현재완료형으로 써넣으시오.

1 It ____________ for a week. (rain)
2 My family ____________ here since 2010. (live)
3 My brother ____________ a computer game for two hours. (play)
4 I ____________ at the hotel since yesterday. (stay)

somebody 누군가 (= **someone**) **break**(-**broke**-**broken**) 깨다; 깨지다

정답 및 해설 p. 20

Practice

A 다음 중 어법상 적절한 것을 고르시오.

01 Tony [was / has been] on the football team of his school in 2010.

02 I [climbed / have climbed] to the mountaintop two weeks ago.

03 We [knew / have known] Jimmy for over ten years.

04 My father [sold / has sold] his old car last month.

05 My daughter [was / has been] sick since last weekend.

B 괄호 안의 동사를 과거 시제 또는 현재완료 시제 중에서 문맥에 알맞은 형태로 써넣으시오.

01 (be) a. I ________________ in Europe last year.

b. I ________________ in Europe since 2014.

02 (live) a. I ________________ in this town ten years ago.

b. I ________________ in this town for ten years.

03 (see) a. She ________________ famous operas several times.

b. She ________________ a famous opera yesterday.

C 다음 각 문장에서 밑줄 친 부분을 바르게 고쳐 쓰시오.

01 David <u>has graduated</u> from elementary school in 2015.

02 I <u>worked</u> here since last summer.

03 <u>Have you seen</u> the pyramids on your last trip?

04 I <u>have eaten</u> lunch three minutes ago.

05 What movies <u>you have seen</u> from this director?

06 <u>I have finished</u> my homework at 5 o'clock.

C **graduate** 졸업하다 **elementary school** 초등학교 **director** (영화의) 감독, (연극의) 연출가

Unit 04 현재완료 시제 (2)

1. 계속: (지금까지) ~해 왔다

◆ 과거의 어떤 시점부터 현재까지 계속되고 있는 동작이나 상태를 나타낸다. for, since, how long 등과 주로 함께 쓰인다. for(~ 동안) 다음에는 '시간의 길이'를 나타내는 말이 오며, since(~부터) 다음에는 '시점'을 나타내는 말이 온다.

We **have known** each other *for* ten years. 우리는 10년 동안 서로 알고 지내 왔다.

We**'ve**(= We **have**) **been** in the classroom *since* 9 o'clock this morning.
우리는 오늘 아침 9시부터 교실에 있었다.

2. 경험: ~한 적이 있다

◆ 과거부터 현재까지 어떤 동작이나 행위를 한 경험이 있었음을 나타낸다. ever, never, before, ~ times 등과 주로 함께 쓰인다.

My brother **has been** to Rome *three times*. 나의 형은 로마에 세 번 가본 적이 있다.

I**'ve**(= I **have**) *never* **seen** such beautiful scenery. 나는 그렇게 아름다운 풍경은 본 적이 없다.

have[has] been과 have[has] gone의 비교

- Ted **has been** to Europe.
  테드는 유럽에 가본 적이 있다. 〈경험〉
- Ted **has gone** to Europe.
  테드는 유럽으로 가 버렸다. (→ 그래서 지금 여기에 없다.) 〈결과〉

3. 완료: 막 ~했다

◆ 지금 막 동작이 완료되었음을 나타낸다. just, already, yet 등의 부사와 주로 함께 쓰인다.

Sally **has** *just* **finished** her homework. 샐리는 방금 숙제를 끝마쳤다.

A: Are your friends here? 너의 친구들은 여기에 있니?

B: They **haven't**(= **have not**) **arrived** *yet*. 그들은 아직 도착하지 않았어.

4. 결과: ~해 버렸다 (그래서 지금 …이다)

◆ 과거의 일이 현재에 영향을 미친 결과를 나타낸다.

I **have lost** my cell phone. (→ I don't have it now.)
나는 나의 휴대폰을 잃어버렸다. (→ 지금 그것이 없다.)

He**'s gone** to London. 그는 런던에 가 버렸다. (→ 지금 그는 여기에 없다.)

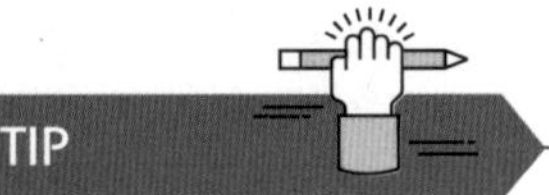

과거완료 「had+p.p.」

과거의 어떤 때보다 더 과거에 일어난 일을 나타낼 때 쓴다.

I **had met** him before but I couldn't remember his name.
나는 그를 전에 만났었지만 그의 이름을 기억할 수 없었다.

CHECK UP 주어진 두 문장을 괄호 안의 단어를 이용하여 한 문장으로 완성하시오.

1 She was absent from school two days ago. She is still absent.
➔ She ________________ absent for two days. (be)

2 John went to America. He isn't here.
➔ John ________________ to America. (go)

3 Tony is taking a piano lesson. It's his first one.
➔ Tony ________________ the piano before. (play)

scenery 풍경, 경치 **yet** ((부정문)) 아직, ((의문문)) 이미, 벌써 **lose**(-**lost**-**lost**) 잃다; (경기에) 지다 **absent** 결석한 (↔ **present** 출석한)

정답 및 해설 p. 20

Ⓐ 다음 각 문장의 현재완료 시제의 용법으로 알맞은 것을 〈보기〉에서 골라 기호를 쓰시오.

보기
ⓐ 계속: (지금까지) ~해 왔다　　ⓑ 경험: ~한 적이 있다
ⓒ 완료: 막 ~했다　　ⓓ 결과: ~해 버렸다 (그래서 지금 …이다)

01 How long have you been in Seoul?

02 We've just finished our project.

03 It has been very cold since the day before yesterday.

04 Sam has lost some weight. Now he is very slim.

05 Have you ever seen so many stars in the sky like this?

06 I have eaten a durian once.

Ⓑ 다음 중 밑줄 친 부분이 올바르면 ○표, 어색하면 ×표하고 바르게 고치시오.

01 I <u>have lost</u> my purse. I can't find it anywhere.

02 Kevin is sick. He <u>will be</u> sick for the last few days.

03 Linda isn't here. She <u>has gone</u> out.

04 I <u>have gone</u> to Disneyland.

Ⓒ 주어진 두 문장을 현재완료 시제를 이용하여 한 문장으로 완성하시오.

01 David lost his key. He still doesn't have it.
➔ David ______________________________.

02 Paul visited the museum last summer. He went there a week ago, too.
➔ Paul ______________________________ two times.

03 My brother broke his leg. He can't walk now.
➔ My brother ______________________________.

04 I bought this guitar five years ago. I still have it.
➔ I ______________________________ for five years.

05 They started their vacation last Saturday. They are still on vacation.
➔ They ______________ on vacation ______________ last Saturday.

A **the day before yesterday** 그저께　**weight** 무게, 체중　**slim** 날씬한, 호리호리한　**durian** 두리안 (첫 냄새가 고약한 열대 과일)
B **purse** (여성용) 지갑; 핸드백　**anywhere** ((긍정문)) 어디든지; ((부정문)) 어디서도

Chapter Exercises

A 다음 중 각 문장의 빈칸에 들어갈 말이 순서대로 바르게 짝지어진 것을 고르시오.

> • I ____________ to Europe this vacation.
> • My father ____________ a news program every morning.
> • The chef ____________ a new dish now.

① have gone — watch — tests
② have gone — watches — is testing
③ am going to go — watch — is testing
④ am going to go — watches — is testing
⑤ am going — have watched — tests

B 다음 중 빈칸에 알맞은 것을 고르시오.

01 A: Sue came back from Canada.
B: Oh, really? I didn't know that. ____________ her tomorrow.

① I call ② I'll call
③ I've called ④ I called

02 It's 11 p.m. I ____________ for two hours and probably won't finish until midnight.

① study ② will study
③ was studying ④ have studied

03 Fred had a book in his hand, but he ____________ it. He was watching TV.

① is reading ② isn't reading
③ was reading ④ wasn't reading

B **probably** 아마

Ⓒ 다음 중 현재완료 시제의 용법이 〈보기〉와 같은 문장을 고르시오.

01

보기 Have you ever baked some bread?

① How long have you lived in Korea?
② They have just arrived at the station.
③ I have never talked to him.
④ I have already sent you an e-mail.
⑤ Someone has stolen my bike.

02

보기 My father has worked for the bank for twenty years.

① I have known Lucy since 2010.
② Jason has already made a reservation.
③ Have you ever seen the aurora?
④ The sun has just risen above the ocean.
⑤ He has hurt his arm badly. He's wearing a cast.

Ⓓ 다음 중 대화가 자연스럽지 않은 것을 고르시오.

① A: How was your trip to Maldives?
B: It was wonderful. I didn't see such a beautiful beach.

② A: What do you do in your free time?
B: I usually ride a bike at the park.

③ A: Have you seen Kate lately?
B: No. I haven't seen her for a few weeks.

④ A: Are you going to watch a movie tonight?
B: No. I'm going to go to the flea market.

⑤ A: When will he arrive?
B: Look! He has just arrived.

C **make a reservation** 예약하다 **aurora** 오로라 **above** ~ 위로 **badly** 심하게, 몹시 **cast** 깁스; 붕대 D **flea market** 벼룩시장

(E) 다음 중 어법상 적절한 것을 고르시오.

01 Listen! Somebody [sings / is singing].

02 I [didn't see / haven't seen] Chris since last Christmas.

03 My uncle Jake [has / is having] his own car now.

04 When [did you meet / have you met] Brian for the first time?

05 Water [became / becomes] ice at 0°C.

(F) 다음 중 어법상 바르지 않은 문장을 고르시오.

01 ① The cake tastes too sweet for me.
② This ticket is not mine. It is belonging to my sister.
③ Don't hurry. I will wait for you.
④ His hands are wet. He has just washed the dishes.
⑤ My brother goes to the gym every day.

02 ① It rains a lot in summer in Korea.
② I'm full. I've had enough.
③ He has taught English since ten years.
④ Watch out! A car is coming.
⑤ Please be quiet! The baby is sleeping.

(G) 다음 중 어법상 바른 문장을 고르시오.

① My father often buys me toys in my childhood.
② I've just eaten the cake three minutes ago.
③ She is having a high fever.
④ I practiced the piano for the contest last night.
⑤ How long did you know each other?

E **for the first time** 처음으로 **F** **belong to** ~ 소유이다; ~에 속하다 **G** **high fever** 고열

H 주어진 글이나 대화문에서 어법상 어색한 것을 찾아 바르게 고쳐 쓰시오.

01 A: ① Has Brian ever visited you at your house?
B: ② Yes, he did. ③ He has visited me lots of times.

02 Betty ① is talking on the phone now. She ② talked on the phone ③ for more than an hour.

03 A: ① Do you have plans for this summer vacation?
B: ② I'm going to go on a trip to Australia.
A: Oh, ③ I'll be there two times. It was beautiful.

04 ① Don't be absent from class again. You ② have already missed too many classes. You ③ have missed two classes just last week.

서술형 대비

I 주어진 우리말과 일치하도록 괄호 안의 단어들을 이용하여 문장을 완성하시오.

01 수는 내일 오후에 자전거를 탈 것이다. (a bike, ride)
→ Sue ______________________ tomorrow afternoon.

02 그녀의 어머니는 일주일 동안 편찮으시다. (her mother, be, sick)
→ ______________________ for a week.

03 그는 지금 칠판에 그림을 그리고 있다. (he, a picture, draw)
→ ______________________ on the board now.

04 너는 영어로 이메일을 보내 본 적이 있니? (you, send, an e-mail, ever)
→ ______________________ in English?

05 나의 어머니는 결혼 전에 선생님이셨다. (my mother, a teacher)
→ ______________________ before getting married.

| **board** 판자; ((보통 **the** ~)) 칠판

문법, 문장으로 정리하자!
Summary with Sentences

Unit 01 현재, 과거, 미래 시제

My sister lives in London. 〈현재 시제〉
동사원형+(e)s

Susan helped me with my homework yesterday. 〈과거 시제〉
동사(help)의 과거형

Our team will do well in the game tomorrow. 〈미래 시제〉
will+동사원형 = be going to+동사원형

Unit 02 진행 시제

My father is reading a newspaper in the living room. 〈현재진행〉
be동사 현재형+v-ing

I was studying at home at 10 last night. 〈과거진행〉
be동사 과거형+v-ing

At this time tomorrow, I will be meeting Susan. 〈미래진행〉
will be+v-ing

What are you doing now? 〈진행 시제 의문문〉
(의문사+)be동사+주어+v-ing ~?

Unit 03 현재완료 시제 (1)

She has lived in L.A. for ten years. 〈과거부터 현재까지 이어지는 일을 나타냄.〉
현재완료 기본 형태: have[has]+과거분사(p.p.)

cf. She lived in L.A. for ten years. 〈과거에 대해서만 나타냄.〉
과거

Unit 04 현재완료 시제 (2)

We have known each other for ten years. 〈계속: (지금까지) ~해 왔다〉
My brother has been to Rome three times. 〈경험: ~한 적이 있다〉
Sally has just finished her homework. 〈완료: 막 ~했다〉
He's gone to London. 〈결과: ~해 버렸다 (그래서 지금 …이다)〉

Chapter ⑦ 조동사

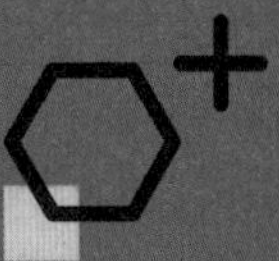

Unit 01 will / can / may

조동사는 동사를 도와주는 말로서 '가능, 추측, 충고, 허락, 의무' 등의 의미를 더한다. 조동사 뒤에는 항상 동사원형을 쓴다. 부정형은 조동사 뒤에 not을 붙인다.

1. will: ~할[일] 것이다

◆ 미래 일에 대한 의지 또는 앞으로의 일정, 계획 등을 나타낸다.

My family **will** leave this town after five days. 우리 가족은 5일 뒤에 이 마을을 떠날 것이다.
He **will not(= won't)** meet Kate today. 그는 오늘 케이트를 만나지 않을 것이다.

◆ 어떤 일이 일어날 가능성이 클 때는 will을 쓰고, 가능성이 작을 때는 would를 쓴다.

Let's go to Tom's home now! It **will** be fun. 지금 톰의 집에 가자! 재미있을 거야.
Jane **would** come to Peter's party. 제인은 피터의 파티에 올 거야.

2. can: ~할 수 있다

◆ 능력을 나타내며 be able to로 바꿔 쓸 수 있다.

I **can(=am able to)** speak three languages. 나는 세 가지 언어를 말할 수 있다.
I **could not(=couldn't)** find the way to Olympic Park.
나는 올림픽 공원으로 가는 길을 찾을 수 없었다.

◆ can은 '~해도 된다'는 허가의 의미도 있고, 부정문/의문문에서는 가능성과 추측을 나타내기도 한다.

You **can** use one of my pencils. 너는 내 연필들 중 하나를 써도 돼.
You've just eaten a hamburger, so you **can't** be hungry already.
너는 방금 햄버거를 먹었으니, 네가 벌써 배가 고플 리가 없다.
Can it be true? I can't believe him. 그게 사실일까? 난 그를 믿을 수 없어.

3. may: ~해도 좋다, ~해도 된다

◆ can보다 정중한 공손한 요청이나 허락을 나타낸다.

May I see your ticket, please? 당신의 표를 좀 봐도 될까요?
You **may not** talk in this room. 너는 이 방에서 얘기해선 안 된다.

◆ '~일지도 모른다'는 의미의 불확실한 추측을 나타내며 might를 쓰기도 한다.

It **may** snow today. 오늘 눈이 올지도 몰라.
He **might** like horror movies. 그는 공포 영화를 좋아할지도 몰라.

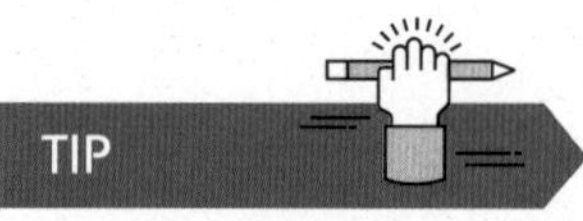

조동사의 과거형/부정형

	부정형	과거형
will	will not (= won't)	would
can	cannot (= can't)	could
may	may not	might

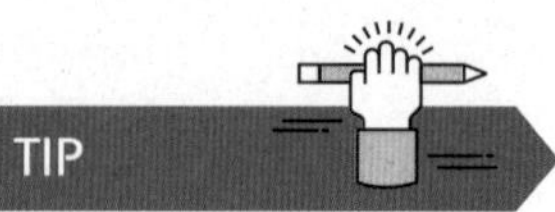

연달아 쓸 수 없는 조동사

조동사는 두 개를 연달아 쓸 수 없다. 따라서 will, may 뒤에 can을 써야 할 경우는 반드시 be able to로 써야 한다.

Tourists **will be able to** meet pandas there.
관광객들은 그곳에서 판다를 만날 수 있을 것이다.

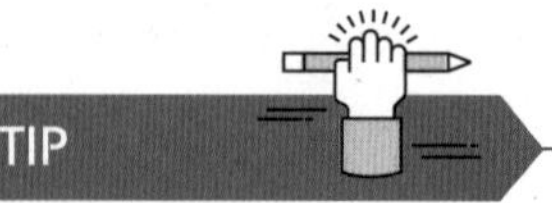

공손한 부탁의 표현

May I turn on the TV?
제가 TV를 켜도 될까요?

Could[Can] you please hold the door for me?
저를 위해 문을 잡아주실 수 있나요?

Would[Will] you do me a favor?
제 부탁을 들어주실 수 있나요?

CHECK UP 다음 밑줄 친 조동사의 알맞은 뜻을 쓰시오.

1 Mike can speak French, but he <u>cannot</u> write it.
2 <u>May</u> I ride my bike outside, Mom?

horror 공포

정답 및 해설 p. 22

Ⓐ 다음 각 문장에서 밑줄 친 부분을 바르게 고쳐 쓰시오.

01 Janet will <u>can</u> help you tomorrow.

02 I was in Hawaii last month. I <u>can</u> go to the beach every day there.

03 Susan couldn't <u>won</u> the prize yesterday.

04 Don't wait up for me. I <u>might not</u> be late.

05 Mary and Tom might <u>took</u> part in the marathon.

Ⓑ 다음 중 어법상 적절한 것을 고르시오.

01 A: [Will / May] I leave early today? — B: Certainly.

02 [Will / May] you pass me the salt?

03 A: Could you give me her address, please?
B: I'm sorry, but I [can't / couldn't].

04 A: Excuse me. How [will / can] I get to City Hall?
B: Well, go straight along this street and turn right at the first corner.

05 I [might / was] able to touch a monkey at the zoo.

06 Alice [might / could] not go to the meeting last week. She was sick.

Ⓒ 주어진 우리말과 일치하도록 괄호 안의 단어들을 이용하여 문장을 완성하시오.

01 그녀는 안경을 쓰지 않고는 아무것도 볼 수 없다. (can, see)
➔ ______________________ anything without her glasses.

02 학생들은 곧 컴퓨터상의 전자책으로 배울 수 있게 될 것이다. (will, learn)
➔ Soon ______________________ with e-books on a computer.

03 제가 당신의 컴퓨터를 잠시 사용해도 될까요? (may, use)
➔ ______________________ for a minute?

04 너는 수업 중에 전화를 받아서는 안 된다. (may, answer)
➔ ______________________ your phone during the class.

A **wait up for** ~를 자지 않고 기다리다 **take part in** ~에 참가하다 **marathon** 마라톤 **B** **certainly** 확실히; ((응답)) 물론이지 **get to** ~에 도착하다 (= **reach**) **C** **e-book** 전자책

Unit 02 must / should

1. must: (꼭, 반드시) ~해야 한다

◆ 강한 필요와 의무를 나타낸다. 부정형 must not은 '~해선 안 된다'의 의미이다.

◆ must(~해야 한다)는 같은 의미의 have to로 바꿔 쓸 수 있고 과거형은 had to이다. 부정형 don't have to는 '~할 필요가 없다'는 뜻의 불필요를 나타낸다.

All applicants **must** take an entrance exam. 모든 지원자들은 입학시험을 치러야 한다.
Participants **must not** be late for the race. 참가자들은 경기에 늦어서는 안 된다.
I **had to** take care of my nephew on Friday. 나는 금요일에 내 조카를 돌봐야만 했다.
You **don't have to** hand in your assignment today. 너는 오늘 네 숙제를 제출할 필요가 없다.

◆ 분명한 근거로 확신할 때도 must를 쓰는데 이때는 '~임에 틀림없다'의 뜻이다.

You **must** be tired after your long trip. 너는 장거리 여행을 한 후여서 피곤함에 틀림없다.
Julie **must** be over seventeen. 줄리는 열일곱 살이 넘었음에 틀림없다

2. should: ~해야 한다

◆ 의무 및 충고를 나타내며 '~해야 한다, ~하는 것이 좋다'의 뜻이다. 부정형 should not은 '~하면 안 된다'는 금지의 의미이다. should는 ought to로 바꿔 쓸 수 있고 ought to의 부정형은 ought not to이다.

You **should(= ought to)** exercise regularly for your health.
너는 건강을 위해 규칙적으로 운동해야 한다.
Children **should not** put on makeup. 아이들은 화장을 해서는 안 된다.
Visitors **ought not to** take pictures in the gallery.
방문객들은 미술관에서 사진을 찍어서는 안 된다.

◆ should는 '~일 것이다'라는 의미의 가능성 및 추측을 나타내기도 한다.

John left home one hour ago. He **should** be at the library now.
존은 한 시간 전에 집을 나섰다. 그는 지금 도서관에 있을 것이다.

수능 첫단추

「조동사+동사원형」은 현재의 추측 및 가능성을 나타내고, 「조동사+have p.p.」는 과거의 추측 및 가능성을 나타낸다. (➔ Ch ⑨ Point 04 조동사+have p.p.)

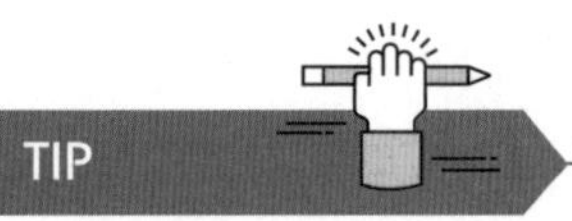

TIP

must not과 don't have to의 비교

must와 have to는 서로 의미가 같지만 둘의 부정형은 의미가 다르므로 주의해야 한다.

• must not: ~하면 안 된다 (금지)
You **must not** tell him the story. It's a secret.
너는 그에게 그 얘기를 하면 안 돼. 그건 비밀이야.

• don't have to: ~할 필요 없다
You **don't have to** tell him the story. I already told him.
너는 그에게 그 얘기를 할 필요가 없어. 내가 이미 그에게 말했어.

보이는 문법

추측의 정도

Sue **must** be sick.
수는 아픈 것이 틀림없다.
Sue **must not[can't]** be sick.
수는 아프지 않은 것이 틀림없다.

Sue **may[might, could]** be sick.
수는 아플지도 모른다.
Sue **may[might] not** be sick.
수는 아프지 않을지도 모른다.

CHECK UP 다음 밑줄 친 조동사의 알맞은 뜻을 고르시오.

1 Nancy has a test today. So, she <u>must</u> be nervous.
① 필요, 의무: ~해야 한다 ② 추측: ~임에 틀림없다

2 You <u>should</u> see a doctor about that cough.
① 의무, 충고: ~해야 한다 ② 추측: ~일 것이다

applicant 지원자 **entrance** 입학; 입사 **participant** 참가자 **nephew** (남자) 조카 **hand in** ~을 제출하다 (= **submit**) **assignment** 과제, 임무 **regularly** 규칙적으로 **put on makeup** 화장을 하다 **cough** 기침(하다)

정답 및 해설 p. 23

Practice

Ⓐ 다음 중 어법상 적절한 것을 고르시오.

01 Don't make so much noise. We [have to / must] not wake the baby.

02 Bob can't go to the concert next Friday. He [has to / ought] work.

03 A driver [should not / ought not] to use a phone while driving.

04 You don't [should / have to] take another English course. Your English is very good.

05 A: Why were you so late?
B: I [must / had to] wait half an hour for a bus today.

Ⓑ 다음 각 문장에서 밑줄 친 부분을 바르게 고쳐 쓰시오.

01 I couldn't go to the movie last night. I <u>had</u> do my homework.

02 Andrew will <u>must</u> sleep on the sofa.

03 You <u>must not</u> introduce me to Sally. We've already met.

04 They ought <u>tell</u> the manager about this problem.

05 Sam, you ought <u>to not</u> forget your mom's birthday this time.

Ⓒ 다음 중 어법상 바르지 <u>않은</u> 문장을 고르시오.

① Mike must be a very rich businessman.
② You ought not eat hamburgers too often. It's bad for your health.
③ Tomorrow is a holiday. We don't have to go to school.
④ You really ought to finish your report soon.
⑤ This restaurant is very popular. We should make a reservation early.

A **noise** 소음, 시끄러움

Unit 03 would like to / had better / used to

1. would like to: ~하고 싶다

◆ 희망/소망을 나타내며, 상대방에게 뭔가를 권하거나 혹은 바라는 것을 물을 때 쓰기도 한다.

This desk is old. I **would like to(= I'd like to)** have a new one.
이 책상은 낡았다. 나는 새것을 갖고 싶다.

Would you **like to** see a movie tonight? 오늘 밤에 영화 볼까요?

TIP

would like+명사

「would like+명사」는 '~을 먹고/사고/갖고 싶다'의 뜻이다.

I **would like** an orange juice.
나는 오렌지 주스가 먹고 싶다.

2. had better: ~하는 게 좋다

◆ 충고를 할 때 쓰며, should나 ought to보다 의미가 강하다. 주어가 You일 때는 명령의 느낌을 주므로 사용에 주의해야 한다.

◆ had better의 부정형은 had better not이다.

It's raining a lot. You **had better(=You'd better)** take a taxi.
비가 많이 내리고 있다. 너는 택시를 타는 게 좋겠다.

You **had better not** sit too close to the computer screen.
너는 컴퓨터 스크린에 너무 가까이 앉지 않는 것이 좋다.

3. used to: (지금은 아니지만) ~했었다, ~이었다

◆ 지금은 더 이상 지속되지 않는 과거의 습관적 행위나 상태를 나타낸다.

My uncle **used to** visit my house with unexpected gifts.
나의 삼촌은 뜻밖의 선물들을 가지고 나의 집을 방문했었다.

This cafe **used to** be a bookstore a few years ago. 이 카페는 몇 년 전에 서점이었다.

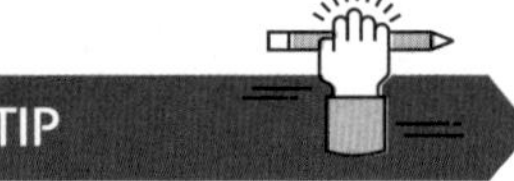

TIP

과거의 습관을 나타내는 would

used to와 마찬가지로 would도 과거의 습관적 행위를 나타낼 수 있다. 그러나 과거의 상태를 나타낼 때는 쓸 수 없다.

My dad **would** smoke, but he doesn't anymore.
나의 아빠는 담배를 피우셨지만 더 이상 피우지 않으신다.

cf. This river **would** be very clean 10 years ago. (×)
→ This river **used to** be very clean 10 years ago. (○)
이 강은 10년 전에 매우 깨끗했었다.

수능 첫단추

used to와 형태가 유사한 다른 표현들의 의미를 알아두어야 한다.

(➔ Ch ⑨ Point 03 used to-v / be used to-v / be used to v-ing)

CHECK UP 〈보기〉에서 밑줄 친 조동사의 의미를 찾아 그 기호를 쓰시오.

보기	
a. 강한 권고: ~하는 게 좋다	b. 과거의 습관: ~했었다
c. 과거의 상태: ~이었다	d. 희망: ~하고 싶다

1 I <u>would like to</u> travel to China next month.

2 Jim <u>used to</u> play computer games a lot last year.

3 It's too dark outside. You <u>had better</u> stay home.

4 This room <u>used to</u> be my sister's room.

unexpected 예기치 않은, 뜻밖의

정답 및 해설 p. 23

A 다음 중 밑줄 친 부분이 올바르면 ○표, 어색하면 ×표하고 바르게 고치시오.

01 Amy used go jogging last year.

02 You had better not eat too much ice cream.

03 We would like go to the swimming pool.

04 Jim has better tell us the truth.

05 She would be a teacher before she came to Japan.

06 Would you like some coffee and doughnuts?

B 다음 중 각 문장의 빈칸에 들어갈 말이 순서대로 바르게 짝지어진 것을 고르시오.

01

• I ____________ a glass of milk after breakfast.

• You look sleepy. You ____________ take a nap.

① would like to – had better
② would like to – used to
③ would like – had better
④ would like – had better not
⑤ would like – used to

02

• You ____________ play the piano at midnight.

• She ____________ bake cookies a few years ago.

① had better not – would like to
② had better not – used to
③ would like – used to
④ had better – would like to
⑤ had better – would

A **go jogging** 조깅하러 가다 **truth** 사실, 진실 **B** **take a nap** 낮잠을 자다

Chapter Exercises

A **다음 중 밑줄 친 부분과 바꿔 쓸 수 있는 말을 고르시오.**

You <u>should not</u> rub your eyes or nose with dirty hands.

① will not ② ought not to ③ cannot
④ don't have to ⑤ may not

B **다음 중 빈칸에 적절한 것을 고르시오.**

01 A: My grandma often feels dizzy these days. I'm worried about her.
B: She'd better ____________ to the doctor.
① goes ② go ③ going
④ went ⑤ to go

02 A: I have a terrible toothache.
B: You ____________ go to the dentist right now.
① should ② might ③ used to
④ will ⑤ would

03 You ____________ call Linda. I already called her.
① may not ② used to ③ don't have to
④ had better not ⑤ might go

04 A: Jane, hurry up. You ____________ miss the bus.
B: Alright.
① ought to ② might ③ had better
④ would like to ⑤ used to

A **rub** 문지르다 **B** **dizzy** 어지러운 **terrible** 끔찍한 **toothache** 치통

Ⓒ 다음 중 어법상 적절한 것을 고르시오.

01 I may not [can / be able to] play tennis on Saturday.

02 I [ought to / used to] eat meat, but now I am a vegetarian.

03 Cindy [must / cannot] get very bored at her job. She does the same thing every day.

04 I [would like to / may] thank you for coming yesterday.

05 You [had better / used to] stay home today.

06 You [should / ought] to drive carefully.

07 [May / Will] I ask where we are?

Ⓓ 다음 중 짝지어진 두 문장의 의미가 서로 같은 것을 고르시오.

① Would you do me a favor?
→ May I help you?

② I can teach you English.
→ I should teach you English.

③ You must not enter this room.
→ You don't have to enter this room.

④ She should clean the dirty bathroom.
→ She ought to clean the dirty bathroom.

⑤ Jane has a headache. She had better sleep more.
→ Jane has a headache. She will sleep more.

vegetarian 채식주의자

E 다음 중 〈보기〉의 may와 같은 의미로 쓰인 것을 2개 고르시오.

보기	A: I heard Mary became a member of an idol group. B: Are you serious? That may not be true.

① The subway may be crowded today.
② I lost my pen. May I use yours?
③ In our museum, visitors may take pictures.
④ Please arrive on time. The bus may leave without us.
⑤ Today's class is over. You may go home now.

F 다음 중 어법상 바르지 않은 문장을 고르시오.

① You ought not to park your car here.
② He broke his leg, and he wasn't able to walk.
③ You had better think twice before you buy anything.
④ Would you like drink this soda?
⑤ You should not walk to and from work. It takes too long.

G 주어진 우리말과 일치하도록 〈보기〉의 조동사와 괄호 안의 단어들을 이용하여 문장을 완성하시오.

보기	will	should	could	used to

01 나는 오늘 3시간 공부할 것이다. (study)
➔ I ______________________________ three hours today.

02 제 가방을 잠깐만 들어주실 수 있을까요? (you, hold)
➔ ______________________________ my bag for a while?

03 나는 매일 운동했었다. (exercise)
➔ I ______________________________ every day.

04 당신은 회원 카드를 만드셔야 합니다. (make)
➔ You ______________________________ a membership card.

F **idol** 우상; 아이돌 **park** 주차하다 **twice** 두 번

H 다음 밑줄 친 부분이 어법상 올바르면 ○표, 어색하면 ×표하고 바르게 고치시오.

01 Mr. Johnson able to have a long vacation this year.

02 You have to take a shower before you go to bed.

03 I'd like play with my friends at the playground.

04 You have not to go on a diet, but you must not overeat.

05 He should keeps the secret.

서술형 대비

I 주어진 우리말과 일치하도록 괄호 안의 단어들을 배열하여 문장을 완성하시오.

01 제가 질문 하나 해도 될까요? (I / ask / a question / may / you)

→ ________________________?

02 그는 비행 두 시간 전에 공항에 도착해야 한다. (arrive / at / the airport / he / should)

→ ________________________ two hours before the flight.

03 나는 내 배의 통증에 대해 의사에게 물어보는 게 좋겠다. (I / ask / better / the doctor / had)

→ ________________________ about the pain in my stomach.

04 너는 오늘 교복을 입을 필요가 없다. (the school uniform / don't / wear / have to)

→ You ________________________ today.

05 그 컴퓨터는 도로에 있는 다른 차들을 감지할 수 있을 것이다.
(the computer / sense / will / be able to)

→ ________________________ other cars on the road.

H **playground** 놀이터 **go on a diet** 다이어트를 시작하다 **overeat** 과식하다 **I** **airport** 공항 **flight** 비행; 항공편 **school uniform** 교복 **sense** 감지하다; 감각

문법, 문장으로 정리하자!
Summary with Sentences

Unit 01 will / can / may

My family will leave this town after five days.
미래

Jane would come to Peter's party.
미래에 대한 추측

I can speak three languages.
능력(= be able to)

You can use one of my pencils.
허가

You may not talk in this room.
허락

It may snow today.
추측

Unit 02 must / should

All applicants must take an entrance exam.
의무(= have to)

Julie must be over seventeen.
확신

You should exercise regularly for your health.
의무 및 충고

Children should not put on makeup.
금지

John left home one hour ago. He should be at the library now.
추측

Unit 03 would like to / had better / used to

This desk is old. I would like to have a new one.
~하고 싶다

It's raining a lot. You had better take a taxi.
~하는 편이 낫다

My uncle used to visit my house with unexpected gifts.
과거의 습관적인 행위

Chapter ⑧
수동태

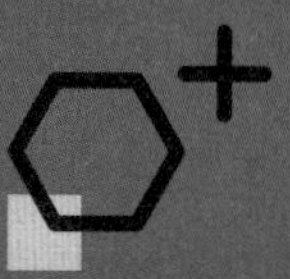

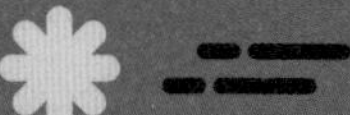

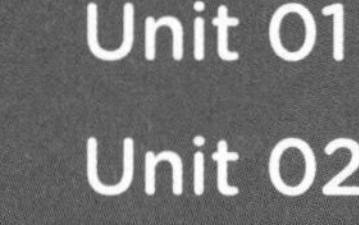

Unit 01 수동태의 기본 형태

주어가 어떤 일을 당하는 것인 수동태는 행위자보다 행위의 대상이 더 중요할 때 주로 쓰인다.

1. 능동태를 수동태로 고치는 법: ① 능동태 동사의 목적어를 수동태의 주어로 바꾼다.
② 동사를 「be동사+과거분사(p.p.)」로 바꾼다.
③ 능동태의 주어를 「by+목적어」로 바꾼다.

Many people love his songs. 많은 사람들이 그의 노래를 사랑한다.
→ His songs **are loved** by many people. 그의 노래는 많은 사람들에 의해 사랑받는다.

◆ 「by+행위자」는 행위자가 일반인이거나, 알 수 없거나, 중요하지 않을 때 주로 생략된다.

The movie director is greatly admired. (by people 생략)
그 영화감독은 매우 존경받는다.
My purse was stolen. (by somebody 생략) 내 지갑이 도난되었다.

2. 수동태의 기본 시제

◆ 수동태의 기본형에서 be동사는 주어의 인칭과 시제에 따라 바뀐다.
현재 시제 수동태: am[are, is]+p.p. (~되다, ~당하다)
과거 시제 수동태: was[were]+p.p. (~되었다, ~당했다)
미래 시제 수동태: will[be going to] be+p.p. (~될 것이다)

English **is spoken** by 300 million people. 영어는 3억 명의 사람들에 의해서 말해진다.
America **was discovered** by Columbus in 1492.
미대륙은 1492년에 콜럼버스에 의해서 발견되었다.
Dinner **will be served** at seven. 저녁은 7시에 제공될 것이다.

3. 수동태의 의문문

◆ 수동태의 의문문은 be동사를 주어 앞으로 옮긴다.
주어+be동사+p.p. ~. → be동사+주어+p.p. ~? → 의문사+be동사+주어+p.p. ~?

Is your room **cleaned** every day? 너의 방은 매일 청소되니?
How **is** this word **pronounced**? 이 단어는 어떻게 발음되나요?

> 수능 첫단추
>
> 주어와 동사의 관계가 능동인지 수동인지를 파악하여 동사의 알맞은 태를 판단한다.
>
> (➔ Ch ⑨ Point 01 능동태 vs. 수동태 (1))

보이는 문법

The baby uses a fork. 〈능동태〉
주어
타동사
목적어
A fork is used by the baby.
〈수동태〉

TIP

수동태를 만들 수 없는 동사

happen, rise, arrive, appear, remain 등의 자동사는 행동의 대상인 목적어가 없어 수동태를 쓸 수 없다.

The accident **happened** yesterday. (○)
그 사고는 어제 발생했다.

The accident was **happened** yesterday. (×)

CHECK UP 주어진 우리말과 일치하도록 괄호 안의 단어를 이용하여 문장을 완성하시오.

1 월드컵은 4년마다 개최된다. (hold) ➔ The World Cup ________________ every four years.
2 새로운 정책이 내일 발표될 것이다. (announce) ➔ A new policy ________________ tomorrow.
3 너는 알파벳을 부모님들께 배웠니? (teach) ➔ ________________ the alphabet by your parents?

steal(-**stole**-**stolen**) 훔치다 **million** 백만 **discover** 발견하다 **serve** (음식을) 내놓다, 제공하다 **pronounce** 발음하다 **hold**(-**held**-**held**) 잡다, 쥐다; 개최하다 **announce** 발표하다 **policy** 정책, 방침

정답 및 해설 p. 25

Practice

A 다음 중 수동태로의 문장 전환이 틀린 것을 고르시오.

① I grew these tomatoes in my backyard.
→ These tomatoes were grown in my backyard.

② The secretary will send this letter.
→ This letter will be sent by the secretary.

③ Does your mom clean your room every day?
→ Is your room cleaned by your mom every day?

④ Did Andy make these model houses?
→ Are these model houses made by Andy?

⑤ Many people still love his novels.
→ His novels are still loved by many people.

B 다음 각 문장에서 밑줄 친 부분을 바르게 고쳐 쓰시오.

01 Sarah's picture was appeared in the newspaper.

02 I named after a heroine in an old movie by my parents.

03 These photos were taken my brother.

04 A: Her first name is Elizabeth. — B: I see. So she calls Liz.

C 다음 각 문장을 수동태로 바꿔 쓰시오.

01 A princess kissed a frog in a fairy tale.
→ ______________________ in a fairy tale.

02 Scientists will discover a solution for death someday.
→ ______________________ someday.

03 Does Mr. Adams teach math?
→ ______________________?

04 When do they serve breakfast in this hotel?
→ ______________________ in this hotel?

A **grow(-grew-grown)** 자라다; 재배하다 **backyard** 뒤뜰 **secretary** 비서 **novel** (장편) 소설 **B** **appear** 나타나다; (신문 등에) 실리다 **name A after B** A를 B의 이름을 따서 이름 짓다 **heroine** 여주인공 **C** **fairy tale** 동화 **solution** 해결책 **someday** 언젠가

Unit 02 주의해야 할 형태의 수동태

1. 조동사·구동사가 있는 문장의 수동태

◆ 「조동사+동사원형」의 수동태는 「조동사+be동사+p.p.」의 형태가 된다.

Subway tickets **can be bought** from ticket machines.
지하철 티켓은 티켓 기계에서 구매될 수 있다.
(← We *can buy* subway tickets from ticket machines.)
Water **must not be wasted.** 물은 낭비되어서는 안 된다.

◆ 전치사나 부사를 동반하는 구동사의 수동태는 「be동사+p.p.+전치사/부사」의 형태가 된다.

She **was brought up** by her grandmother. 그녀는 그녀의 할머니에 의해 길러졌다.
(← Her grandmother *brought* her *up*.)

TIP

수동태로 잘 쓰이는 구동사

- laugh at ~을 비웃다 (→ be laughed at)
- make fun of ~을 놀리다 (→ be made fun of)
- take care of(= look after) ~을 돌보다 (→ be taken care of)
- bring up ~을 기르다[양육하다] (→ be brought up)
- look up to ~을 존경하다 (→ be looked up to)

2. SVOO 문장의 수동태

◆ 목적어가 두 개인 문장은 두 가지 형태의 수동태가 가능하지만, 간접목적어를 주어로 바꾼 수동태가 더 많이 쓰인다. 단 buy와 make는 직접목적어만 수동태의 주어로 쓴다.

I **was given** a surprise present by my teacher. 나에게 깜짝 선물이 내 선생님에 의해 주어졌다.
A surprise present **was given** to me by my teacher.
깜짝 선물이 내 선생님에 의해 나에게 주어졌다.
(← My teacher gave *me a surprise present*.)

◆ 직접목적어를 주어로 바꾼 수동태는 간접목적어 앞에 대개 to를 쓴다. 다만 동사가 buy, make, get 등인 경우에는 SVO 문형으로 전환할 경우처럼 간접목적어 앞에 for를 쓴다.

A new bike **was bought** *for* me by my father. 새 자전거가 내 아버지에 의해 나에게 사졌다.
(← My father bought me a new bike.)

TIP

목적격보어가 있는 문장의 수동태

능동태의 목적어가 수동태의 주어가 되고 목적격보어는 원래 있던 보어 자리에 그대로 써준다.

People consider **honesty** (목적어) **the best policy** (목적격보어).
→ **Honesty** is considered **the best policy** (by people).

TIP

의문사가 주어인 문장의 수동태

Who invented the computer?
누가 컴퓨터를 발명했니?
→ By whom was the computer invented?
→ Who(m) was the computer invented by?

CHECK UP 다음 중 어법상 적절한 것을 고르시오.

1 The work should [done / be done] tomorrow.
2 This scarf was bought [for / to] my mother by me.
3 The mayor is [looked up / looked up to] by citizens.

machine 기계 **waste** 낭비(하다) **mayor** 시장; 구청장 **citizen** 시민, 주민

정답 및 해설 p. 26

Practice

A 다음 중 빈칸에 알맞은 것을 고르시오.

01

She looked after my child.

➔ My child ________________ her.

① is looked after by ② was looked after by ③ was looked by after
④ looked after by ⑤ has looked after by

02

The waiter handed Linda a menu.

➔ A menu ________________ Linda by the waiter.

① is handed ② was handed ③ is handed to
④ was handed to ⑤ was handed for

B 다음 각 문장에서 밑줄 친 부분을 바르게 고쳐 쓰시오.

01 Milk should keep in a refrigerator.
02 Bacteria can be not seen with the naked eyes.
03 A pizza was made to me by my father.
04 I was given to a present by my friend.
05 He was laughed by at his friends for his plan.

C 다음 각 문장을 주어진 단어로 시작하는 수동태로 바꿔 쓰시오.

01 Mrs. Li teaches us Chinese.
➔ We ________________________ by Mrs. Li.
➔ Chinese ________________________ by Mrs. Li.

02 The children made fun of a small kid.
➔ A small kid ________________________ by the children.

03 All the students must join the volunteer activity.
➔ The volunteer activity ________________________ by all the students.

A **hand** 손; (~에게 …를) 건네주다 **B** **bacteria** 박테리아, 세균 **naked eye** 육안 ***naked** 벌거벗은, 아무것도 걸치지 않은

Unit 03 by 이외의 전치사를 쓰는 수동태

1. 감정·상태를 나타내는 수동태 표현

◆ 수동태 형태로 감정을 표현하는 경우 주로 by 이외의 전치사를 쓴다.

be surprised at ~에 놀라다
be satisfied with ~에 만족하다
be interested in ~에 관심이 있다
be worried about ~에 대해서 걱정하다
be pleased with[at, about] ~에 기뻐하다
be disappointed at ~에 대해 실망하다
be bored (with, by) (~로 인해) 따분하다
be excited (about) (~에) 흥분하다
be tired (of, from) (~로 인해) 지겹다, 지치다

I **was surprised at** the news of their wedding. 나는 그들의 결혼 소식에 놀랐다.
Kate **was** very **satisfied with** the hotel service. 케이트는 그 호텔 서비스에 아주 만족했다.
Judy **is** very much **interested in** science. 주디는 과학에 아주 관심이 있다.

◆ 상태를 나타내는 경우에도 by 이외의 전치사를 쓰는 관용적 표현이 있다.

be covered with ~로 덮여 있다
be crowded with ~로 붐비다
be married (to) (~와) 결혼해 있다
be filled with ~로 채워져 있다
be located (in, on) (~에) 위치해 있다
be caught in (안 좋은 상황)에 처하다

The town **was covered with** snow. 그 도시는 눈으로 뒤덮여 있었다.
The airport **was crowded with** a lot of tourists. 그 공항은 많은 관광객들로 붐볐다.
His office **is located on** the 3rd floor. 그의 사무실은 3층에 위치해 있다.

2. 기타 주의할 수동태 표현

◆ 「by 이외의 전치사+목적어」가 의미상 행위자가 아닌 경우의 해석에 주의한다.

be known to ~에게 알려져 있다
be made from ~로 만들어지다 (재료의 성질이 변하는 경우)
be known as ~로서 알려져 있다
be known for ~로 유명하다
be made of ~로 만들어지다 (재료의 성질이 변하지 않는 경우)

His kindness **is** well **known to** many people. 그의 친절함은 많은 사람들에게 잘 알려져 있다.
The restaurant **is known for** fresh seafood. 그 식당은 신선한 해산물로 유명하다.
The old man **was known as** a wise man. 그 노인은 지혜로운 자로 알려져 있었다.
A quilt **is made of** pieces of clothes. 퀼트는 천 조각들로 만들어진다.
Wine **is made from** grapes. 와인은 포도로 만들어진다.

CHECK UP 주어진 우리말과 일치하도록 괄호 안의 단어를 이용하여 문장을 완성하시오.

1 그녀는 그 뉴스에 놀랐다. (surprise) ➔ She ____________________ the news.
2 이 거리는 항상 사람들로 차 있다. (fill) ➔ This street is always ____________________ people.
3 한국은 김치로 유명하다. (know) ➔ Korea ____________________ kimchi.

tourist 관광객 **seafood** 해산물 **quilt** (솜 등을 넣어) 누벼서 만든 것; 퀼트 제품

정답 및 해설 p. 26

Ⓐ 다음 각 문장의 빈칸에 알맞은 전치사를 〈보기〉에서 골라 쓰시오. (중복 사용 가능)

보기	in	at	with	of

01 I was surprised ________ his success.

02 Jason was satisfied ________ his new room.

03 I was caught ________ traffic, so I couldn't come in time.

04 Brian is really interested ________ sports.

05 Mr. Taylor's office is located ________ Paris.

06 I'm tired ________ the same food every day.

Ⓑ 다음 중 어법상 적절한 것을 고르시오.

01 Is glass made [of / from] sand?

02 The Great Pyramid was made [of / from] about 2,300,000 blocks of stone.

03 His name is fairly well known [to / for] us.

04 We were disappointed [with / of] the news.

05 The highway was filled [for / with] cars.

Ⓒ 주어진 우리말과 일치하도록 괄호 안의 단어들을 배열하여 문장을 완성하시오.

01 너는 우리의 계획에 관심이 있니? (you / in / our plan / interested / are)

→ ________________________________

02 그 지하철은 승객들로 붐볐다. (was / crowded / passengers / the subway / with)

→ ________________________________

03 이 가면은 금으로 만들어졌다. (made / this mask / gold / of / is)

→ ________________________________

04 내 방은 많은 책들로 가득 차 있다. (filled / is / my room / many / with / books)

→ ________________________________

A **traffic** 교통(량) **in time** 제시간에 **B** **block** 덩어리; 블록 **fairly** 공정하게; 꽤, 상당히 **highway** 고속도로 **C** **passenger** 승객

Chapter Exercises

Ⓐ 다음 중 각 문장의 빈칸에 공통으로 들어갈 말로 알맞은 것을 고르시오.

• My room is filled __________ many photos.
• We are bored __________ the game. No one has scored for a while.
• He was pleased __________ his new computer.

① by　② for　③ with　④ at　⑤ to

Ⓑ 다음 각 문장의 빈칸에 들어갈 말이 순서대로 바르게 짝지어진 것을 고르시오.

• London is known __________ one of the world's most expensive cities.
• The department store is crowded __________ shoppers now.
• I'm worried __________ my future.

① to — for — of　② by — at — with　③ as — with — about
④ from — by — in　⑤ of — to — for

서술형 대비

Ⓒ 다음 각 문장을 수동태로 바꿔 쓰시오.

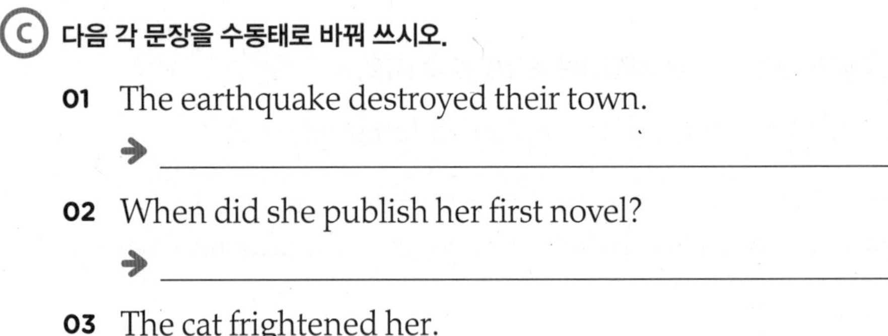

01 The earthquake destroyed their town.
➔ ______________________________

02 When did she publish her first novel?
➔ ______________________________

03 The cat frightened her.
➔ ______________________________

04 People eat rice with chopsticks in Japan.
➔ ______________________________

C **earthquake** 지진　**destroy** 파괴하다　**publish** 출간하다　**frighten** 겁먹게 하다, 섬뜩하게 하다　**chopstick** 젓가락

정답 및 해설 p. 26

(D) 다음 중 빈칸에 알맞은 것을 고르시오.

01 Beethoven's symphony __________ last night by the orchestra.

① performs ② performed ③ is performed
④ was performed ⑤ has been performed

02 The results of the contest are going to __________ next week.

① announce ② is announced ③ be announced
④ have announced ⑤ have been announced

(E) 다음 중 어법상 적절한 것을 고르시오.

01 My hair [grows / is grown] quickly.

02 The money was given [to / for] him by his parents.

03 Why [the concert was / was the concert] cancelled yesterday?

04 The climbers were caught [in / with] a heavy rain.

(F) 다음 중 어법상 바르지 않은 문장을 고르시오.

01 ① A light meal will be served during the flight.
② This magazine is not published anymore.
③ Dana is interested in sci-fi movies these days.
④ My headache was disappeared in a few minutes.
⑤ Your driver's license must be renewed every ten years.

02 ① The statue was made of bronze.
② The sidewalk was covered by fallen leaves.
③ The school was cancelled because of heavy snow.
④ This building was built about fifty years ago.
⑤ Most accidents are caused by carelessness.

D **symphony** 교향곡 **perform** 행하다; 공연하다 **result** 결과 **E** **cancel** 취소하다 **climber** 등반가 **F** **sci-fi** (= **science fiction**) 공상 과학 소설[영화], SF **license** 면허(증) **renew** 다시 시작하다, 갱신하다 **statue** 조각상 **bronze** 청동 **sidewalk** 보도, 인도 **carelessness** 부주의, 경솔

G 다음과 같이 문장을 전환할 때 빈칸에 알맞은 것을 고르시오.

We have to collect all the information.
➔ All the information ______________________.

① collected ② are collected
③ has to collect ④ has been collected
⑤ has to be collected

H 다음 중 수동태로의 문장 전환이 바르지 않은 것을 고르시오.

① Ice and snow cover the river in winter.
➔ The river is covered with ice and snow in winter.
② My brother laughed at me for my mistake.
➔ I was laughed at my brother for my mistake.
③ We will finish this project by next week.
➔ This project will be finished by next week.
④ Asia grows and consumes most of the world's rice.
➔ Most of the world's rice is grown and consumed by Asia.
⑤ We painted and decorated our new house.
➔ Our new house was painted and decorated by us.

I 다음 중 어법상 바른 문장을 고르시오.

① A large amount of coffee produces in Brazil.
② Henry was arrived at the train station.
③ The pool is located on the top floor.
④ The elevator will repair soon.
⑤ We were totally lose because there was no sign.

H **consume** 소비하다 **decorate** 장식하다 **I** **repair** 수리하다 **totally** 완전히, 전적으로

서술형 대비

J **주어진 우리말과 일치하도록 괄호 안의 단어들을 이용하여 문장을 완성하시오.**

01 나는 시험에서 받은 성적에 만족하지 못한다. (satisfy)

➔ I ______________________ my grade in the test.

02 이 다리는 지난달에 다시 세워졌다. (rebuild)

➔ This bridge ______________________ last month.

03 너의 손이 이 장갑에 의해 따뜻하게 유지될 것이다. (keep, warm)

➔ Your hands ______________________ by these gloves.

04 그 소녀는 베이커(Baker) 부인에 의해서 돌보아졌다. (look after)

➔ The girl ______________________ by Mrs. Baker.

05 'bomb'의 두 번째 'b'는 발음되어서는 안 된다. (should, pronounce)

➔ The second 'b' in 'bomb' ______________________.

06 그의 용돈은 매달 그의 부모님에 의해 지불된다. (give)

➔ His allowance __________________________________ every month.

07 날씨는 사람들에 의해 통제될 수 없다. (control)

➔ The weather __________________________________ by people.

08 너의 자전거는 지난주에 어디에서 도난되었니? (your bike, steal, where)

➔ __________________________________ last week?

J **rebuild** (건물 등을) 재건하다, 다시 세우다 **allowance** 용돈; 허용

문법, 문장으로 정리하자!
Summary with Sentences

Unit 01 수동태의 기본 형태

Many people love his songs. 〈능동태〉
주어 타동사 목적어

His songs are loved by many people. 〈수동태〉
be동사+p.p. by+행위자

be동사
How is this word pronounced? 〈수동태의 의문문〉
의문사 주어 p.p.

Unit 02 주의해야 할 형태의 수동태

Subway tickets can be bought from ticket machines.
조동사+be p.p.

She was brought up by her grandmother.
be동사 구동사(p.p.)

My teacher gave me a surprise present.
목적어가 2개

→ I was given a surprise present by my teacher.
→ A surprise present was given to me by my teacher.
전치사 to

Unit 03 by 이외의 전치사를 쓰는 수동태

I was surprised at the news of their wedding.
~에 놀라다

The town was covered with snow.
~로 덮여 있다

His kindness is well known to many people.
~에게 알려져 있다

Chapter ⑨
수능 빈출 어법 2

동사는 여러 가지 형태로 변형되면서 다양한 의미를 표현하며, 수능 어법 문제는 문맥에 따라 알맞은 동사의 형태를 묻는 문제가 자주 출제된다.
동사의 능동태/수동태, 조동사의 현재/과거 추측 표현 등 동사의 형태별 의미를 활용한 어법 포인트들을 집중적으로 학습해 보자.

Point 01 능동태 vs. 수동태 (1)

주어와 동사의 관계가 능동인지 수동인지를 파악하여 동사의 알맞은 태를 결정한다.

Doing the dishes day after day can be a tiring job, but it must do sooner or later. 〈기출 응용〉
(→ **be done**)
매일 설거지를 하는 것은 피곤한 일일 수 있지만, 그것은 이내 행해져야 할 일이다.

◆ 타동사가 능동태로 쓰일 때는 뒤에 목적어를 취한다. 타동사 뒤에 목적어가 없다면 목적어가 주어가 되어 앞으로 이동한 수동태가 아닌지 살펴본다.

◆ 자동사는 목적어를 취하지 않으므로 수동태로 쓸 수 없다.

• 수동태로 만들 수 없는 자동사: appear(나타나다), disappear(사라지다), happen(발생하다)
occur(발생하다), arrive(도착하다), rise(솟아오르다), remain(남아 있다)

Not everything **is taught** at school! 〈기출 응용〉 모든 것이 다 학교에서 배워지는 것은 아니다!

We **use** many natural materials such as cotton, wool, and metal. They **come** from plants or animals, or they **are dug** from the ground. 〈기출 응용〉 우리는 면, 양모, 금속 같은 많은 천연 재료를 사용한다. 그것들은 식물 혹은 동물에게서 나거나, 땅에서 캐내어지기도 한다.

Let's say a new product **is not advertised**, even if it has been out there for a while. Then what might **happen**? 〈기출 응용〉 어떤 새로운 상품이 출시된 지 한참이 되었는데도 광고가 되지 않고 있다고 가정해 보자. 그러면 어떤 일이 일어날까?

Point 02 능동태 vs. 수동태 (2)

진행 및 완료 시제가 능동태와 수동태로 쓰일 경우의 문법적 형태를 정확히 파악한다.

The professor's work **has been** internationally **recognizing / *recognized**. His book was awarded the Pulitzer Prize for History. 〈기출 응용〉
그 교수의 연구는 국제적으로 인정받아 왔다. 그의 책은 역사 부문 퓰리처상을 수상했다.

She told us one interesting story about a guy. He **was being chased** by a big dog.
〈기출 응용〉 그녀는 우리에게 한 남자에 대한 한 흥미로운 얘기를 말해 줬다. 그는 큰 개 한 마리에 의해 쫓기고 있었다.

◆ 진행형 수동태: am[are, is] being+p.p. (되고 있다)

◆ 현재완료형 수동태: have[has] been+p.p. (되어 왔다)
vs. 현재완료진행형 능동태: have[has] been+v-ing (해 오고 있다)

The dog **is being trained** by the owner. 그 개는 주인에게 훈련을 받고 있는 중이다.

The flight **has been canceled**. 그 비행편이 취소되었다.

Advertising dollars **have been following** the move to new technologies. 〈기출 응용〉
광고비는 새로운 기술로의 움직임을 따라가고 있다.

sooner or later 조만간, 이내 **material** 재료, 물질 **cotton** 목화; 면직물 **wool** 털, 양털 **metal** 금속 **advertise** 광고하다
internationally 국제적으로 **recognize** 알아보다; 인정하다 **award** 상; 수여하다 **chase** 뒤쫓다; 추격하다

정답 및 해설 p. 28

Check Up! 다음 중 어법상 적절한 것을 고르시오.

01 Most of our habits [made / are made] when we are young.

02 The preparation of food [took / was taken] three hours.

03 A new version of the cell phone will [release / be released] next month.

04 If you order the product today, it will [deliver / be delivered] tomorrow.

05 Food poisoning [occurred / was occurred] in the kindergarten.

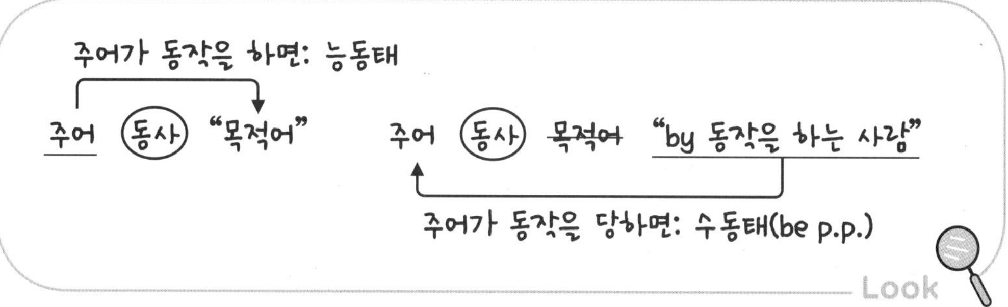

Check Up! 다음 중 어법상 적절한 것을 고르시오.

01 My computer is [repairing / being repaired] now.

02 Psychologists have [encouraged / been encouraged] the nighttime separation of baby from parent.

03 Her adventure story is [publishing / being published] as a novel.

04 Cats have [loved / been loved] by many people because of their independence and neatness.

05 A wedding ceremony [held / was being held] in the hall.

<진행형 수동태>		<현재완료형 수동태>	
be v-ing	(진행형)	have p.p.	(완료형)
+ be p.p.	(수동태)	+ be p.p.	(수동태)
be being p.p. (~되고 있다)		have been p.p. (~되어 왔다)	

Look

preparation 준비(하는 과정) ***prepare** 준비하다 **kindergarten** 유치원 **psychologist** 심리학자 **separation** 분리; 구분 ***separate** 분리된; 분리하다 **independence** 독립 **neatness** 깔끔함

Point 03 used to-v / be used to-v / be used to v-ing

used to-v와 형태가 유사한 다른 표현들의 의미를 알아두고 문맥상 적절한 것을 고른다.

Birds' feathers may also **be used to** *attract / attracting mates. 〈기출 응용〉
새의 깃털은 짝을 유인하는 데 사용될 수도 있다.

◆ used to+동사원형: ~하곤 했다, ~했었다; ~이었다 (지금은 지속되지 않는 과거의 습관 또는 상태)

My grandfather **used to talk** about his youth with me.
나의 할아버지는 나와 그의 젊은 시절에 관해 이야기하시곤 했다.

◆ be used to+동사원형: ~하는 데 사용되다 (use의 수동태+to부정사(~하기 위하여))

The university catalog can **be used to help** freshmen with their university life. 〈기출 응용〉
대학교 카탈로그는 신입생들의 대학 생활을 돕는 데 사용될 수 있다.

◆ be used to+명사[v-ing]: ~하는 데 익숙하다

I **am used to eating** breakfast right after waking up. 나는 일어나자마자 바로 아침을 먹는 것에 익숙하다.

Point 04 조동사+have p.p.

조동사 뒤에 동사원형 대신 have p.p.가 오면 현재가 아닌 과거에 대한 추측·가능성을 나타낸다.

According to new scientific evidence, dinosaurs should / *might **have been** warm-blooded animals. They behaved more like mammals than reptiles. 〈기출 응용〉
새로운 과학적 증거에 따르면, 공룡은 온혈동물이었을지도 모른다. 그들은 파충류보다 포유류와 더 비슷하게 행동했다.

◆ 「조동사+have p.p.」 형태는 '과거' 사실에 대한 추측을 말할 때 사용된다. 어떤 조동사가 오느냐에 따라 의미 차이가 발생하므로, 문맥에 따라 적절한 조동사를 고른다.

must have p.p. ~했음이 틀림없다 〈강한 추측〉	cannot have p.p. ~했을 리가 없다 〈부정적 추측〉 could have p.p. ~했을 수도 있다 〈약한 추측〉
may[might] have p.p. ~이었을지도 모른다 〈약한 추측〉	should have p.p. ~했어야 했다 (하지 못했다) 〈강한 후회, 유감〉

He didn't come to school yesterday. He **must have been** sick.
그는 어제 학교에 오지 않았다. 그는 아팠던 것이 틀림없다.

Sally **can't have failed** the exam. She studied hard for a long time.
샐리가 시험에 떨어졌을 리가 없다. 그녀는 오랫동안 열심히 공부했다.

She **could have helped** him with his presentation. 그녀는 그가 발표하는 것을 도와주었을 수도 있다.

Our ancestors **may have used** marks on tree branches to indicate how many apples they had picked that day. 〈기출 응용〉
우리 조상들은 그들이 그날 사과를 얼마나 많이 땄는지를 표시하기 위해 나뭇가지에 표시했을지도 모른다.

I **should have told** the truth. 나는 진실을 말했어야 했다. (→ 그런데 말하지 못했다.)

feather 깃털 **mate** 배우자; 짝[한 쌍]의 한쪽 **freshman** 신입생 (pl. **freshmen**) **behave** 행동하다 **mammal** 포유류 **reptile** 파충류 **ancestor** 조상, 선조 **indicate** 나타내다, 표시하다

Check Up! 다음 중 어법상 적절한 것을 고르시오.

01 There [used / is used] to be a supermarket here.

02 I am not used to [travel / traveling] alone.

03 Grapes are used to [make / making] wine.

04 I used to [stay / staying] at my grandparents' house during summer vacation.

05 Cindy [used / is used] to speaking in Korean.

used to+동사원형 → 과거의 습관, 상태(~하곤 했다)
be used to+동사원형 → 수동(~하는 데 사용되다)
be used to+명사[v-ing] → 능동(~하는 데 익숙하다)

Look

Check Up! 다음 중 어법상 적절한 것을 고르시오.

01 I should [ask / have asked] you before I visited you.

02 I waited for John for two hours. He must [forget / have forgotten] our appointment.

03 Daniel is very kind and gentle. He [may / can't] have said such rude things.

04 His face is familiar. I [should / may] have met him before.

05 Lily didn't call me. She [could / should] have lost my number.

must / may[might] / cannot / could + have p.p.: 과거에 대한 추측
should have p.p: 과거에 대한 후회

Look

gentle 온화한; 조용한 **rude** 무례한

Chapter Exercises 1

(A) 다음 밑줄 친 부분을 어법과 문맥에 맞게 고쳐 쓰시오.

01 The outdoor concert cancelled because of bad weather.

02 Finally, all the problems in my family have been disappeared.

03 His eating habits have influenced by his father since he was young.

04 Some of the products were remained unpacked.

05 The computer doesn't work. I must do something wrong.

06 I am not used buying something on the Internet.

07 A new comedy show will release next week.

08 I used to being a shy girl in my youth.

(B) 다음 각 밑줄 친 부분이 어법상 올바르면 ○표, 어색하면 ×표하고 바르게 고치시오.

01 A new amusement park is now constructing near the national park.

02 This device is used to filtering water.

03 The parcel has not arrived yet. It must deliver to the wrong address.

04 Alice's bad behavior quickly corrected by her mother.

05 The answers will be appeared on the screen in a few minutes.

06 The concert ticket sales started a week ago. Lynn might already have bought the tickets.

07 Forests are being destroyed due to the construction.

08 He used going hiking with his father when he was young.

A **influence** 영향을 주다[미치다] **unpack** 꺼내다, (짐을) 풀다 (↔ **pack** (짐을) 싸다) **B** **construct** 건설하다 ***construction** 공사; 건설 **device** 장치, 기구 **filter** 거르다, 여과하다 **parcel** 소포; 꾸러미

Ⓒ 다음 중 어법상 바르지 않은 문장을 모두 고르시오.

01 ① The meeting room is cleaning now.
② Many children have been exposed to much violence on TV.
③ Ted is very angry at Mike. Mike should have made a mistake.
④ Wood is used to making paper.
⑤ The dog is being trained to control sheep at the moment.

02 ① The press conference is being held in the main hall.
② The flight attendants have been serving dinner since 5 o'clock.
③ An accident happens when you are not careful.
④ You cannot enter this building. It is being painting blue now.
⑤ She is tired now. She must work too much yesterday.

Ⓓ 괄호 안의 단어를 어법에 알맞은 형태로 써넣으시오.

01 The air is being ______________ by fine dust. (pollute)
02 My sister has a stomachache. She could __________________ rotten food. (eat)
03 I lost my wallet. I must __________________ it in the taxi. (drop)
04 I have two younger brothers and a younger sister. So I'm used ______________ care of babies. (take)
05 Many people from all over the world are ______________ Korea these days. (visit)
06 Characters in this movie are widely ______________ by many children. (love)
07 Dinner has been ______________ in the kitchen. (prepare)

C **expose** 드러내다; 노출시키다 **press conference** 기자회견 ***conference** 회의; 학회 **D** **fine dust** 미세먼지 **pollute** 오염시키다 **rotten** 상한; 부패한

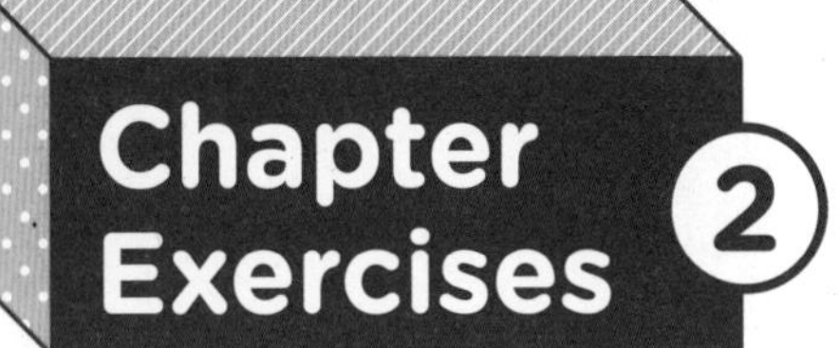

정답 및 해설 p. 30

01 (A), (B), (C) 각 네모 안에서 어법에 맞는 표현으로 가장 적절한 것은?

Let's imagine the distant future. You download a design onto your computer, decide on a size, choose the color, and then print a brand new bike right in front of your eyes. Not satisfied with it? Change the design and print out another one. This all may sound like science fiction, but this actually (A) [happened / was happened] in March 2011. A 3-D printer was used (B) [to print / printing] a fully working bicycle by scientists. This technology is expected to change the world economy. More will (C) [make / be made] at home at no extra cost. Consumers can choose exactly what they want.

distant 먼
decide on ~을 정하다
brand new 신형의, 아주 새로운
fully 완전히 (= **completely**)
economy 경제
consumer 소비자
extra 추가의

	(A)		(B)		(C)
①	happened	—	to print	—	make
②	happened	—	printing	—	make
③	happened	—	to print	—	be made
④	was happened	—	to print	—	be made
⑤	was happened	—	printing	—	make

02 다음 글의 밑줄 친 부분 중, 어법상 <u>틀린</u> 것은?

Microsoft's first major success was the introduction of the MS-DOS operating system in 1981. Soon after, the program ① <u>became</u> the standard for the computer industry. Now Microsoft's Windows operating system ② <u>is used to run</u> around 85 percent of the world's computers. Perhaps this is why many people blame Microsoft for using unfair business practices. According to ③ <u>them</u>, its main goal is not to work with other companies, but to destroy the competition by any means. The critics say that the success of Microsoft products makes healthy competition ④ <u>impossible</u>, and reduces the choices for consumers. Many small companies ⑤ <u>should have been hurt</u> since the introduction of the MS-DOS operating system.

major 주요한, 중대한
introduction 도입
operating system 운영 체제
soon after 곧, 얼마 지나지 않아
standard 표준
run 달리다; 작동하다; 운영하다
blame A for B A를 B의 이유로 비난하다
unfair 불공정한
practice 실행; 관행; 연습
competition 경쟁
by any means 무슨 수를 써서라도
critic 비평가

어법 Point Summary

Point 01 능동태 vs. 수동태 (1)

주어가 동작을 하면: ① ________________

주어 (동사) "목적어"

주어 (동사) ~~목적어~~ "by 동작을 하는 사람"

동작을 당하면: ② ________________ (be p.p.)

Hint We use many natural materials such as cotton, wool, and metal. They come from plants or animals, or they are dug from the ground.

Point 02 능동태 vs. 수동태 (2)

〈진행형 수동태〉

be v-ing (진행형)
\+ be p.p. (수동태)

③ ________________ (~되고 있다)

〈현재완료형 수동태〉

have p.p. (완료형)
\+ be p.p. (수동태)

④ ________________ (~되어 왔다)

Hint The dog is being trained by the owner.
The flight has been canceled.

Point 03 used to-v / be used to-v / be used to v-ing

used to+동사원형 → ⑤ ________________ (~하곤 했다)

⑥ ________________ → 수동 (~하는 데 사용되다)

⑦ ________________ → 능동 (~하는 데 익숙하다)

Hint My grandfather used to talk about his youth with me.
The university catalog can be used to help freshmen with their university life.
I am used to eating breakfast right after waking up.

Point 04 조동사+have p.p.

must / may[might] / cannot / could + ⑧ ________________: 과거에 대한 추측

⑨ ________________: 과거에 대한 후회

Hint She could have helped him with his presentation.
I should have told the truth.

정답 및 해설 p. 30

Part 3
전치사와 비교/도치/강조 구문

Chapter ⑩ 전치사

Chapter ⑪ 비교 표현

Chapter ⑫ 도치 & 강조

Chapter ⑬ 수능 빈출 어법 3

Chapter ⑩ 전치사

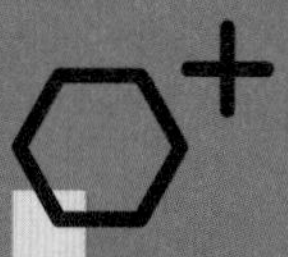

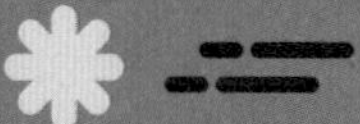

Unit 01 전명구의 역할과 시간의 전치사

전치사는 '명사 앞에(前) 두는 말'이란 뜻이므로 전치사 뒤에는 명사(구)가 온다. 「전치사+명사(구)」 형태를 '전명구'라고 부르며 전명구는 형용사와 부사 역할을 한다.

1. 형용사 역할의 전명구

◆ 전명구는 명사 뒤에 쓰여 명사를 수식하는 형용사 역할을 한다.

The leaves **on the tree** were changing into red and brown.
그 나무의 나뭇잎들이 울긋불긋하게 변해 가고 있었다.

The little boy **in the bus** was crying. 버스 안의 그 어린 소년은 울고 있었다.

> **수능 첫단추**
> 주어가 전명구의 수식을 받는 경우 주어와 동사의 수일치에 주의한다.
> (➔ Ch ⑬ Point 01 전명구의 수식을 받는 주어의 수일치)

2. 부사 역할의 전명구

◆ 부사 역할의 전명구는 주로 동사를 수식하지만, 형용사, 부사, 문장 전체를 수식하기도 한다.

Mike *talked* **to his friend on the phone for twenty minutes.** 〈동사 수식〉
마이크는 그의 친구와 전화로 20분 동안 이야기했다.

This data is very *important* **for my report.** 〈형용사 수식〉 이 자료는 내 보고서에 매우 중요하다.

Jimmy came home *late* **at night.** 〈부사 수식〉 지미는 밤늦게 집에 왔다.

To my surprise, *I got better marks with a little more studying.* 〈문장 전체 수식〉
놀랍게도, 나는 조금 더 공부함으로써 더 좋은 점수를 얻었다.

3. 시간을 나타내는 전치사

전치사	뜻	예
at	~에 〈특정 시각이나 비교적 짧은 시점〉	**at** 5 o'clock, **at** noon, **at** lunchtime
on	~에 〈특정 날짜/요일, 특정한 날 오전/오후〉	**on** July 8th, **on** Sunday morning
in	~에 〈오전/오후, 달, 계절, 연도〉	**in** the morning, **in** Spring, **in** 2007
	~ 후에 〈시간의 경과〉	**in** two hours, **in** three weeks
for	~ 동안 〈기간의 길이〉	**for** a week, **for** three years
during	~ 동안 (내내) 〈특정 기간〉	**during** the vacation **during** my stay
by	~까지는, ~쯤에는 〈완료되어야 하는 기한〉	(finish) **by** tomorrow
till/until	~까지 〈상태·상황의 계속〉	(wait) **until** tomorrow

Jack stayed in Miami **during** the summer vacation. 잭은 여름휴가 동안 마이애미에 머물렀다.
We have to be at home **by** 5 o'clock. 우리는 5시까지는 집에 가야만 한다.

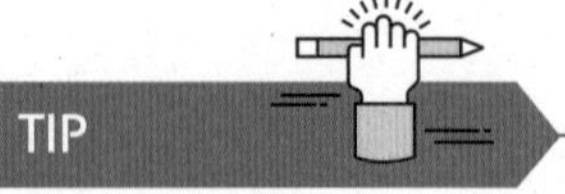

TIP

보어로 쓰이는 전명구
형용사 역할의 전명구는 보어로도 쓰인다.

This book is **of no use** to me. 〈주격보어〉
이 책은 나에게 쓸모가 없다.

Don't leave the machine **out of order.** 〈목적격보어〉
그 기계를 고장 난 채로 두지 마라.

TIP

to one's+감정명사: ~하게도
- to one's surprise 놀랍게도
- to one's disappointment 실망스럽게도
- to one's joy[delight] 기쁘게도
- to one's sorrow[grief] 슬프게도
- to one's shame 수치스럽게도

TIP

전명구의 순서
두 개 이상의 전명구가 나오는 경우에는 일반적으로 '장소 → 방법 → 시간'의 순서로 쓴다.

They went **to the gallery by bus at three o'clock.**
그들은 3시에 버스를 타고 미술관에 갔다.

CHECK UP 다음 밑줄 친 전명구가 수식하는 어구를 각각 쓰시오.

1 He wrote an article <u>about the conflicts</u> <u>in the Middle East.</u>

2 A small boy came <u>into the shop.</u>

mark 점수, 평점 **article** 기사, 논설 **conflict** 분쟁, 충돌 **Middle East** 중동

정답 및 해설 p. 31

A 다음 각 문장에서 밑줄 친 전명구가 형용사 역할이면 '형', 부사 역할이면 '부'를 쓰시오.

01 The leaves fell <u>to the ground</u>.

02 Jane talked <u>to the man</u> <u>next to her</u>.

03 Children <u>throughout the world</u> play <u>with toys</u>.

04 Ann put her books <u>on the desk</u>.

05 <u>From now on</u>, I'm going to think positively.

06 I bought all the furniture <u>in this room</u> <u>from my friend</u>.

07 A lot of people <u>from all over the world</u> go <u>to New York</u> to see the Statue of Liberty.

B 다음 각 빈칸에 알맞은 전치사를 〈보기〉에서 골라 쓰시오.

보기 at during for in on until

I usually get up 01 ________ 7 o'clock 02 ________ the morning. But today I stayed in bed 03 ________ half past ten. I slept 04 ________ only 4 hours because of the final exam next week. Wow! Mom's prepared a wonderful cake for me this morning! Today is my 15th birthday. I was born 05 ________ April 15th, 2002.

C 다음 중 어법상 적절한 것을 고르시오.

01 Goodbye! I'll see you [for / in] a few days.

02 The ground is wet. It must have rained [for / during] the night.

03 I mailed the letter today, so they will receive it [by / until] Monday.

04 Do you usually go out [in / on] Saturday evenings?

05 Charles has gone abroad. He'll be back [in / at / on] a week.

06 I fell asleep [for / during] the movie. I was asleep [for / during] half an hour.

07 You should stay at this hotel [until / by] tomorrow.

A **throughout** ~ 도처에 **from now on** 지금부터, 이제부터 **positively** 긍정적으로 ***positive** 긍정적인 **the Statue of Liberty** 자유의 여신상
B **past** ~을 지나서 **final** 마지막의, 최종의 **C** **mail** (편지 등을) 발송하다 **receive** 받다 **asleep** 잠이 든

Unit 02 장소·방향의 전치사

1. 장소를 나타내는 전치사

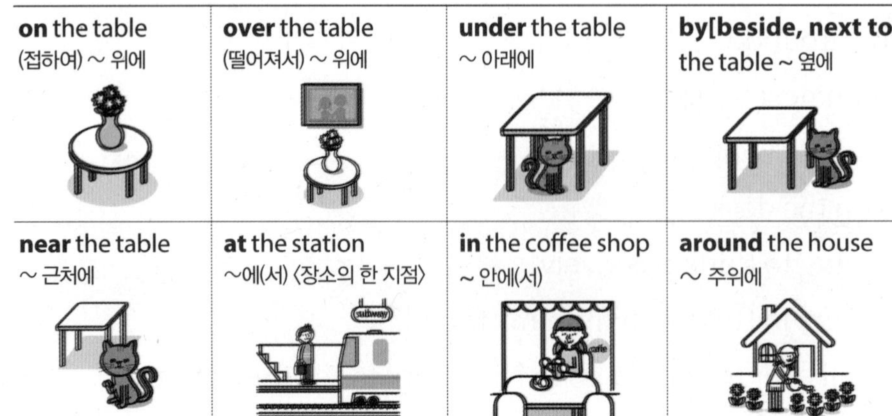

on the table (접하여) ~ 위에	**over** the table (떨어져서) ~ 위에	**under** the table ~ 아래에	**by[beside, next to]** the table ~ 옆에
near the table ~ 근처에	**at** the station ~에(서) 〈장소의 한 지점〉	**in** the coffee shop ~ 안에(서)	**around** the house ~ 주위에

She was reading the book **on** her knee. 그녀는 무릎에 책을 놓고 읽고 있었다.
The boy is jumping **over** the fence. 소년이 울타리 위를 뛰어넘고 있다.
The stream flows **under** the bridge. 개울이 다리 아래로 흐른다.
Please sit **by[beside, next to]** me. 제 옆에 앉으세요.
My dad parked the car **near** the hospital. 나의 아빠는 병원 근처에 차를 주차하셨다.
She'll meet us **at** the restaurant. 그녀는 우리를 식당에서 만나기로 했어요.
Don't use a cell phone **in** the library. 도서관 안에서 핸드폰을 사용하지 마세요.
Many flowers are growing **around** the house. 많은 꽃들이 집 주위에 자라고 있다.

2. 방향을 나타내는 전치사

along the river ~을 따라서	**through** the village ~을 관통하여	**across** the river ~을 가로질러, 건너

Some tourists are walking **along** the shore. 몇몇 관광객들이 해안가를 따라서 걷고 있다.
The train passes **through** a tunnel. 그 기차는 터널을 관통하여 지난다.
The lightning flashed **across** the sky. 번개가 하늘을 가로질러 번쩍했다.

TIP

기타 전치사

- The hospital is **between** the post office and the school.
  병원은 우체국과 학교 (둘) **사이에** 있다.
- I was sitting **among** the crowds at the parade.
  나는 그 퍼레이드에서 관중들 **(셋 이상) 사이에** 앉아 있었다.
- Mom called me **into** the room.
  엄마가 나를 방 **안으로** 부르셨다.
- My father will be **out of** town for a few days.
  나의 아버지는 며칠 동안 도시 **밖에** 계실 것이다.
- The movie was fantastic **from** start **to** finish. 그 영화는 시작**부터 끝까지** 환상적이었다.
- People are lining up **in front of** the door.
  사람들이 문 **앞에** 줄 서 있다.
- The rainbow disappeared **behind** the clouds.
  무지개가 구름 **뒤로** 사라졌다.
- His car suddenly broke down **in the middle of** the street.
  그의 차가 도로 **한가운데서** 갑자기 고장 났다.

CHECK UP 주어진 우리말과 일치하도록 알맞은 전치사를 고르시오.

1 신호등에서 왼쪽으로 꺾어라. ➔ Turn to the left [at / in] the traffic light.
2 램프가 테이블 위에 매달려 있었다. ➔ A lamp was hanging [over / on] the table.
3 고양이가 아이들 주변을 떠돌고 있다. ➔ The cat is wandering [around / across] the children.

stream 개울, 시내 **park** 주차하다 **shore** 해안가 **lightning** 번개 **flash** 번쩍이다, 빛나다 **traffic light** 신호등 **hang(-hung-hung)** 걸다, 매달다 **wander** 돌아다니다, 헤매다

정답 및 해설 p. 31

Practice

Ⓐ 주어진 우리말과 일치하도록 빈칸에 알맞은 전치사를 〈보기〉에서 골라 쓰시오. (한 번씩만 사용할 것)

보기 across between next to into out of

01 서점은 빵집 옆에 있다.

➔ The bookstore is ____________ the bakery.

02 도서관은 길 건너편에 있다.

➔ The library is ____________ the street.

03 그는 병원 밖으로 나오고 있다.

➔ He is coming ____________ the hospital.

04 그녀는 우체국 안으로 들어가고 있다.

➔ She is going ____________ the post office.

05 나는 나의 엄마와 나의 아빠 사이에 앉았다.

➔ I sat ____________ my mom and my dad.

Ⓑ 다음 중 어법상 적절한 것을 고르시오.

01 The children are playing [over / on] the grass in the park.

02 A little girl rushed [into / near] the room.

03 I'm getting off [in / at] the next bus stop.

04 He held a large umbrella [over / on] his daughter.

05 I found a photograph [between / among] a pile of old books.

06 I was walking [along / over] the road with my dog.

07 A bird flew into the room [by / through] a window.

Ⓒ 다음 중 어법상 바르지 않은 문장을 고르시오.

① He took his wallet out of his pocket.
② The boy is hiding behind the curtains.
③ She is diving into the pool.
④ I live in a small apartment near a subway station.
⑤ Sally is standing among me and my sister.

B **rush** 돌진하다, 달려들다 **get off** 내리다 **hold(-held-held)** 들다, 쥐다 **pile** 쌓아 올린 더미; 쌓다

Unit 03 이유·수단의 전치사 등

1. 원인·이유의 전치사

because of (= due to)	**Because of [Due to]** the snow, few people arrived at the meeting on time. 눈 때문에 정시에 모임에 도착한 사람들이 거의 없었다.
for	I could not sleep **for** the pain in my leg. 나는 내 다리의 통증 때문에 잠을 잘 수 없었다.

2. 수단·도구의 전치사

by	~을 이용하여 〈방법/교통수단〉	I talked with Nancy for an hour **by** phone. 나는 낸시와 전화로 한 시간 동안 얘기했다. I usually go to school **by** bus. 나는 보통 버스를 타고 학교에 간다.
with	~으로, ~을 써서 〈도구〉	She wiped her tears off **with** a tissue. 그녀는 화장지로 그녀의 눈물을 닦아냈다.
through	~을 통해, ~에 의해 〈매체〉	Concert tickets are being sold **through** the Internet. 콘서트 표가 인터넷을 통해 판매되고 있다.

TIP

특정 전치사와 함께 쓰이는 표현

- She **was absent *from*** the class yesterday. 그녀는 어제 수업**에 결석했다**.
- I **am afraid *of*** ghosts. 나는 귀신**을 두려워한다**.
- The basket **is full *of*** apples. 그 바구니는 사과들**로 가득하다**.
- Kate **depends *on*** her mother a lot. 케이트는 그녀의 어머니**에게** 많이 **의존한다**.
- I **look *after*** my sister every Sunday. 나는 일요일마다 내 여동생**을 돌본다**.
- The child **suffers *from*** a skin disease. 그 아이는 피부병**으로 고통받는다**.
- The actor **died *of[from]*** stomach cancer. 그 배우는 위암**으로 사망했다**.

3. 그 밖의 전치사

for	~을 위해서 〈목적, 용도〉	Are you learning English **for** pleasure or **for** your work? 당신은 영어를 즐기기 위해 배우나요 아니면 일을 위해 배우나요?
in	~을 입고 〈착용〉	A woman **in** a blue suit sat beside me. 파란 정장을 입은 한 여자가 내 옆에 앉았다.
despite / in spite of	~에도 불구하고 〈대조〉	The trip was great, **despite[in spite of]** the bad weather. 나쁜 날씨에도 불구하고 여행은 훌륭했다.

TIP

- by + 교통수단: ~을 타고
- by + v-ing: ~함으로써

I have to travel 50 minutes **by subway** to get to my office.
나는 내 사무실에 가기 위해서 50분간 지하철을 타고 이동해야 한다.

I learn English **by talking** with my teacher in English.
나는 내 선생님과 영어로 말하면서 영어를 배운다.

CHECK UP 주어진 우리말과 일치하도록 알맞은 전치사를 고르시오.

1 그 두 조각을 풀로 함께 고정시켜라. ➔ Fix the two pieces together [with / through] glue.

2 그의 모든 노력에도 불구하고, 그는 그녀를 다시 만날 수 없었다.
➔ [For / In spite of] all his efforts, he couldn't meet her again.

3 나는 내 건강을 위해서 규칙적으로 채소를 먹는다. ➔ I regularly eat vegetables [for / by] my health.

4 당신은 모바일 앱을 통해서 수업을 신청할 수 있습니다.
➔ You can sign up for the class [in / through] a mobile app.

wipe off ~을 닦아내다 **pleasure** 기쁨, 즐거움 (= **joy**, **delight**) **suit** 양복, 정장 **sign up** 등록하다

정답 및 해설 p. 32

Ⓐ 다음 중 어법상 적절한 것을 고르시오.

01 He was late [because of / in spite of] heavy traffic.

02 We can reach the top of the mountain [by / with] cable car.

03 It's a machine [for / of] cutting bread.

04 Can I order some cakes [of / by] phone?

05 Who is the woman [in / from] a white shirt over there?

06 [Despite / Due to] his friend's help, he couldn't find his wallet.

Ⓑ 다음 중 각 문장의 빈칸에 들어갈 전치사가 순서대로 바르게 짝지어진 것을 고르시오.

- She paid ________ credit card.
- Thank you ________ your invitation to your party.
- My uncle died ________ a heart attack.

① by — in — in
② by — for — of
③ from — for — by
④ of — in — by
⑤ from — of — in

Ⓒ 다음 각 문장의 빈칸에 알맞은 전치사를 〈보기〉에서 골라 쓰시오. (한 번씩만 사용할 것)

(보기) by　　due to　　in　　with

01 The accidents were ________ careless driving.

02 I went to the interview ________ my new suit.

03 You should send me your report ________ e-mail.

04 She cleaned the living room ________ the vacuum.

A **heavy traffic** 교통 혼잡　**B** **credit card** 신용카드　**invitation** 초대 ***invite** 초대하다　**heart attack** 심장마비　**C** **careless** 부주의한 **vacuum** 진공청소기

Chapter Exercises

Ⓐ 다음 중 빈칸에 적절한 것을 고르시오.

01 The singer came back on the stage ____________ a few minutes.

① at ② in ③ on ④ with ⑤ during

02 The empty desk is ____________ the two students.

① in ② at ③ between ④ across ⑤ through

03 ____________ bad weather, the flight was canceled.

① At ② By ③ Despite ④ Due to ⑤ In spite of

04 In tennis, you have to hit the ball ____________ the net.

① in ② on ③ to ④ through ⑤ over

Ⓑ 다음 각 문장에서 밑줄 친 부분을 바르게 고쳐 쓰시오.

01 He kept sleeping <u>for</u> the discussion.

02 Write your name <u>over</u> the back of this piece of paper.

03 <u>Despite</u> her allergies, she can't eat yogurt.

04 He keeps his car in the garage <u>next</u> my house.

05 We often go to the beach <u>on</u> summer.

06 The kid is playing <u>on</u> the room.

A **flight** 비행; 항공편 **B** **discussion** 토론, 논의 ***discuss** 토론[논의]하다 **allergy** 알레르기 **garage** 차고

C 다음 중 어법상 적절한 것을 고르시오.

01 The outdoor play was canceled [due to / in spite of] the heavy rain.

02 My wedding anniversary is [in / on] August 17th.

03 You can't pass through here [for / during] the festival.

04 I was late [by / because of] heavy snow.

05 Dave always hides his favorite toy [under / into] the sofa.

06 Can we meet [on / at] lunchtime tomorrow?

D 다음 중 각 문장의 빈칸에 공통으로 들어갈 말을 고르시오.

01

- I was rewarded ______________ my good behavior.
- Amy rented a car ______________ the trip.
- I sometimes go hiking ______________ an hour on Sunday.

① during ② for ③ from ④ over ⑤ by

02

- The girl _________ a white dress is really beautiful.
- Food is not allowed _________ the gallery.
- Sam will come back from the business trip _________ three weeks.

① to ② on ③ in ④ at ⑤ of

E 다음 중 우리말을 영작한 것으로 바르지 <u>않은</u> 것을 고르시오.

① 나는 병에 물을 부었다. ➔ I poured water into the bottle.

② 학생들은 학교로 뛰어 들어갔다. ➔ Students ran out of the school.

③ 나는 보통 나의 집 앞에 있는 미용실에 간다.
➔ I usually go to the hair salon in front of my house.

④ 내 사무실 근처에 카페 하나가 있다. ➔ There is a cafe near my office.

⑤ 그녀는 강가를 따라서 산책을 했다. ➔ She took a walk along the riverside.

C **anniversary** 기념일 **D** **reward** 상(을 주다); 보답(하다) **behavior** 행동, 행실 **rent** 빌리다 **business trip** 출장 **E** **hair salon** 미용실 **riverside** 강가, 강변

F 다음 중 각 문장의 빈칸에 들어갈 말이 순서대로 바르게 짝지어진 것을 고르시오.

01

- It rained ________ three days without stopping.
- A lot of English words come ________ Latin.

① for – from ② during – from ③ for – in
④ in – with ⑤ during – in

02

- Why don't you sit ________ a more comfortable chair?
- It doesn't get dark ________ about 7 o'clock.

① in – by ② at – to ③ on – till
④ on – by ⑤ by – till

03

- Jane put sun block on her face ____________ the summer vacation.
- My brother and I played cards ____________ midnight.
- ____________ heavy snow, we canceled our trip.

① for – by – Because of ② for – by – Despite
③ for – until – Because of ④ during – until – Because of
⑤ during – until – Despite

04

- It would be about two miles ________ here to town.
- He couldn't work ________ the pain in his neck.
- Kate is really afraid ________ the darkness.

① into – for – in ② into – by – of
③ from – for – of ④ from – for – in
⑤ from – by – of

F **Latin** 라틴어 **sun block** 자외선 차단제 **darkness** 암흑, 어둠

G 다음 중 밑줄 친 부분이 어법과 문맥상 바르지 않은 것을 고르시오.

① Bob learned to snowboard during the winter vacation.
② Let's meet in front of the school in Friday morning.
③ Kevin's been traveling around Asia for a month.
④ He entered the house through the main gate.
⑤ You should return this book by tomorrow.

H 다음 각 문장에서 밑줄 친 부분과 같은 의미의 어구를 고르시오.

01 In spite of the rain, they enjoyed themselves during their vacation.

① Because of ② Despite ③ From ④ For ⑤ With

02 Because of a lack of money, I couldn't buy the shoes.

① From ② Despite ③ Due to ④ For ⑤ With

I 주어진 우리말과 일치하도록 빈칸에 알맞은 전치사를 써넣으시오.

01 당신을 한밤중에 깨워서 죄송합니다.

➔ I'm sorry ________ waking you up in the middle of the night.

02 우리는 보스턴에 6시 정각에 도착했다.

➔ We arrived Boston ________ six o'clock.

03 테디는 목이 아파 고통받고 있다.

➔ Teddy is suffering ________ a sore throat.

H **lack** 부족, 결핍 I **sore** 아픈, 따가운 **throat** 목구멍, 목

문법, 문장으로 정리하자!
Summary with Sentences

Unit 01 전명구의 역할과 시간의 전치사

The leaves on the tree were changing into red and brown. 〈명사 수식〉

Mike talked to his friend on the phone for twenty minutes. 〈동사 수식〉

This data is very important for my report. 〈형용사 수식〉

Jimmy came home late at night. 〈부사 수식〉

To my surprise, I got better marks with a little more studying. 〈문장 전체 수식〉

Jack stayed in Miami during the summer vacation.
시간을 나타내는 전치사

Unit 02 장소 · 방향의 전치사

She was reading the book on her knee.
장소를 나타내는 전치사

The train passes through a tunnel.
방향을 나타내는 전치사

Unit 03 이유 · 수단의 전치사 등

Because of the snow, few people arrived at the meeting on time. 〈이유〉

I talked with Nancy for an hour by phone. 〈방법〉

She wiped her tears off with a tissue. 〈도구〉

Concert tickets are being sold through the Internet. 〈매체〉

Are you learning English for pleasure or for your work? 〈목적〉

A woman in a blue suit sat beside me. 〈착용〉

The trip was great, despite the bad weather. 〈대조〉

Chapter ⑪
비교 표현

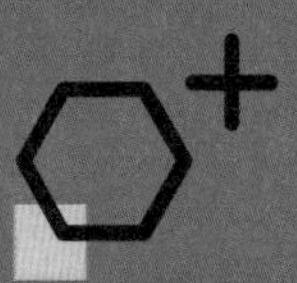

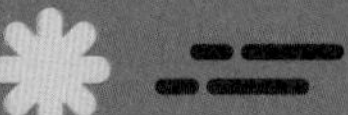

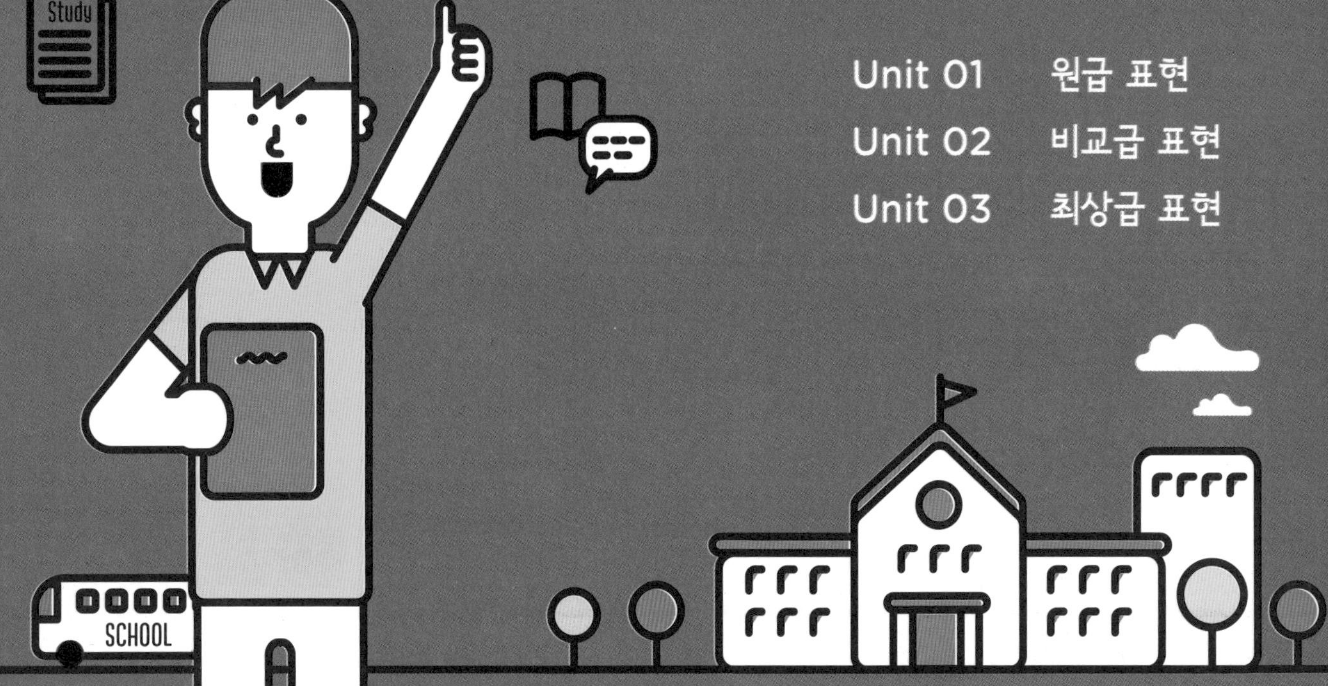

Unit 01 원급 표현

둘 이상을 서로 비교할 때, 형용사나 부사의 비교 표현을 사용한다. 원급 비교는 둘을 비교하여 그 정도가 같음을 나타낸다.

1. 원급의 기본 표현

◆ 「as+원급(형용사나 부사의 원형)+as ~」 형태를 써서 '~만큼 …한'의 의미를 나타낸다. 두 번째 as 뒤(~)에는 「주어+동사」 형태가 원칙이지만 비교 대상만 남고 동사는 생략되는 경우가 많은데 구어체에서는 주격 대신 목적격을 사용하는 것이 일반적이다.

The basketball is **as big as** a watermelon (is). 〈형용사 원급〉 그 농구공은 수박만큼 크다.
Tim swims **as well as** Jack (swims). 〈부사원급〉 팀은 잭만큼 수영을 잘 한다.
Mike is *as small as* **her**. (= Mike is *as small as* **she** (**is**).) 마이크는 그녀만큼 작다.

◆ 두 개의 비교 대상은 반드시 동일한 형태와 격을 이루어야 하고, 각 비교 대상에 맞게 적절한 동사를 사용해야 한다.

Your computer is as good as **mine** (me ×). 너의 컴퓨터는 내 것만큼 좋다.
She can run as fast as **I can** (I am ×). 그녀는 나만큼 빨리 달릴 수 있다.

보이는 문법

원급

This doll is **as tall as** me.
이 인형은 나만큼 크다.

2. 원급의 주요 구문

◆ not as[so] ~ as ...: '…만큼 ~하지 않다'는 의미의 원급의 부정형으로 정도가 같지 않음을 나타낸다.

My teacher is **not as[so] old as** my father (is). 나의 선생님은 나의 아버지만큼 나이가 많지 않으시다.

◆ as ~ as possible: 가능한 한 ~한[하게] (= as ~ as+주어+can)

The farmer drank water **as** *much* **as possible**. (= ... **as** *much* **as he could**.)
그 농부는 가능한 한 물을 많이 마셨다.
Please call me back **as** *soon* **as possible**. 가능한 한 빨리 나에게 다시 전화를 해주세요.

◆ 배수사(twice(두 배), three times(세 배) 등)+as ~ as ...: …보다 몇 배 ~한[하게]

Australia is about **35 times as** *large* **as** Korea. 호주는 한국보다 약 35배 크다.

TIP

원급의 기타 구문

「as many[much]+명사+as ...」는 '…만큼 많은 ~'의 의미이다.

I have **as many** *shoes* **as** you (do). 나는 너만큼 많은 신발을 갖고 있다.

The teacher gave me **as much** *advice* **as** I wanted. 선생님께서는 내가 원했던 만큼 많은 조언을 해주셨다.

CHECK UP 주어진 단어를 이용하여 문장을 완성하시오.

1 I can run 100 meters in 14 seconds. You can run 100 meters in 14 seconds, too. (fast)
→ I can run __________ __________ __________ you.

2 A bee isn't big. A bird is big. (big)
→ A bee is __________ __________ __________ __________ a bird.

time 번, 회; (-s) 배 **second** 두 번째의; (시간 단위) 초

정답 및 해설 p. 34

Practice

A 다음 중 어법상 바르지 않은 문장을 고르시오.

① Jane's new movie is as good as her last movie.
② My test score is not as high as yours.
③ I left the school as soon as possible.
④ My sister studies twice as much as I do.
⑤ Tom isn't as honest as Jim does.

B 다음 각 문장의 밑줄 친 부분에서 어색한 부분을 찾아 바르게 고쳐 쓰시오.

01 You don't know as much about sports than me.
02 Your pronunciation is certainly as good as me.
03 She can do the work as easy as I can.
04 You should write as clearly as it can.
05 I feel as ten times tired as yesterday.

C 주어진 우리말과 일치하도록 괄호 안의 단어들을 이용하여 원급 비교 문장을 완성하시오.

01 내 책상은 네 것만큼 넓다. (yours, large)
➔ My desk is ______________________________.

02 이 바구니 안에는 오렌지가 저 바구니 안에만큼 많이 들어 있다. (oranges, many)
➔ There are ______________________ in this basket ___________ in that basket.

03 이 주변에는 나무가 5년 전만큼 많지 않다. (not, five years, ago, trees, many)
➔ There are ___________________ around here ____________________.

04 나는 내 선생님과 가능한 한 많이 얘기를 나누려고 노력한다. (much, possible)
➔ I try to talk with my teacher ______________________________.

05 감자가 작년보다 두 배 더 비싸다. (twice, expensive)
➔ Potatoes are ______________________ they were last year.

B **pronunciation** 발음 **certainly** 확실히 **clearly** 분명하게, 확실히

Unit 02 비교급 표현

둘의 우열을 나타낼 때 형용사/부사의 비교급을 사용하며 '~보다 더 …한[하게]'의 의미이다.

1. 비교급의 기본 표현

◆ 「비교급+than ~」에서 비교급은 주로 형용사와 부사에 -(e)r을 붙여 만든다. 단 단어가 2음절 이상으로 길거나, -ly로 끝나는 부사는 앞에 more를 붙인다.

My sister is **shorter than** your sister. 내 여동생은 네 여동생보다 키가 더 작다.
Jim washes his hands **more frequently than** I (do). 짐은 나보다 더 자주 손을 씻는다.

◆ 불규칙 비교급

good 좋은 / well 잘 — better 더 좋은, 더 잘
many / much 많은 — more 더 많은
late (시간이) 늦은 — later 더 늦게, 나중에
far 《거리·정도》 먼 — farther / further 더 먼
bad 나쁜 — worse 더 나쁜
little (양이) 적은 — less 더 적은
late 《순서》 나중의 — latter 후자의
old 나이 든 — older / elder 연상의

Susan speaks Spanish **better than** David (does). 수잔은 데이비드보다 스페인어를 더 잘 말한다.

◆ 비교급을 강조할 때는 앞에 much, even, far, still, a lot 등을 붙인다.

Betty's room is **even** *bigger* than mine. 베티의 방은 내 방보다 훨씬 더 크다.
Math is **far** *more difficult* than English for me. 나에겐 수학이 영어보다 훨씬 더 어렵다.

cf. 원급인 형용사와 부사를 강조할 땐 very를 쓴다.
She is **very** *polite* to other people. 그녀는 다른 사람들에게 매우 예의 바르다.

수능 첫단추
비교급과 원급을 강조하는 부사들을 구분해야 한다. (➔ Ch ⑬ Point 02 비교 표현)

2. 비교급의 주요 구문

◆ A ~ 배수사+비교급 than B: A는 B보다 몇 배 더 ~하다 (= A ~ 배수사+as+원급 +as B)
◆ 비교급+and+비교급: 점점 더 ~한[하게]
◆ the+비교급, the+비교급: ~할수록, 더 …하다

This ship is **three times heavier than** that one.
(= This ship is **three times as heavy as** that one.) 이 배는 저 배보다 3배 더 무겁다.
John practices running every evening. He's running **faster and faster**.
존은 매일 저녁 달리기를 연습한다. 그는 점점 더 빨리 달리고 있다.
The more happily a man lives, **the longer** he lives. 사람은 행복하게 살수록, 더 오래 산다.

보이는 문법

비교급
I am **faster than** you.
나는 너보다 더 빠르다.

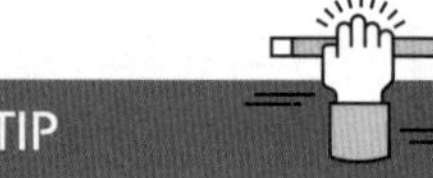

TIP

비교급 만드는 법
- -er을 붙인다. fast – fast**er**
- -e로 끝나는 단어는 -r만 붙인다. nice – nice**r**
- 「단모음+단자음」으로 끝나는 단어는 자음을 하나 더 쓰고 -er을 붙인다. big – big**ger**
- 「자음 + y」로 끝나는 단어는 y를 i로 고치고 -er을 붙인다. easy – eas**ier**

TIP

not as[so] ~ as ...
= 비교급+than

원급 비교 표현 「not as[so] ~ as ... (…만큼 ~하지 않다)」는 「비교급+than」으로 표현할 수 있다.

She can**not** sing **as well as** me.
= I can sing **better than** her.
그녀는 나보다 노래를 잘하지 못한다.
= 나는 그녀보다 노래를 잘할 수 있다.

CHECK UP 주어진 우리말과 일치하도록 괄호 안의 단어를 이용하여 문장을 완성하시오.

1 건강이 부유함보다 더 중요하다. (important, wealth) ➔ Health is ______________________.

2 내가 흥분할 때, 나의 심장은 점점 더 빨리 뛴다. (fast)
➔ When I get excited, my heart beats ______________________.

frequently 자주, 빈번히 **Spanish** 스페인의; 스페인어 **wealth** 부, 부유함 **beat** (심장이) 뛰다; 두드리다

정답 및 해설 p. 34

A 다음 각 문장에서 밑줄 친 부분을 바르게 고쳐 쓰시오.

01 Some planes fly <u>more fast</u> than sound travels.

02 My chair isn't very comfortable. Yours is <u>much comfortable</u>.

03 The younger you are, <u>more easily</u> you can attempt new things.

04 August is <u>very</u> hotter than June.

05 The line of people at the ticket box got <u>long and longer</u>.

06 My watch is three times <u>expensive</u> than yours.

B 다음 중 어법상 바르지 <u>않은</u> 문장을 고르시오.

① The weather yesterday was worse than it is today.
② This question is more difficult than the last one.
③ These days more and more people are learning Chinese.
④ Harder you study, the closer you get to your dream.
⑤ This time, the teacher repeated the sentence more slowly than before.

C 두 문장의 의미가 일치하도록 비교급을 이용하여 빈칸에 알맞은 말을 써넣으시오.

01 I haven't saved as much money as you.
= I have saved ________ ________ ________ you.

02 Sometimes cars are not as convenient as trains.
= Sometimes trains are ________ ________ ________ cars.

03 My computer cost a bit more than yours.
= Your computer cost a bit ________ ________ ________.

04 This movie is two times as long as that movie.
= This movie is ________ ________ ________ ________ that movie.

A **travel** 이동하다, 전해지다; 여행하다 **comfortable** 편안한 **attempt** 시도하다 **ticket box** 매표소 **C** **save** 모으다, 저축하다; 구하다 **convenient** 편리한 **cost** ~의 비용이 들다

Unit 03 최상급 표현

셋 이상을 비교하여 그중 하나가 나머지보다 성질, 상태 등이 가장 심한 것을 나타낸다.

1. 최상급의 기본 표현

◆ 형용사와 부사의 최상급을 만드는 법은 비교급과 유사하나 -er 대신 -est를, more 대신 most를 붙여서 만든다. 최상급 앞에는 the를 붙인다.

◆ the+최상급 (+in+장소[단체]/of+명사): (~ (중)에서) 가장 …한[하게]

The South Pole has **the cleanest** air *in the world.* 남극은 세계에서 가장 깨끗한 공기를 갖고 있다.

February is **the shortest** *of all the months.* 2월은 모든 달 중에서 가장 짧다.

◆ one of the+최상급+복수명사: 가장 ~한 … 중 하나

Tom is **one of the smartest** *students* in my class.
톰은 나의 반에서 가장 똑똑한 학생들 중 한 명이다.

This hotel is **one of the oldest** *buildings* in this city.
이 호텔은 이 도시에서 가장 오래된 건물들 중 하나이다.

◆ 불규칙 최상급

원급	비교급	최상급
good 좋은 / well 잘	better	**best**
bad 나쁜	worse	**worst**
many / much 많은	more	**most**
little (양이) 적은	less	**least**

원급	비교급	최상급
late (시간이) 늦은	later	**latest**
late (순서가) 뒤의	latter	**last**
far (거리가) 먼	farther	**farthest**
far (거리/정도가) 먼	further	**furthest**

2. 원급, 비교급을 이용한 최상급 표현

◆ 원급 또는 비교급을 이용하여 최상급의 의미를 표현할 수 있다.

비교급+than+any other+단수명사 = 비교급+than+all the other+복수명사
= 부정주어+동사+비교급+than ~ = 부정주어+동사+as[so]+원급+as ~

Soccer is **the most popular sport** in the world. 축구는 세계에서 가장 인기 있는 스포츠이다.
= Soccer is **more popular than any other sport** in the world.
= Soccer is **more popular than all the other sports** in the world.
= **No sport** in the world is **more popular than** soccer.
= **No sport** in the world is **as[so] popular as** soccer.

보이는 문법

최상급

An elephant is **the heaviest** at the zoo.
코끼리가 동물원에서 가장 무겁다.

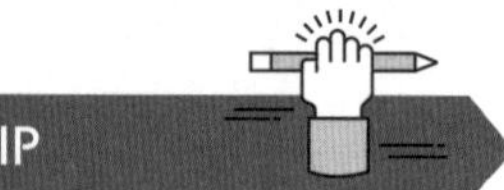

TIP

최상급의 관용적 표현

- at most 기껏해야
  (= not more than)
  I think Kate is sixteen **at most**.
  나는 케이트가 기껏해야 16살일 거라고 생각해.
- at least 적어도
  (= not less than)
  You should clean your room **at least** once a week.
  너는 적어도 일주일에 한 번은 너의 방을 청소해야 한다.
- at (the) best 잘해야, 고작
  Our team will win third place, **at best**.
  우리 팀은 잘해야 3등을 할 것이다.
- at last 마침내 (= finally)
  At last, we arrived at our destination, Egypt.
  마침내, 우리는 우리의 목적지인 이집트에 도착했다.

CHECK UP 주어진 우리말과 일치하도록 괄호 안의 단어를 이용하여 문장을 완성하시오.

1 협력이 모든 것 중에서 가장 중요한 것이다. (important)
➔ Teamwork is __________ __________ __________ thing of all.

2 빌의 성적은 학교 전체에서 가장 나쁜 성적 중 하나였다. (bad)
➔ Bill's score was one of __________ __________ __________ in the whole school.

the South Pole 남극 **teamwork** 팀워크, 협력 **whole** 전체의; 전체 (↔ **part** 부분)

정답 및 해설 p. 35

A 다음 각 문장의 밑줄 친 부분에서 어색한 부분을 찾아 바르게 고쳐 쓰시오.

01 Laughter is <u>best medicine</u> for depression.

02 Health is more important <u>than any other things</u>.

03 This cake is one of <u>the most delicious cake</u> in the cafe.

04 It's <u>the most cheap restaurant</u> in the town.

B 다음 중 짝지어진 두 문장의 의미가 서로 다른 것을 고르시오.

① Antarctica is the coldest place in the world.
= Antarctica is colder than any other place in the world.

② Mont Blanc is the highest mountain in the Alps.
= Mont Blanc is as high as all the other mountains in the Alps.

③ The Mona Lisa is the most famous painting in the world.
= No painting in the world is more famous than the Mona Lisa.

④ Chinese is spoken more than any other language.
= Chinese is spoken most of all languages.

⑤ Love is the most important thing in life.
= Nothing in life is as important as love.

C 주어진 우리말과 일치하도록 괄호 안의 단어들을 이용하여 문장을 완성하시오.

01 그것은 이 드라마에서 가장 웃긴 에피소드들 중 하나이다. (funny, episode)
➔ It is ______________________________ of this drama.

02 그날은 그들 인생에서 가장 행복한 날이었다. (happy, day)
➔ It was ______________________________ of their lives.

03 내 어머니께서는 우리 가족 중에서 가장 일찍 일어나신다. (early, our, in, family)
➔ My mother gets up ______________________________.

04 그녀는 메뉴에서 가장 비싼 음식을 주문했다. (expensive, food)
➔ She ordered ______________________________ on the menu.

A **laughter** (소리 내는) 웃음 **depression** 우울함 **B** **Antarctica** 남극 대륙

Chapter Exercises

A 다음 중 빈칸에 적절한 것을 고르시오.

01 Dogs have a million times ____________ cells in their noses than human beings.

① many ② much ③ more ④ as ⑤ most

02 The whale is ____________ than any other animal in the world.

① large ② the largest ③ larger ④ as large ⑤ very large

03 The more communication develops, ____________ the world becomes.

① small ② smaller ③ the small
④ the smaller ⑤ the smallest

B 다음 중 대화에서 밑줄 친 부분이 자연스러운 것을 고르시오.

① A: My laptop is faster than yours.
B: You're right. Mine is <u>two times faster than</u> yours.

② A: Is your cat as big as mine?
B: Yes, my cat is <u>bigger than</u> yours.

③ A: I think my watch is slower than yours.
B: Yes, my watch is <u>not faster than</u> yours.

④ A: Are you younger than Jimmy?
B: No, Jimmy is <u>not as young as</u> I am.

⑤ A: Which one do you prefer, a bus or the subway?
B: For me, a bus is <u>more convenient than</u> the subway.

A **cell** 세포 **human being** 인간 **develop** 개발하다; 발전하다 **B** **laptop** 노트북[휴대용] 컴퓨터

C 다음 중 어법상 바르지 않은 문장을 고르시오.

01 ① High Street isn't as wide as Main Street.
② I will be there as soon as possible.
③ I cannot speak English as rapid as the teacher.
④ Laura is the smartest student in our class.
⑤ Is Kate as old as you?

02 ① His house is twice as big as me.
② You can have as much of this food as you want.
③ I love my dog as much as my brother does.
④ Emily's hair is longer than mine.
⑤ My teacher is kinder than any other teacher in my school.

03 ① This river is one of the longest in the world.
② What is the most popular sport in your country?
③ Nothing is more important as truth and honesty.
④ I go to bed earlier than my father.
⑤ My room is two times bigger than my sister's.

D 다음 중 밑줄 친 부분과 바꿔 쓸 수 없는 것을 고르시오.

He drove far more rapidly than the speed limit.

① very ② even ③ still ④ much ⑤ a lot

C **rapid** 빠른 ***rapidly** 빠르게, 빨리 **honesty** 정직 **D** **speed limit** 제한 속도

E 다음 중 짝지어진 두 문장의 의미가 서로 같지 않은 것을 고르시오.

① Linda is more important than any other friend to me.
= No friend is more important than Linda to me.

② John is one of the best players on our baseball team.
= No player on our baseball team is as good as John is.

③ No one in my family is stronger than my father.
= No one in my family is as strong as my father.

④ The blue dress was not as expensive as the white dress.
= The white dress was more expensive than the blue dress.

⑤ I tried to call you as early as I could.
= I tried to call you as early as possible.

F 다음 중 문장의 의미가 나머지와 다른 하나를 고르시오.

01 ① Sirius is the brightest star in the sky.
② Sirius is brighter than any other star in the sky.
③ Sirius is not as bright as any other star in the sky.
④ No star in the sky is as bright as Sirius.
⑤ No star in the sky is brighter than Sirius.

02 ① Nothing is more beautiful than love.
② Love is the most beautiful thing of all.
③ Love is more beautiful than anything else.
④ Nothing is as beautiful as love.
⑤ Love is as beautiful as anything else.

F **Sirius** ((천문)) 시리우스 (큰개자리에서 가장 밝은 별) **bright** 밝은; 똑똑한 **anything else** 그밖에 또 어떤 것

G 다음 두 문장의 의미가 일치하도록 빈칸에 알맞은 단어를 써넣으시오.

01 My backpack is bigger than yours.
= Your backpack is ________ ________ ________ ________ mine.

02 I threw the ball back to him as fast as possible.
= I threw the ball back to him as fast as ________ ________.

서술형 대비

H 주어진 우리말과 일치하도록 괄호 안의 단어들을 이용하여 영작하시오.

01 하늘은 점점 더 어두워졌다. (dark)
➔ The sky grew ____________________________________.

02 제인은 할 수 있는 한 금방 그에게 다시 전화를 걸었다. (can, soon)
➔ Jane called him back ____________________________________.

03 제주도는 한국에서 가장 아름다운 곳들 중 하나이다. (place, in Korea, beautiful)
➔ Jeju Island is ____________________________________.

04 그녀는 나보다 더 오래 이 호텔에 머물렀다. (the hotel, long, stay at)
➔ ____________________________________ than me.

문법, 문장으로 정리하자!
Summary with Sentences

Unit 01 원급 표현

형용사 원급

The basketball is as big as a watermelon (is). 〈as 원급 as ~: ~만큼 …한[하게]〉

My teacher is not as[so] old as my father (is). 〈원급 비교 부정: ~만큼 …하지 않은[않게]〉

The farmer drank water as much as possible.

가능한 한 ~한[하게]

배수사

Australia is about 35 times as large as Korea. 〈배수사가 쓰인 원급 비교〉

Unit 02 비교급 표현

My sister is shorter than your sister.

비교급+than ~: ~보다 더 …한[하게]

Betty's room is even bigger than mine.

비교급을 강조하는 even

This ship is three times heavier than that one.

배수사가 쓰인 비교급: 배수사+비교급+than ~

John practices running every evening. He's running faster and faster.

비교급+and+비교급: 점점 더 ~한[하게]

The more happily a man lives, the longer he lives.

the+비교급, the+비교급: ~할수록, 더 …하다

Unit 03 최상급 표현

February is the shortest of all the months.

최상급 앞에 붙는 the

Tom is one of the smartest students in my class.

one of the+최상급+복수명사: 가장 ~한 … 중 하나

Soccer is the most popular sport in the world.

= **more** popular **than any other sport** ~ = **more** popular **than all the other sports** ~
= **No** sport ~ **more** popular **than** soccer. = **No** sport ~ **as**[**so**] popular **as** soccer.

Chapter ⑫
도치 & 강조

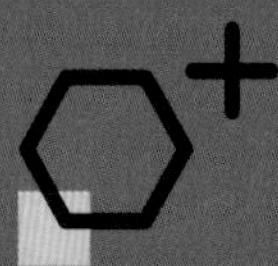

Unit 01 도치
Unit 02 강조

Unit 01 도치

영어는 어순이 중요한 언어로, 일반적으로 「주어+동사(+목적어/보어)」 순서를 취한다. 그러나 특정 어구의 강조 및 문법상의 이유로 「동사+주어」처럼 어순이 바뀌는 경우를 '도치'라고 한다.

1. 부정어구의 강조

- no, never, not, little(거의 ~ 않다), hardly 등의 부정어 및 only와 같은 부정에 가까운 말이 문장의 맨 앞에 올 때 「부정어+동사+주어」 형태로 도치가 일어난다.
- be동사의 도치는 be동사와 주어의 순서를 바꾸지만, 일반동사의 도치는 조동사 do[does, did]를 이용하여 「부정어+do[does, did]+주어+동사원형」의 어순이다. 「조동사+동사원형」일 때도 조동사만 주어 앞으로 이동한다.

Not only **was it** hot today, but also there was no wind.
오늘은 더웠을 뿐만 아니라 바람도 없었다.

Little **did I think** that he would lose the game.
나는 그가 경기에서 질 거라는 생각을 거의 하지 않았다.

Never **have I listened** to such wonderful music. 나는 그렇게 멋진 음악은 들어본 적이 없다.

2. 부사(구)의 강조

- 장소 및 방향을 나타내는 부사(구)를 강조하기 위해 문장 맨 앞에 둘 경우 주어와 동사의 도치가 일어나 「장소/방향의 부사(구)+일반동사/be동사+주어」의 형태로 쓴다.

Under the table **sat a little puppy.** 탁자 아래에 작은 강아지가 앉아 있었다.
Down **came the rain.** 비가 내렸다.
cf. 단 주어가 대명사일 때는 장소/방향의 부사(구)가 문장 앞에 와도 도치가 일어나지 않는다.
Right over our heads **it flew.** 우리 머리 바로 위로 그것이 날아갔다.

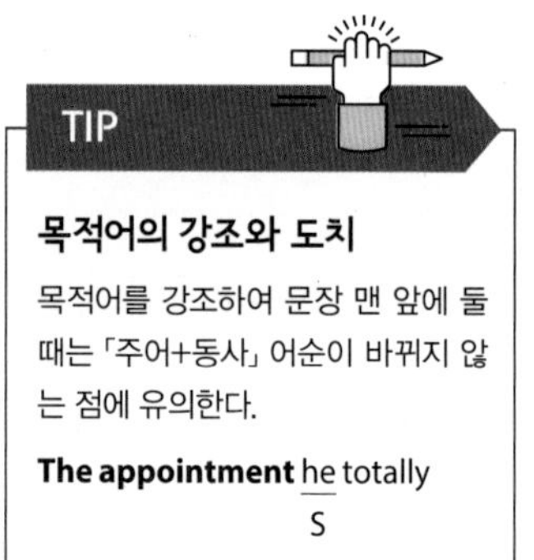

목적어의 강조와 도치
목적어를 강조하여 문장 맨 앞에 둘 때는 「주어+동사」 어순이 바뀌지 않는 점에 유의한다.

The appointment he(S) totally forgot(V).
그는 그 약속을 완전히 잊었다.

> **수능 첫단추**
> 도치 구문에서 동사는 뒤의 주어에 수일치한다.
> (➔ Ch ⑬ Point 03 도치 구문의 수일치)

3. so, neither/nor 구문

- 앞에서 한 말에 대해 '~도 그래[아니야].'라고 말할 때 쓴다. 긍정문일 때는 「So+동사+주어.」로, 부정문일 때는 「Neither[Nor]+동사+주어.」로 말한다. 이때 동사 자리에는 앞 문장의 동사에 따라 조동사/do[does, did]/be동사가 온다.

A: I *'m* feeling tired. 나는 피곤해. – B: **So *am* I.** (= I'm feeling tired, too.) 나도 그래.

A: I don't *like* carrots. 나는 당근을 좋아하지 않아.
B: **Neither *do* I.** (= I don't like carrots, either.) 나도 안 좋아해.

CHECK UP 다음 각 문장에서 도치된 주어와 동사에 밑줄을 긋고 S, V로 표시한 후, 강조 어구에 동그라미 하시오.

1 Hardly does he come to class on time.

2 Around the corner came a large dog.

3 In the box are my old photos and diaries.

fly(-flew-flown) 날다

정답 및 해설 p. 36

Ⓐ **다음 각 문장에서 밑줄 친 도치 구문을 바르게 고쳐 쓰시오.**

01 I passed the exam and so Tom did.

02 Not once he has kept his promise.

03 Before them did lie miles and miles of road at that time.

Ⓑ **주어진 우리말과 일치하도록 괄호 안의 단어들을 이용하여 문장을 완성하시오.**

01 나는 달콤한 쿠키를 좋아하는데, 나의 아버지도 그렇다. (so)

➔ I like sweet cookies and ______________________.

02 A: 나는 내 일을 오늘 못 끝내. — B: 나도 그래. (nor)

➔ A: I can't finish my work today.
B: ______________.

03 수는 여동생이 없는데, 나도 그렇다. (neither)

➔ Sue doesn't have a sister and ______________.

04 남쪽에서부터 강한 바람이 불었다. (a strong wind, come)

➔ From the south ______________________.

05 나는 그가 여기 올 거라는 생각을 거의 하지 않았다. (think)

➔ Hardly ______________ that he would come here.

Ⓒ **다음 각 문장을 주어진 어구로 시작하는 도치 구문으로 완성하시오.**

01 Opportunity lies in the middle of difficulty.

➔ In the middle of difficulty ______________________.

02 He seldom drives in stormy weather.

➔ Seldom ______________________________.

03 I will never do that again!

➔ Never ______________________________ again!

04 Small houses with colorful roofs were all over the town.

➔ All over the town ______________________________.

A **keep one's promise** 약속을 지키다 **lie(-lay-lain)** 놓여[펼쳐져] 있다; 눕다 **B** **south** 남쪽 **C** **opportunity** 기회 **difficulty** 어려움, 고난 **stormy** 폭풍우의, 날씨가 험악한

Unit 02 강조

특정 어구를 강조하는 방법에는 어순 도치 외에도 강조 어구를 붙이거나 강조 구문을 사용하는 방법도 있다.

1. 동사의 강조

◆ 동사원형 앞에 do[does, did]를 붙인다.

I **do** *hope* that you had a great time. 나는 네가 좋은 시간을 보냈기를 정말로 바란다.

I **did** *send* the email to you yesterday. 나는 어제 너에게 그 이메일을 정말로 보냈다.

보이는 문법
I do hope
that you had a great time.

2. It is[was] ~ that ... 강조 구문

◆ It is[was]와 that 사이에 강조하는 말(주어, 목적어, 부사구·절)을 넣어 강조할 수 있다. '…인 것은 바로 ~이다'로 해석한다.

It was *Tony's story* **that** moved us. (← Tony's story moved us.) 〈주어 강조〉
우리를 감동시킨 것은 바로 토니의 이야기였다.

It was *my book* **that** she was reading. (← She was reading my book.) 〈목적어 강조〉
그녀가 읽고 있던 책은 바로 내 책이었다.

It is *in troubled times* **that** we grow the most. (← We grow the most in troubled times.) 〈부사구 강조〉 우리가 가장 많이 성장하는 때는 바로 어려울 때이다.

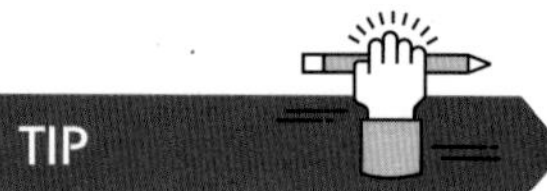

It is[was] ~ who/which/when/where ... 강조 구문

강조하는 말에 따라 that 대신 who, which, when, where를 쓰기도 한다.

It was *Charlie* **who** ate my chocolate.
내 초콜릿을 먹은 것은 바로 찰리였다.

It was *a week ago* **when** I broke my leg.
내 다리가 부러진 것은 바로 일주일 전이었다.

3. 부정문과 의문문의 강조

◆ 부정문 강조: at all, in the least, by any means 등을 쓰며 '전혀, 결코'로 해석한다.

I *don't* have any money **at all.** 나는 돈이 전혀 없어.

I *can't* understand it **in the least.** 나는 그것을 전혀 이해할 수 없어.

◆ 의문문 강조: on earth, in the world, ever 등을 쓰며 '도대체'로 해석한다.

Where **on earth** did you go? 넌 도대체 어디에 갔었니?

How **in the world** could he make it? 그가 도대체 어떻게 그렇게 할 수가 있었지?

CHECK UP 다음 각 문장에서 강조되고 있는 말에 밑줄을 그으시오.

1 I did open the door quietly because the baby was sleeping in the room.

2 It was last Sunday that I went swimming with my friends.

3 It is you that can help me now.

4 She does play an important role in this meeting.

move 옮기다; 감동시키다 **troubled** 난처한, 곤란한

정답 및 해설 p. 37

A 다음 각 문장의 밑줄 친 부분에서 어색한 부분을 찾아 바르게 고쳐 쓰시오.

01 I hope do that you will get a good grade.
02 It is yours that can solve this problem.
03 This was yesterday that I met her on the road.
04 He do like to cook for his family.
05 You can run now! I guess you did became healthy.

B 주어진 우리말과 일치하도록 괄호 안의 단어들을 배열하여 문장을 완성하시오.

01 형이 나에게 영어를 가르쳐 준 것은 바로 1년 전이었다. (was / ago / it / a year / that)
➔ ____________________ my brother taught English to me.

02 너는 그가 진실을 정말로 말했다고 믿니? (did / the truth / tell)
➔ Do you believe that he ____________________?

03 나는 네가 파티에 오기를 정말로 바라고 있어. (I / that / hope / do)
➔ ____________________ you will come to the party.

04 아버지가 어머니를 처음 만난 곳은 공원이었다. (at / was / it / the park)
➔ ____________________ that my father met my mother for the first time.

05 나는 그를 전혀 의심하지 않았다. (doubt / at / him / all)
➔ I didn't ____________________.

C 'It is ~ that ...' 구문을 이용하여 굵은 글씨로 된 부분을 강조하는 문장으로 바꿔 쓰시오.

01 **Sarah** left the message for you.
➔ ____________________

02 I met **Ricky** in the cafe.
➔ ____________________

03 Books have an influence **on our lives in childhood**.
➔ ____________________

04 **Not strength but justice** wins in the end.
➔ ____________________

A **solve** (문제 · 곤경을) 해결하다 ***solution** 해결책 **B** **for the first time** 처음으로 **doubt** 의심하다 **C** **have an influence on** ~에 영향을 미치다 **not A but B** A가 아니라 B **strength** 힘 **justice** 정의

Chapter Exercises

A **다음 중 빈칸에 알맞은 것을 고르시오.**

01 A: My cell phone doesn't work.

B: ______________________

① So do I. ② So does mine. ③ Neither do I.
④ Neither does mine. ⑤ Neither doesn't mine.

02 Hardly ______________________ to the movies by herself.

① she goes ② goes she ③ does she go
④ does go she ⑤ do she go

03 A: I don't like this book. It is so boring.

B: ______________________

① So do I. ② Neither do I. ③ So did I.
④ Neither am I. ⑤ So am I.

04 He thinks she didn't answer, but ______________________.

① she does ② she answer did ③ she did answer
④ does she ⑤ she didn't

B **다음 중 주어진 우리말을 영어로 바르게 옮긴 것을 고르시오.**

학교 안에 큰 조각상이 서 있었다.

① Stood a large statue in the school.
② In the school a large statue stood.
③ In the school stood a large statue.
④ A large statue in the school stood.
⑤ Stood in the school a large statue.

Ⓒ 다음 중 〈보기〉의 밑줄 친 부분과 쓰임이 같은 것을 고르시오.

01

보기 He does resemble his father.

① That pie smells good, doesn't it?
② I did my homework by myself.
③ I didn't have lunch yet.
④ I usually do the dishes after dinner.
⑤ I do know well about Korean history.

02

보기 He wanted a hamburger, and so did I.

① It is so hot out there.
② It rained all day, so we couldn't go on a picnic.
③ I'm so happy that the exam is finished.
④ I was excited about the trip, and so was my brother.
⑤ It wasn't so good as last time.

Ⓓ 다음 질문에 대한 대답으로 가장 알맞은 것을 고르시오.

Who did you go to the concert with last night?

① It was last night that I went to the concert.
② It was Tim that I went to the concert with last night.
③ It was the concert that I went to with Tim last night.
④ It was I that went to the concert last night.
⑤ It was you that went to the concert with Tim last night.

E 다음 중 어법상 적절한 것을 고르시오.

01 [Never / Ever] have I experienced such an interesting journey.

02 She likes flowers, and so [do / does] her mother.

03 By his side [she stood / stood she].

04 It was in New York [that / what] I studied fashion design.

05 I've never been to a foreign country, and [so / neither] has my brother.

F 다음 각 문장에서 밑줄 친 부분을 바르게 고쳐 쓰시오.

01 I don't know the man in front of the front gate, and neither <u>do</u> Amy.

02 Nowhere <u>they could</u> find a clue.

03 Seldom <u>do</u> Jack visit his parents these days.

04 I didn't tell the secret, and <u>so did</u> Sam.

G 다음 중 어법상 바르지 <u>않은</u> 문장을 고르시오.

01 ① From the mountains comes a strange light.
② Little did I notice that I was getting fat.
③ I wanted to read the book, and so does Mary.
④ It is the moon that has the greatest effect on the tides.
⑤ She was exhausted after climbing, and so was I.

02 ① Never my father does drive when it is foggy.
② It is while we are young that most of our habits are formed.
③ Not a trace did he leave at the scene.
④ At the base of the mountain stands one of the oldest trees in the world.
⑤ Your watch doesn't have the right time and neither does mine.

E **journey** 여행 **F** **clue** 단서 **G** **notice** 알아차리다 **tide** 조수, 밀물과 썰물 **exhausted** 녹초가 된 **foggy** 안개 낀 **form** 형성하다 **trace** 자취; 흔적; 추적하다 **base** 맨 아래 부분; 기초[토대]

03 ① In the basket were some fruits and snacks.
② Never do I eat spinach when I was young.
③ Only recently has he revealed his music to the public.
④ Nowhere could I find the solution to this problem.
⑤ On the street lies a puppy with an injury.

H **두 문장이 일치하도록 so나 neither[nor]를 이용하여 문장을 완성하시오.**

01 All my friends can't believe that Sam told a lie and I can't, either.
= All my friends can't believe that Sam told a lie and ____________________.

02 I wasn't interested in science and my sister was not either.
= I wasn't interested in science and ____________________.

03 Everyone supported my dream and my parents did as well.
= Everyone supported my dream and ____________________.

서술형 대비

I **다음 각 문장을 굵은 글씨로 된 부분을 강조하는 도치 구문으로 바꿔 쓰시오.**

01 Jack **little** imagined his failure on the test.
→ ____________________

02 I have **never** heard such a funny story.
→ ____________________

03 A beautiful castle stood **on the top of the hill**.
→ ____________________

G **spinach** 시금치 **recently** 최근에 **reveal** 드러내다 **injury** 부상 H **support** 지지하다, 후원하다 **as well** ~도 역시 I **failure** 실패

문법, 문장으로 정리하자!
Summary with Sentences

Unit 01 도치

주어 동사원형
Little did I think that he would lose the game.
부정어 조동사

Under the table sat a little puppy.
장소/방향의 부사(구) 동사 주어

A: I'm feeling tired. — B: So am I. 〈긍정문: So+동사+주어.〉

A: I don't like carrots. — B: Neither do I. 〈부정문: Neither[Nor]+동사+주어.〉

Unit 02 강조

I do hope that you had a great time.
동사 강조

It was Tony's story that moved us. 〈주어(Tony's story) 강조〉
It was ~ that ... 강조

It was my book that she was reading. 〈목적어(my book) 강조〉
It was ~ that ... 강조

It is in troubled times that we grow the most. 〈부사구(in troubled times) 강조〉
It is ~ that ... 강조

I don't have any money at all.
부정문 부정문 강조

Where on earth did you go?
의문문 강조

Chapter ⑬ 수능 빈출 어법 3

문장에서 주어와 동사를 수일치시킬 때, 주어의 형태 및 문장의 구조를 살펴야 할 필요가 있다. 비교 표현 등에서 동사(구)를 대신하는 대동사 역시 문맥과 어법에 맞는 적절한 형태를 써야 하므로 이번 챕터에서 집중적으로 학습해 보자.

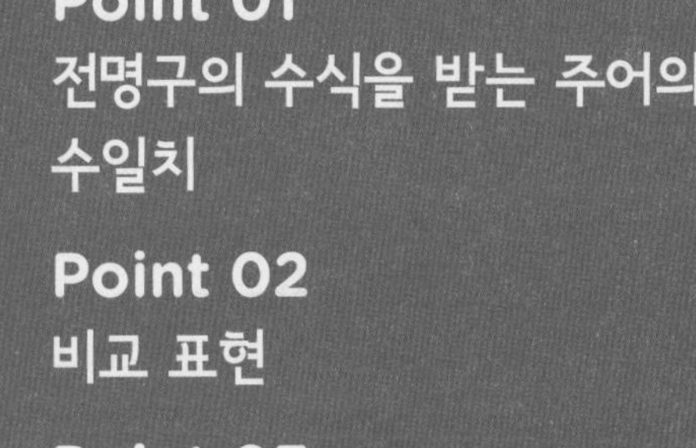

Point 01
전명구의 수식을 받는 주어의 수일치

Point 02
비교 표현

Point 03
도치 구문의 수일치

Point 04
동사의 반복을 피하는 대동사

Point 01 전명구의 수식을 받는 주어의 수일치

전명구가 주어를 뒤에서 수식하는 경우 동사를 수일치시킬 진짜 주어를 찾는다.

> **The only difference** *[between grapes and raisins]* **is***/ are the amount of water in them. 〈기출 응용〉 포도와 건포도의 유일한 차이는 그들 안의 수분량이다.

◆ 동사 바로 앞에 위치하는 전명구 내의 명사를 수일치시킬 주어로 혼동하지 않는다.

The diamonds and other jewelry *[in the showcase]* **were** worth beyond imagination.
진열장 안에 있는 다이아몬드들 및 기타 보석류는 상상 이상의 가치가 있었다.

His studies *[of business]* **have** been carried out with much economic support. 〈기출 응용〉
그의 경영 공부는 많은 경제적 지원으로 수행되어 왔다.

The whole universe *[from the wing of a dragonfly to the birth of the earth]* **was** the playground of Leonardo da Vinci's curiosity. 〈기출 응용〉
잠자리 날개에서부터 지구 탄생까지의 전 우주는 레오나르도 다빈치의 호기심의 놀이터였다.

Point 02 비교 표현

다양한 비교 구문의 형태 중 문맥에 맞는 적절한 형태를 골라 사용해야 한다.

> **The more cattle** a man owns, the rich he is considered to be. 〈기출 응용〉
> (→ **the richer**)
> 사람이 더 많은 소를 소유할수록, 그 사람은 더 부유하다고 여겨진다.

◆ 원급/비교급/최상급 중 무엇이 자연스러운지, 그리고 짝을 이루는 말이 무엇인지를 찾는다.

I want to help her **as much as** you do. 나는 당신이 그런 만큼 많이 그녀를 돕고 싶다.

Jane is two times **taller than** the average girl of her age.
제인은 자기 나이 또래 소녀 평균보다 두 배 더 키가 크다.

The sun is **the biggest** star in our solar system. 태양은 태양계에서 가장 큰 항성이다.

◆ even, far, much, still, a lot 등의 부사는 비교급을 강조한다. very는 비교급이 아닌 원급을 수식한다.

The guidebook was **far** *more useful* than I expected.
그 가이드북은 내가 예상했던 것보다 훨씬 더 유용했다.

Early spyglasses were not **much** *more* than toys because their lenses were not **very** *strong*.
〈기출 응용〉 초기의 작은 망원경들은 장난감보다 훨씬 이상인 것이 아니었는데 왜냐하면 그것들의 렌즈는 그다지 튼튼하지 않았기 때문이다.

raisin 건포도 **showcase** 진열장 **worth** ~의 가치가 있는 **beyond** ~을 넘어 **imagination** 상상(력) ***imagine** 상상하다
carry out 수행하다; 완수하다 **economic** 경제적인 **dragonfly** 잠자리 **birth** 탄생 **curiosity** 호기심 ***curious** 궁금한, 호기심이 많은 **cattle** ((집합적)) 소 **solar** 태양의 **spyglass** 작은 망원경

정답 및 해설 p. 39

Check Up! 다음 중 어법상 적절한 것을 고르시오.

01 Natural resources on earth [is / are] limited.

02 An English contest for elementary students [is / are] going to be held this Friday.

03 A lot of tourists from every country [visits / visit] Korea to enjoy Korean culture.

04 Useful methods of stress management [is / are] covered in the book.

05 The reason for the series of accidents [has / have] not been determined yet.

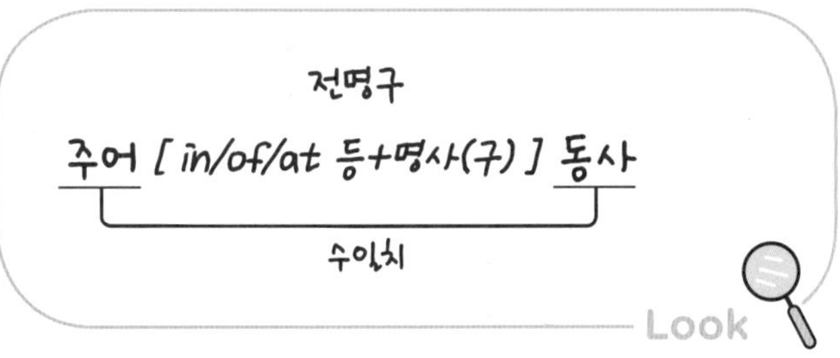

Check Up! 다음 중 어법상 적절한 것을 고르시오.

01 You should not look for the [worse / worst] things in people.

02 I feel this spring is [much / very] shorter than last year's spring.

03 Bad things don't happen as often [as / than] you think.

04 Many people believe that love is still [valuable / more valuable] than money.

05 The KTX travels [very / a lot] faster than other trains.

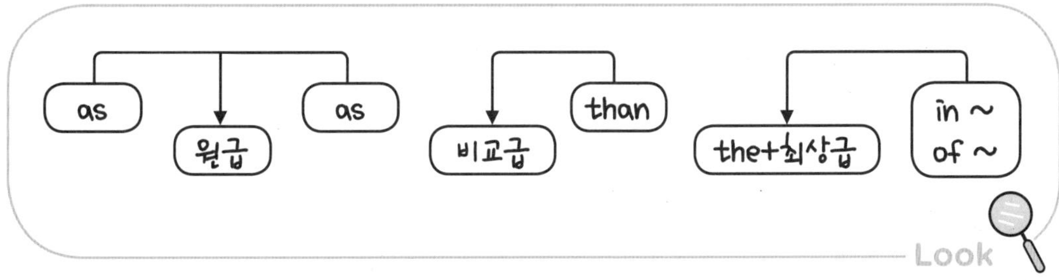

hold(-**held**-**held**) 잡다; (행사 등을) 개최하다 **culture** 문화 **method** 방법 **management** 관리, 경영 **cover** 씌우다; 덮다; 다루다 **series of** 일련의, 연속의 **determine** 알아내다, 밝히다; 결정하다 **valuable** 귀중한

Point 03 도치 구문의 수일치

도치 구문에서 동사는 뒤에 위치한 주어에 수일치시킨다.

> *In the back seat of the car next to mine* was / *were **two little boys.** 〈기출 응용〉
> 내 차 옆에 있는 차의 뒷좌석에는 두 어린 소년들이 있었다.

◆ 부정어 또는 장소/방향의 부사(구)가 문장 맨 앞에 와서 주어와 동사가 도치된다. 앞으로 도치된 어구에 명사가 있을 때, 그것을 주어로 혼동하지 않는다.

Never **does he** think that he will succeed. 절대로 그는 자신이 성공할 것이라고 생각하지 않는다.
부정어
(← He never thinks that he will succeed.)

On the sixth floor **are a doctor's office and a pharmacy.** 6층에 병원과 약국이 있다.
장소의 부사구
(← A doctor's office and a pharmacy are on the sixth floor.)

There **was a cat** on the top of the roof. 지붕 꼭대기에 고양이 한 마리가 있었다.

Point 04 동사의 반복을 피하는 대동사

대동사 do가 적절한 형태로 쓰였는지 파악한다.

> You might *spend* your allowance unwisely, but if you do, the decision is your own. Hopefully you will learn from your mistakes. 〈기출 응용〉
> 너는 너의 용돈을 현명하지 않게 쓸지도 모르지만, 만약 네가 그렇게 한다면, 결정은 너 자신의 것이다. 바라건대 너는 너의 실수로부터 배우게 될 것이다.

◆ 앞에 나온 일반동사(구)의 반복을 피하기 위해서 대동사 do[does, did]를 쓴다. 수와 시제에 맞게 적절한 형태를 사용한다.

Early human beings **ate** mainly the muscle flesh of animals, as we **do**(= eat) today. 〈기출 응용〉
오늘날 우리가 그러는 것처럼, 초기의 인류도 동물들의 근육 살을 주로 먹었다.

◆ 반복을 피하기 위해 be동사나 조동사를 쓰는 경우와 구분한다.

She **plays** the piano better than I **do**(= play). 그녀는 나보다 피아노를 더 잘 친다.
Kate **is** as wise as her mother (**is**). 케이트는 그녀의 엄마만큼 지혜롭다.
He **can** type as fast as she **can.** 그는 그녀만큼 빠르게 타자를 칠 수 있다.

pharmacy 약국 **unwisely** 현명하지 못하게, 어리석게 (↔ **wisely** 현명하게) **decision** 결정 **human being** 인류, 인간 **muscle** 근육 **flesh** 살

정답 및 해설 p. 39

Check Up! 다음 중 어법상 적절한 것을 고르시오.

01 Seldom [do / does] Ann eat fast food.

02 We should be patient when there [is / are] so many difficulties.

03 In the photo on the desk [is / are] a small dog.

04 Never [has / have] she been to Europe before.

05 Around the table [was / were] tall men in black suits.

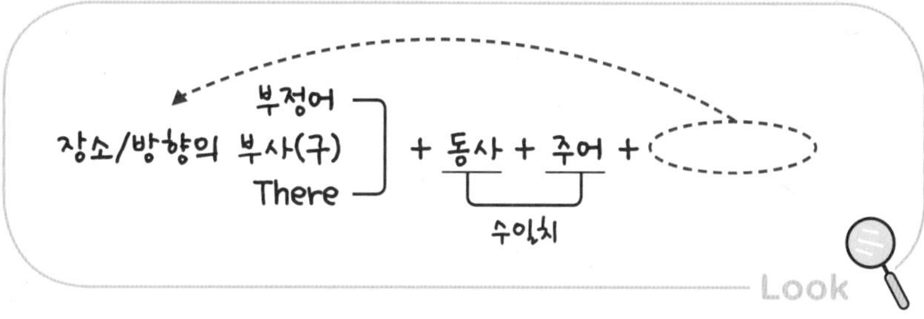

Check Up! 다음 중 어법상 적절한 것을 고르시오.

01 My friends spend more money on movies than they [are / do] on books.

02 I learned more from my mistakes than I [do / did] from my success.

03 I don't know how to cook eggs as she [do / does].

04 He should respect his parents as others [does / do].

05 Nancy can search information on the Internet as fast as her sister [does / can].

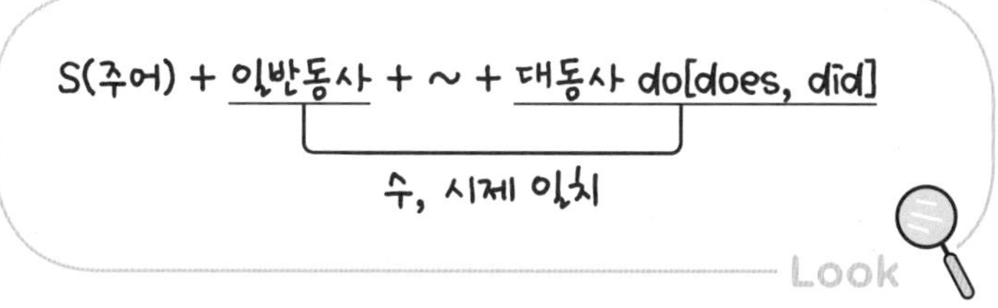

patient 참을성 있는 ***patience** 끈기 **how to-v** 어떻게 ~해야 하는지

Chapter Exercises 1

Ⓐ **다음 밑줄 친 부분을 어법과 문맥에 맞게 고쳐 쓰시오.**

01 New healthcare facilities for the old is now available in my town.

02 The distance between Seoul and Busan are about 400 km.

03 There is pictures on a wall in the office.

04 I want to treat people as fairly than you do.

05 I understand Cindy better as you do.

Ⓑ **다음 밑줄 친 부분이 어법상 올바르면 ○표, 어색하면 ×표하고 바르게 고치시오.**

01 On the top floor of the building was the cafe.

02 Every aspect of submarine operations are under his control.

03 Do you know the more dangerous countries in the world?

04 I am not as generous to others as my mom does.

05 Natural gas is a much cleaner fuel than oil.

06 The actors in this movie are very attractive.

07 The benefits of the new policy is not related to me at all.

Ⓒ **다음 중 어법상 바르지 않은 문장을 모두 고르시오.**

01 ① Does she like mathematics like you do?

② The program for teenagers have finished successfully.

③ The difference between Mary and Kate is patience.

④ Under the tree is sitting some boys.

⑤ Little did I imagine how happy today would be.

A **facility** 시설, 기관 **available** 이용할 수 있는 **treat** 대하다 **fairly** 공정하게; 꽤 **B** **aspect** 측면, 양상 **submarine** 잠수함 **operation** 운행, 운영 **generous** 관대한 **fuel** 연료 **benefit** 혜택, 이득 **be related to** ~와 관계[관련]가 있다

02 ① There was a number of palm trees along the beach.
② On the table was a postcard for Lily.
③ Rarely does my friends read books.
④ The kids in the swimming pool were playing with water guns.
⑤ I solved the math problems as fast as he did.

Ⓓ 주어진 우리말과 일치하도록 괄호 안의 단어를 어법에 알맞은 형태로 써넣으시오.

01 그녀는 그녀가 항상 그랬던 것처럼 차분해 보였다. (do)
➔ She looked as calm as she always ______________.

02 내 친구 중 한 명이 보도 위에 있었다. (be)
➔ On the sidewalk ______________ one of my friends.

03 이 신발은 오래된 신발이 그러한 만큼 편안하다. (be)
➔ These shoes are as comfortable as the old ones ______________.

04 그녀는 나의 친구들 중 가장 친절한 사람이다. (kind)
➔ She is the ______________ person among my friends.

05 그녀의 아이디어가 그의 아이디어보다 훨씬 더 창의적이다. (creative)
➔ Her idea is a lot ________________________ than his idea.

06 그 초등학교 옆에 서점들이 있다. (be)
➔ Next to the elementary school ______________ bookstores.

07 아프리카 사회의 풍습들은 나에게 매우 흥미롭다. (be)
➔ The customs in African societies ______________ really interesting to me.

C **palm tree** 야자수 **D** **sidewalk** 보도, 인도 **custom** 풍속, 관습

Chapter Exercises 2

정답 및 해설 p. 41

01 **(A), (B), (C) 각 네모 안에서 어법에 맞는 표현으로 가장 적절한 것은?**

Some people believe that animals know when an earthquake is coming. Three days before the 2008 Sichuan earthquake in China, on the street (A) [was / were] thousands of frogs. On the day of the earthquake, at a zoo near there, zebras anxiously hit their heads against a door, and elephants swung their trunks wildly. Lions and tigers walked around (B) [nervous / nervously] in their cages. We don't know exactly what these animals sensed. One theory is that they feel weak shocks in the earth before humans (C) [are / do]. Another theory is that animals may be able to hear audio frequencies below the range of human hearing. This would allow them to hear distant earthquakes and volcanoes.

*__audio frequency__ 들을 수 있는 주파수

earthquake 지진
anxiously 불안하게
swing(-swung-swung) 흔들다
trunk (코끼리의) 코
sense 감지하다
theory 이론
shock 충격
range 범위, 범주
hearing 청력
allow A to-v A가 ~하도록 허용하다, A가 ~하게 해주다
volcano 화산

	(A)		(B)		(C)
①	was	—	nervous	—	do
②	was	—	nervously	—	are
③	were	—	nervously	—	do
④	were	—	nervous	—	do
⑤	were	—	nervously	—	are

02 **다음 글의 밑줄 친 부분 중, 어법상 틀린 것은?**

We cannot do many things to control the global climate, but to improve our local climate, there ① are many things to do. Land use is the most important factor in local temperature and air quality. On clear days, the temperatures in big cities can be much ② hotter than in the surrounding countryside. The concrete of sidewalks and buildings ③ change sunlight into heat. Some roads get as hot as a pan on a stove! These surfaces of man-made stone ④ store huge amounts of heat, and they send it out all night long. Just before sunrise, when the earth should be ⑤ its coolest, roadways are still warm to the touch.

global 지구의
climate 기후
local 지역의
factor 요인, 요소
temperature 기온
surrounding 둘러싸고 있는
countryside 시골 지역
concrete 콘크리트; 구체적인
surface 표면
store 저장하다
sunrise 일출
roadway 도로

어법 Point Summary

Point 01 전명구의 수식을 받는 주어의 수일치

전명구
주어 [*in/of/at 등 + 명사(구)*] 동사

① ______________

Hint The only difference between grapes and raisins is the amount of water in them.
His studies of business have been carried out with much economic support.

Point 02 비교 표현

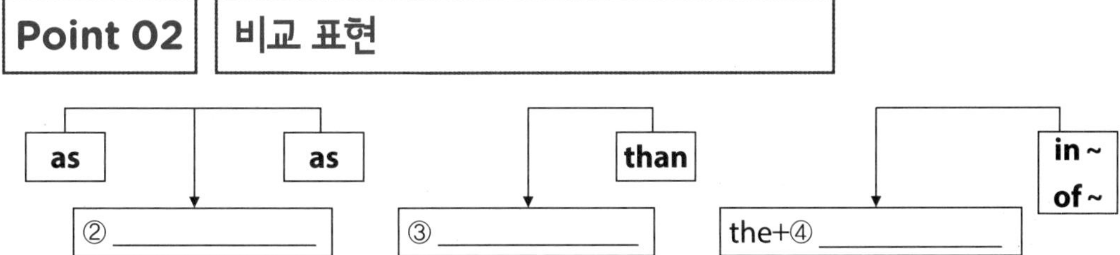

Hint I want to help her as much as you do.
Jane is two times taller than the average girl of her age.
The sun is the biggest star in our solar system.

Point 03 도치 구문의 수일치

부정어
장소/방향의 부사(구) + ⑤ __________ + ⑥ __________
There
수일치

Hint Never does he think that he will succeed.
On the sixth floor are a doctor's office and a pharmacy.
There was a cat on the top of the roof.

Point 04 동사의 반복을 피하는 대동사

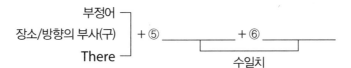

S(주어) + 일반동사 + ~ + 대동사 ⑦ ______________
수, 시제 일치

Hint Early human beings ate mainly the muscle flesh of animals, as we do today.

정답 및 해설 p. 41

권말부록

불규칙 변화 동사표

현재		과거	과거분사
		A-A-A형	
bet	내기하다	bet	bet
cost	비용이 들다	cost	cost
cut	자르다	cut	cut
fit	알맞다	fit	fit
hit	치다	hit	hit
hurt	다치게 하다	hurt	hurt
let	시키다	let	let
put	놓다, 두다	put	put
quit	그만두다	quit	quit
read[ri:d]	읽다	read[red]	read[red]
set	놓다	set	set
shut	닫다	shut	shut
		A-B-B형	
bend	구부리다	bent	bent
bring	가져오다	brought	brought
build	짓다	built	built
buy	사다	bought	bought
catch	잡다	caught	caught
feed	먹이다	fed	fed
fight	싸우다	fought	fought
find	찾다	found	found
hang	걸다	hung	hung
hear	듣다	heard	heard
hold	잡다	held	held
keep	유지하다	kept	kept
lay	놓다	laid	laid
lead	이끌다	led	led
leave	떠나다	left	left
lend	빌려주다	lent	lent
lose	잃다	lost	lost
mean	뜻하다	meant	meant
pay	지불하다	paid	paid
seek	찾다	sought	sought
sell	팔다	sold	sold
send	보내다	sent	sent
shine	빛나다	shone	shone
shoot	쏘다	shot	shot
sleep	자다	slept	slept
spend	소비하다	spent	spent
stand	서 있다	stood	stood
teach	가르치다	taught	taught
think	생각하다	thought	thought
understand	이해하다	understood	understood
win	이기다	won	won

현재		과거	과거분사
		A-B-A형	
become	되다	became	become
come	오다	came	come
run	달리다	ran	run
		A-B-C형	
awake	깨우다	awoke	awoken
bear	낳다	bore	born
begin	시작하다	began	begun
bite	물다	bit	bitten
blow	불다	blew	blown
break	깨다, 부수다	broke	broken
choose	선택하다	chose	chosen
do	하다	did	done
draw	그리다	drew	drawn
drink	마시다	drank	drunk
drive	운전하다	drove	driven
eat	먹다	ate	eaten
fall	떨어지다	fell	fallen
fly	날다	flew	flown
forget	잊다	forgot	forgotten
forgive	용서하다	forgave	forgiven
freeze	얼다	froze	frozen
get	얻다	got	got/gotten
give	주다	gave	given
go	가다	went	gone
grow	자라다	grew	grown
hide	숨다; 숨기다	hid	hidden
lie	눕다	lay	lain
know	알다	knew	known
ride	타다	rode	ridden
ring	울리다	rang	rung
rise	일어나다	rose	risen
see	보다	saw	seen
shake	흔들다	shook	shaken
show	보여주다	showed	shown
sing	노래하다	sang	sung
speak	말하다	spoke	spoken
steal	훔치다	stole	stolen
swim	수영하다	swam	swum
take	잡다; 가져가다	took	taken
tear	찢다	tore	torn
throw	던지다	threw	thrown
wake	잠에서 깨다	woke	woken
wear	입다	wore	worn
write	쓰다	wrote	written

첫단추 BASIC

문법·어법편 1

정답 및 해설

Part 1 문형과 품사

Chapter ① 문장의 형식

Unit 01 주어(S)+동사(V)

본문 p.18

CHECK UP

1. **My friend: S, runs: V** 내 친구는 매우 빨리 달린다.
   해설 very fast는 동사 runs를 수식하는 부사구이다.
2. **the rain: S, stopped: V** 오후에는 비가 그쳤다.
   해설 In the afternoon은 문장 전체를 수식하는 부사구이다.
3. **Jane: S, smiled: V** 제인은 농담에 조용히 웃었다.
   해설 at the joke, quietly 모두 동사 smiled를 수식하는 부사(구)이다.

Practice

Ⓐ

01 ×, ① 조용히 그리고 부드럽게 솟아오른다.
해설 동사(Rises) 앞에 주어가 없으므로 문장이 성립하지 않는다.

02 ○ 배는 부드럽게 바다를 가로지르며 나아갔다.
해설 「주어+동사」의 SV 문형 문장으로 동사 sailed가 부사(구)의 수식을 받고 있다.

03 ×, ② 도둑은 빨리.
해설 도둑이 한 동작에 해당하는 ran away 등의 동사가 필요하다.

04 ○ 빗방울들이 하늘에서 떨어진다.

05 ×, ② 새가 나무에서 아름답게.
해설 새가 나무에서 아름답게 한 동작에 해당하는 sang 등의 동사가 필요하다.

Ⓑ

01 **My family: S, moved: V** 나의 가족은 어제 우리의 새 집으로 이사했다.
해설 to our new home과 yesterday 모두 부사(구)이다.

02 **The rabbit: S, jumped: V** 토끼는 잔디 밖으로 점프했다.
해설 out of the grass는 동사 jumped를 수식하는 부사구이다.

03 **The bookstore: S, opens: V** 그 서점은 아침 10시에 문을 연다.
해설 at 10 o'clock과 in the morning 모두 동사 opens를 수식하는 부사구이다.

04 **The fog: S, disappeared: V, the sun: S, shone: V** 안개는 사라졌고, 해가 비쳤다.
해설 두 개의 문장이 and로 합쳐진 문장으로 주어와 동사가 두 개이다.

Ⓒ

01 **Whales swim in water.**
해설 주어는 Whales, 동사는 swim이고, in water는 부사구이다.

02 **We walked along the river.**
해설 주어는 We, 동사는 walked이고, along the river는 부사구이다.

03 **My mom smiled at me.**
해설 주어는 My mom, 동사는 smiled이고, at me는 부사구이다.

04 **The plane flew across the sky.**
해설 주어는 The plane, 동사는 flew이고, across the sky는 부사구이다.

Unit 02 주어(S)+동사(V)+주격보어(C)

본문 p.20

CHECK UP

1. **happy** 그 어린 소녀는 행복해 보였다.
   해설 감각동사 look은 형용사 보어를 필요로 하는 동사이므로 happy가 적절하다.
2. **easily** 유리는 쉽게 깨진다.
   해설 동사 break는 '깨지다'라는 뜻의 SV 문형 동사이므로 보어가 아니라 동사를 수식하는 부사 easily가 적절하다.
3. **softly** 봄바람이 부드럽게 분다.
   해설 동사 blow는 '불다'라는 뜻의 SV 문형 동사로서 동사를 수식하는 부사 softly가 적절하다.
4. **strange** 이 햄버거는 약간 이상한 맛이 난다.
   해설 감각동사 taste는 형용사 보어를 필요로 하는 동사이므로 strange가 적절하다. a bit은 형용사 strange를 수식하는 부사구이다.

Practice

Ⓐ

01 **looks: V, beautiful: C** 그녀는 그 드레스를 입으니 아름다워 보인다.
해설 in that dress는 looks beautiful을 수식하는 부사구이다.

02 **is: V, a good actress: C** 그 소녀는 좋은 여배우이다.

03 **turned: V, sour: C** 이 병에 든 우유는 상했다.
해설 in this bottle은 주어 The milk를 수식하는 형용사구이다.

04 **remained: V, silent: C** 학생들은 수업 시간 동안 조용히 있었다.
해설 during the class는 부사구이다.

05 **exercises: V, stays: V, healthy: C** 나의 할머니는 매일 운동을 하셔서 건강하시다.
해설 주어 My grandmother가 and에 의해 연결된 두 개의 동사를 이끄는 문장이다. 첫 번째 동사 exercises는 부사구 every day의 수식을 받고 있고, 두 번째 동사 stays는 '~인 채로 있다'라는 뜻으로 형용사 healthy를 보어로 취하고 있다.

Ⓑ ②

해설 ②는 「주어+동사」의 SV 문형이고, 나머지는 「주어+동사+주격보어」의 SVC 문형이다.

① 나는 방과 후에 항상 행복하다.
② 버스 안의 그 남자는 정말 크게 웃었다.
③ 나의 아빠는 그 빈방에서 외로워 보이셨다.
④ 그 바이올린 연주자는 무대 위에서 편안해 보였다.
⑤ 오늘, 날씨가 갑자기 추워졌다.

Ⓒ

01 felt sad
02 looked very beautiful
03 sounded strange
04 tasted bad

Unit 03 주어(S)+동사(V)+목적어(O)

본문 p.22

CHECK UP

1. Tim 나는 지난 주말에 극장에서 팀을 만났다.
2. his tools 서투른 일꾼은 자신의 연장을 탓한다.
3. you 나는 더 이상 너를 믿을 수 없다.
4. it 그것을 나에게 다시 설명해 줘.
5. coffee 많은 사람들이 매일 아침 커피를 마신다.

Practice

Ⓐ

01 The teacher: S, wrote: V, words: O 선생님께서 칠판에 글씨를 쓰셨다.

02 Don't judge: V, a book: O 책을 그것의 표지로 판단하지 마라. (겉만 보고 속을 판단하지 마라.)
해설 명령문으로 앞에 주어 You가 생략된 문장이다. by its cover는 부사구이다.

03 We: S, discussed: V, the problem: O 우리는 그 문제를 한 시간 동안 논의했다.

04 She: S, invited: V, her friends: O 그녀는 친구들을 자신의 생일 파티에 초대했다.

05 My uncle: S, opened: V, an Italian restaurant: O 나의 삼촌은 몇 년 전에 이탈리아 식당을 열었다.

Ⓑ

01 O 한 학생이 손을 들고 질문을 했다.
해설 raise는 '올리다'라는 뜻의 타동사이므로 바로 뒤의 his hand는 목적어이다.

02 C 실비아는 지금 행복하지 않다.
해설 feel은 형용사 보어를 필요로 하는 감각동사로 쓰였다.

03 O 어제, 우리는 자정에 호텔에 도착했다.
해설 reach는 '~에 도착하다'라는 뜻의 타동사로 전치사 to 없이 목적어 the hotel이 바로 와야 한다.

04 O 조지는 루시와 4년 전에 결혼했다.
해설 marry는 '~와 결혼하다'라는 뜻의 타동사로 전치사 with 없이 목적어 Lucy가 바로 와야 한다.

05 C 너의 여행은 아주 흥미롭게 들린다.
해설 sound는 형용사 보어를 필요로 하는 감각동사로 exciting은 보어이다.

Ⓒ ④

해설 sit은 '앉다'라는 뜻의 목적어가 필요하지 않은 자동사로 「주어+동사」의 SV 문형이다. 나머지는 「주어+동사+목적어」의 SVO 문형이다.

① 나는 내 계획을 부모님께 설명했다.
② 존은 밥을 매우 빨리 먹는다.
③ 유나는 속초에 계신 할머니를 방문할 것이다.
④ 그녀는 해변의 모래 위에 앉았다.
⑤ 프레드는 자신의 가방을 그의 방 침대 위에 놓았다.

Unit 04 주어(S)+동사(V)+간접목적어(IO)+직접목적어(DO)

본문 p.24

CHECK UP

1. me a pizza 나의 부모님께서 내게 피자를 사 주셨다.
   해설 buy는 목적어 두 개를 필요로 하는 수여동사로 목적어의 어순이 「간접목적어(~에게)+직접목적어(~을)」가 되거나 「직접목적어+for+간접목적어」가 되어야 한다.
2. his photos to us 진수는 우리에게 그의 사진들을 보내 주었다.
   해설 수여동사 send는 직접목적어가 먼저 오는 SVO 문형을 취할 때 간접목적어 앞에 전치사 to가 있어야 한다.

Practice

Ⓐ

01 Ted: IO, a small present: DO 나는 테드에게 그의 생일을 위해 작은 선물을 보냈다.

02 me: IO, the way to City Hall: DO 저에게 시청으로 가는 길을 알려줄 수 있나요?

03 you: IO, a favor: DO 당신에게 도움을 요청해도 될까요?

04 **me: IO, some beautiful flowers: DO** 존은 나에게 아름다운 꽃 몇 송이를 사 주었다.

05 **elderly people: IO, lunch: DO** 자원봉사자들은 공원에서 노인들에게 점심을 준다.

Ⓑ

01 **to me** 나에게 네 책을 빌려줄 수 있니?
해설 수여동사 lend 다음에 '~을/를'에 해당하는 직접목적어가 먼저 오는 SVO 문형이므로 간접목적어 부분을 to me로 고쳐야 한다.

02 **them to your father** 여기 열쇠들이 있어. 이것들을 너의 아버지에게 드려라.
해설 직접목적어(them)가 대명사일 경우에는 SVOO 문형을 쓰지 않고 SVO 문형을 쓴다. 이때 수여동사 give는 간접목적어 앞에 to를 쓰므로 them to your father로 고쳐야 한다.

03 **for me** 나에게 커피를 좀 가져다 줄 수 있니?
해설 수여동사 get은 직접목적어가 먼저 오는 SVO 문형을 취할 때 간접목적어 앞에 for를 쓰므로 for me로 고쳐야 한다.

04 **me** 그들은 나에게 빵을 약간 사 줄 것이다.
해설 간접목적어 me 다음에 직접목적어 some bread가 있으므로 SVOO 문형.

05 **for my younger brother** 나는 나의 남동생을 위해 종이비행기를 만들었다.
해설 수여동사 make는 직접목적어가 먼저 오는 SVO 문형을 취할 때 간접목적어 앞에 for를 쓰므로 to를 for로 고쳐야 한다.

Ⓒ

01 **to her parents** 제시카는 뉴욕에서 그녀의 부모님께 편지를 보냈다.
해설 수여동사 send(-sent-sent)는 SVO 문형을 취할 때 간접목적어 앞에 to를 쓴다.

02 **for my sister** 나의 삼촌은 나의 여동생에게 케이크를 사 주셨다.
해설 수여동사 buy(-bought-bought)는 SVO 문형을 취할 때 간접목적어 앞에 for를 쓴다.

03 **to me** 저 책을 나에게 가져다 줄 수 있니?
해설 수여동사 bring은 SVO 문형을 취할 때 간접목적어 앞에 to를 쓴다.

04 **for us** 베이커 부인은 우리에게 식사를 만들어 주었다.
해설 수여동사 make(-made-made)는 SVO 문형을 취할 때 간접목적어 앞에 for를 쓴다.

Unit 05 주어(S)+동사(V)+목적어(O)+목적격보어(C)

본문 p.26

CHECK UP

1. **Danny** 사람들은 그를 대니라고 부른다.

2. **smooth and healthy** 비타민 C는 우리의 피부를 매끈하고 건강하게 만든다.

3. **impossible** 그는 그 도전이 불가능하다고 여겼다.

Practice

Ⓐ

01 **Shakespeare: O, a great dramatist: C** 모든 사람들이 셰익스피어를 훌륭한 극작가라고 생각한다.

02 **me: O, hungry: C** 음식 냄새가 나를 배고프게 만든다.

03 **Paris: O, the City of Light: C** 우리는 파리를 '빛의 도시'라고 부른다.

04 **the front door: O, open: C** 나는 보통 앞문을 열어 둔다.

Ⓑ

01 **②, ④**
해설 ②는 captain이 목적격보어이고, ④는 my best friend가 목적격보어이다.
② 우리는 그녀를 주장으로 선출했다.
④ 나는 제인을 나의 가장 친한 친구라고 생각한다.

02 **①, ③, ⑤**
해설 ①은 so angry가, ③은 very easy가, ⑤는 neat가 목적격보어이다.
① 무엇이 너를 그렇게 화나게 만드니?
③ 나는 시험이 아주 쉽다는 것을 알게 되었다.
⑤ 그녀는 자신의 집을 깔끔하게 유지했다.

Ⓒ

01 **I found the box empty.**

02 **Don't call your friend a fool.**

03 **Her smile makes me happy.**

Chapter Exercises

본문 p.28

A **01** ③ **02** ④ **03** ① **04** ⑤ **05** ③ **06** ① **07** ② **08** ④

B **01** ② **02** ③

C **01** ① **02** ③

D **01** × → strong **02** ○ **03** × → dangerously **04** × → to **05** ○

E **01** ② **02** ④ **03** ④ **04** ③

F **01** I teach English to little children.
02 He bought a movie ticket for his friend.
03 Mary told a scary story to me.
04 I cooked dinner for my parents.

G **01** slowly **02** neat **03** for **04** silent **05** answer

H **01** our teacher gives us useful advice
02 The coffee kept me awake

03 The magician showed us amazing magic
04 find my bag for me

Ⓐ

01 ③ 톰이 탁자 위에 있는 컵을 깨뜨렸다.
해설 on the table은 the cup을 수식하는 형용사구이다.

02 ④ 그는 나에게 낸시에 대한 비밀을 말해 줬다.
해설 about Nancy는 the secret을 수식하는 형용사구이다.

03 ① 카페에 있는 소년이 나에게 미소 지었다.
해설 in the cafe는 The boy를 수식하는 형용사구이다.

04 ⑤ 이 장갑은 나를 따뜻하게 해 준다.

05 ③ 나의 가족은 어제 박물관을 방문했다.

06 ① 시간은 매우 빨리 지나간다.
해설 very fast는 flies를 수식하는 부사구이다.

07 ② 제인은 영화배우가 되었다.

08 ④ 엄마가 나에게 생일 케이크를 만들어 주셨다.

Ⓑ

01 ②
해설 ②의 밑줄은 목적어이고, 나머지는 주격보어로 사용된 명사(구) 및 형용사이다.
① 그 남자는 경찰관이다.
② 이 상점은 많은 중고품들을 가지고 있다.
③ 그 화장실은 깨끗해 보인다.
④ 마이크는 야구 선수가 되었다.
⑤ 이 베개는 정말 부드럽다.

02 ③
해설 ③의 밑줄은 목적어이고, 나머지는 목적격보어로 사용된 명사(구) 및 형용사이다.
① 모든 사람들이 내 이야기를 웃긴다고 생각했다.
② 빗소리가 나를 깨어 있게 했다.
③ 이 도서관은 더 많은 책이 필요하다.
④ 우리는 그를 상관으로 선출했다.
⑤ 비가 나를 젖게 만들었다.

Ⓒ

01 ①
해설 〈보기〉와 ①은 「주어+동사+간접목적어+직접목적어」의 SVOO 문형이고, ②는 SVO 문형, ③은 SVC 문형, ④는 SV 문형, ⑤는 SVOC 문형이다.
〈보기〉 질문 하나 해도 될까요?
① 나의 형이 나에게 장난감 하나를 사 주었다.
② 나는 책상 위에 내 가방을 놓았다.
③ 탁자 위의 바나나들이 검게 변했다.
④ 물이 터널을 통과하여 흐르고 있다.
⑤ 나의 엄마는 나를 아이라고 여기신다.

02 ③
해설 〈보기〉와 ③은 SVOC 문형이고, ①은 SVOO 문형, ②는 SV 문형, ④는 SVC 문형, ⑤는 SVO 문형이다.
〈보기〉 내 친구들은 나를 제니라고 부른다.
① 나의 아빠는 나에게 새 신발을 사 주셨다.
② 그 사고는 어젯밤에 일어났다.
③ 케이트는 창문을 열어 두었다.
④ 이 우유는 상한 것 같아 보인다.
⑤ 우리는 햄버거와 콜라를 원한다.

Ⓓ

01 ✕ → **strong** 이 차는 맛이 매우 강하다.
해설 taste는 주격보어가 필요한 감각동사이므로 형용사 strong으로 고쳐야 한다.

02 ◯ 그녀의 모든 이야기는 진실이다.

03 ✕ → **dangerously** 수잔은 자전거를 위험하게 탄다.
해설 앞부분이 SVO 문형으로 「주어+동사+목적어」를 다 갖추고 있으므로 동사를 수식하는 부사 dangerously로 고쳐야 한다.

04 ✕ → **to** 앤디는 아이들에게 과학을 가르친다.
해설 수여동사 teach는 직접목적어가 먼저 오는 SVO 문형을 취할 때 간접목적어 앞에 to를 쓴다.

05 ◯ 그 태풍 예보가 우리의 분위기를 심각하게 만들었다.
해설 목적격보어 자리에 형용사가 적절하게 쓰였다.

Ⓔ

01 ②
해설 빈칸은 감각동사 look의 형용사 보어 자리이므로 부사 nicely는 적절하지 않다.

02 ④
해설 감각동사 sound의 형용사 보어 자리이므로 부사 strangely는 적절하지 않다.

03 ④
해설 빈칸은 동사 자리로 뒤에 형용사 hungry가 있어 「주어+동사+주격보어」의 SVC 문형이므로 목적어가 필요한 타동사 found는 적절하지 않다.

04 ③
해설 빈칸은 동사 자리로 뒤에 부사 quickly만 있는 것으로 보아 SV 문형이므로 목적어나 보어를 필요로 하는 동사 kept는 적절하지 않다.

Ⓕ

01 **I teach English to little children.** 나는 어린아이들에게 영어를 가르친다.

02 **He bought a movie ticket for his friend.** 그는 자신의 친구에게 영화 티켓을 사 주었다.

03 **Mary told a scary story to me.** 메리가 나에게 무서운 이야기를 해 줬다.

04 **I cooked dinner for my parents.** 나는 부모님께 저녁을 요리해 드렸다.

Ⓖ

01 **slowly** 천천히 말씀해 주시겠어요?
해설 SV 문형이므로 동사 speak을 수식하는 부사 slowly가 적절하다.

02 **neat** 너의 방을 깨끗하게 유지해라.

해설 명령문이라 주어가 생략된 SVOC 문형으로 목적어 your room의 상태를 나타내는 목적격보어가 와야 하므로 형용사 neat가 적절하다.

03 **for** 나에게 케이크 좀 사 줄래?
해설 수여동사 buy는 직접목적어를 먼저 취하는 SVO 문형으로 쓰일 때 간접목적어 앞에 for를 쓴다.

04 **silent** 내 여동생은 하루 종일 조용히 있었다.
해설 동사 remain은 형용사 보어를 필요로 하므로 주어 My sister의 상태를 나타내는 형용사 silent가 적절하다.

05 **answer** 그녀는 어젯밤에 전화를 받지 않았다.
해설 answer는 '~에 답하다'라는 뜻의 타동사로 전치사 to 없이 바로 목적어를 취하므로 answer가 적절하다.

Ⓗ

01 **our teacher gives us useful advice**
해설 수여동사 give가 이끄는 SVOO 문형이다.

02 **The coffee kept me awake**
해설 동사 keep(-kept-kept)이 이끄는 「주어+동사+목적어+목적격보어」의 SVOC 문형이다.

03 **The magician showed us amazing magic**
해설 수여동사 show가 이끄는 SVOO 문형이다.

04 **find my bag for me**
해설 수여동사 find는 직접목적어가 먼저 오는 SVO 문형을 취할 때 간접목적어 앞에 for를 쓴다.

Chapter ② 명사

Unit 01 명사의 수

본문 p.34

CHECK UP

1. **× → peace** 평화
해설 peace는 추상적 의미의 셀 수 없는 명사이므로 a가 올 수 없다.

2. ○ 펜 세 개

3. **× → ten sheets of paper** 종이 열 장
해설 paper는 셀 수 없는 명사로 sheet를 복수형으로 바꿔 sheets로 써야 한다.

4. **× → knives** 칼들

5. ○ 새 한 마리

6. **× → five slices[loaves] of bread** 빵 다섯 조각[덩어리]
해설 bread는 셀 수 없는 명사로 slice/loaf를 사용하여 센다.

Practice

Ⓐ

01 **informations → information** 나는 약간의 정보가 필요하다.
해설 셀 수 없는 명사이므로 information이 적절.

02 **mails → mail** 그 우편은 그날 아침 일찍 도착했다.
해설 셀 수 없는 명사이므로 mail이 적절.

03 **letter → letters** 나는 신문을 읽었고, 두 통의 편지를 썼고, 약간의 음악을 들었다.
해설 셀 수 있는 명사이므로 letters가 적절.

04 **piece → pieces** 제가 피자 세 조각을 먹어도 될까요?
해설 pizza는 셀 수 없는 명사이므로 piece를 사용하여 센다. 앞에 three가 있는 것으로 보아 piece의 복수형 pieces가 적절.

05 **gooses → geese** 연못 위의 거위들을 봐. 아주 크네.
해설 goose의 복수형은 geese.

Ⓑ

01 **feet** 나의 발이 피곤하다.
해설 뒤에 복수동사 are가 있으므로 복수명사 feet이 적절.

02 **leaves** 봄에는, 새잎들이 나무에 핀다.
해설 뒤에 복수동사 appear가 있으므로 복수명사 leaves가 적절.

03 **children** 두 명의 아이들이 있는 한 가족이 옆집에 산다.
해설 앞에 two가 있으므로 복수명사 children이 적절.

04 **furniture** 그들은 많은 골동품 가구를 갖고 있다.
해설 셀 수 없는 명사이므로 furniture가 적절.

05 **toothbrush** 너는 내게 칫솔 하나를 줄 수 있니?
해설 앞에 관사 a가 있으므로 셀 수 있는 명사 toothbrush가 적절. soap은 셀 수 없는 명사로 a bar of를 이용해 센다.

06 **bottles** 우리는 생수 몇 병을 샀다.
해설 앞에 some이 있으므로 bottle의 복수형인 bottles가 적절.

07 **bread, juice** 나는 한 잔의 주스와 함께 두 조각의 빵을 먹었다.
해설 bread와 juice는 둘 다 셀 수 없는 명사.

08 **Sheep** 양들은 풀을 먹는다.
해설 sheep은 단수와 복수형이 동일하므로 Sheep이 적절.

Ⓒ

01 **five glasses of juice**

02 **a[one] bottle of wine**

03 **three slices of bread**

04 **four pieces of paper**

05 **a[one] bar of soap**

Unit 02 명사의 용법과 수일치

본문 p.36

CHECK UP

1. **are** 그녀의 안경은 낡은 것이다.
해설 '안경'의 의미인 glasses는 항상 복수 취급하므로 are가 적절.

2. **minutes'** 나는 그 역 근처에 산다. 그것은 걸어서 불과 약 5분 거리에 있다.

해설 -s로 끝나는 복수명사(minutes)의 소유격은 끝에 '만 붙이므로 minutes'가 적절.

3. **seems** 수학은 내게 외국어 같아 보인다.
해설 과목명 Mathematics는 항상 단수 취급하므로 단수동사 seems가 적절.

Practice

Ⓐ

01 **Maria: S, jewelry: O** 마리아는 오늘 장신구를 착용하고 있다.

02 **My favorite sport: S, basketball: C** 내가 가장 좋아하는 운동은 농구이다.

03 **My uncle: S, a history teacher: C** 나의 삼촌은 역사 선생님이시다.

04 **some advice: O** 저에게 약간의 조언을 주시겠습니까?

Ⓑ ②
해설 셀 수 없는 명사 paper를 단위 piece로 수를 표현했고 복수이므로 복수동사 are가 적절.
① 어제는 나의 어머니의 생신이었다.
② 네 장의 종이가 테이블 위에 있다.
③ 오늘의 뉴스는 휴가철에 관한 것이다.
④ 사이먼은 정말 귀여운 다섯 살 아들이 있다.
⑤ 경찰들은 문을 통해 들어오고 있다.

Ⓒ

01 **my friend's wedding**

02 **the cause of the problem**

03 **plays soccer**

04 **are**

Unit 03 관사

본문 p.38

CHECK UP

1. **The, the** 달은 27일마다 지구 둘레를 돈다.
해설 달과 지구는 하나밖에 없는 것이므로 the가 적절.

2. **the** 우리는 매우 멋진 호텔에 머물렀는데 나는 그 이름이 기억나지 않는다.
해설 앞에서 언급한 호텔의 이름을 말하는 것이므로 the가 적절.

3. **a** 나는 하루에 석 잔의 우유를 마신다.
해설 '하루마다(= per)'의 의미이므로 a가 적절.

Practice

Ⓐ

01. **×, ×** 아이들은 천둥과 번개를 두려워할 수도 있다.
해설 thunder와 lightning은 셀 수 없는 명사이므로 a를 붙이지 않고, 문맥상 특정한 것이 아니므로 관사를 붙이지 않는다.

02 **The** 어제 나는 몇 마리의 고양이들을 보았다. 그 고양이들은 매우 컸다.
해설 앞에서 언급한 고양이들을 말하는 것이므로 The가 적절.

03 **The** 우리는 어젯밤에 오페라를 보러 갔다. 그 음악은 아주 좋았다.
해설 music은 앞에 언급한 opera의 음악을 가리키므로 The를 붙여야 적절.

04 **the** 너는 이 사진 속의 소녀들을 아니?
해설 사진 속에 있는 특정 소녀들을 가리키므로 the가 적절.

05 **×, ×** 내가 가장 좋아하는 운동은 테니스와 스키 타기이다.
해설 운동명 앞에는 관사를 붙이지 않는다.

06 **a, ×** 나는 오늘 점심으로 샌드위치 한 개를 먹었다.
해설 sandwich는 셀 수 있는 명사로 불특정한 하나를 나타내므로 a를 붙여야 하고, lunch는 식사명이므로 관사를 붙이지 않는다.

07 **a** 내게 문제가 있어. 나를 도와줄 수 있니?
해설 problem은 셀 수 있는 명사이고 불특정한 하나를 가리키므로 a를 붙인다.

08 **an** 내 사촌 톰은 정직한 사람이다.
해설 honest의 h는 묵음이므로 모음 발음으로 시작하여 an이 적절.

09 **×** 너는 오늘 학교에서 무엇을 배웠니?
해설 school이 장소 본래의 목적을 나타낼 때는 관사를 붙이지 않는다.

10 **×** 확실히 과일은 네게 좋다.
해설 fruit은 셀 수 있는 명사가 아니며 특정 과일을 말하는 것이 아니므로 관사가 필요 없다.

Ⓑ

01 **× → a taxi** A: 너는 여기에 어떻게 왔니? 걸었니? B: 아니, 택시를 탔어.
해설 불특정한 하나를 나타내므로 a taxi가 적절.

02 **× → the health** 그 의사는 그의 환자의 건강을 호전시키고 싶어 한다.
해설 특정 환자(his patient)의 건강을 말하는 것이므로 the health가 적절.

03 **× → by plane** 너는 비행기로 자주 여행하니?
해설 「by+교통[통신]수단」의 표현에는 관사를 붙이지 않는다.

04 **○** 그것은 좋은 생각인 것 같다.
해설 idea는 셀 수 있는 명사이고 불특정한 하나를 나타내므로 a가 적절.

05 **× → The fish** 우리는 어젯밤에 아주 맛있는 식사를 했다. 그 생선 요리는 아주 좋았다.
해설 문맥상 Fish는 앞에서 언급된 어젯밤에 나온 식사를 말하는 것이므로 The를 붙여야 적절.

06 **○** 좋은 음식은 우리를 건강하게 유지시켜 주고 우리의 삶에 즐거움을 더해 준다.

해설 pleasure는 셀 수 없는 명사이고 특정한 것을 나타내는 것도 아니므로 관사가 필요 없다.

07 **× → the bananas** 우리는 약간의 과일을 먹었다. 사과는 매우 좋았지만, 바나나는 너무 익었다.

해설 apples와 마찬가지로 bananas도 앞에서 언급된 우리가 먹은 특정 과일(some fruits)을 나타내는 것이므로 the를 붙여야 옳다.

Chapter Exercises

본문 p.40

A **01** baggage **02** children **03** The information **04** a **05** church **06** Life

B **01** ③ **02** ④

C **01** dogs **02** team **03** teeth **04** sheep **05** Thieves, jewelry **06** information

D **01** ① **02** ② **03** ②

E ④

F **01** ② **02** ③

G **01** a **02** the **03** The **04** an **05** an

H ②

I **01** informations → information
02 the week → a week **03** a → the
04 loaf → loaves **05** are → is

J **01** two pieces of cake, three cups of coffee
02 a glass of water
03 Mina's glasses
04 The door of my house

Ⓐ

01 **baggage** 우리는 짐이 많았다.

해설 셀 수 없는 명사이므로 baggage가 적절.

02 **children** 우리 아이들은 컴퓨터 게임을 많이 한다.

해설 뒤에 복수동사 play가 왔으므로 복수명사 children이 적절.

03 **The information** 오늘 신문에 있는 정보는 흥미롭다.

해설 오늘 신문에 실린 특정 정보이므로 The information이 적절.

04 **a** 나의 이모는 한 유럽인과 결혼할 것이다.

해설 European은 발음이 [ju-]로 시작한다. 즉 첫 발음이 모음으로 시작하지 않으므로 a가 적절.

05 **church** 조는 대개 일요일마다 교회에 간다.

해설 장소 본래의 목적으로 사용되는 경우에는 장소 앞에 관사를 붙이지 않으므로 church가 적절.

06 **Life** 생명은 물 없이 가능하지 않다.

해설 셀 수 없는 명사이고 특정 생명을 가리키는 것도 아니므로 관사가 필요 없다.

Ⓑ

01 ③

해설 셀 수 없는 명사 bread와 juice는 수량을 나타내는 단위로 각각 piece와 glass를 사용한다. 나머지는 각각 ① jean → jeans, ② waters → water, ④ two-years-old → two-year-old, ⑤ advices → advice로 고쳐야 옳다.

02 ④

해설 운동명 앞에는 관사를 붙이지 않는다. 나머지는 각각 ① a scissor → a pair of scissors, ② woman → woman's, ③ Hundred of → Hundreds of, ⑤ the ending the movie → the ending of the movie로 고쳐야 옳다.

Ⓒ

01 **dogs** 공원에 많은 개들이 있다.

해설 앞에 복수동사 are가 있으므로 dogs가 적절.

02 **team** 나의 축구팀은 20명의 선수가 있다.

해설 team은 집합명사인데 뒤에 단수동사 has가 왔으므로 하나의 단위로 사용된 team이 적절.

03 **teeth** 그 의사는 내 치아들 중 하나를 뽑았다.

해설 「one of+복수명사(~ 중 하나)」의 복수명사 자리이므로 tooth의 복수형인 teeth가 적절.

04 **sheep** 그 농장에는 많은 양들이 있다.

해설 sheep은 단수형과 복수형이 같다.

05 **Thieves, jewelry** 도둑들은 귀중한 물건들인 돈, 보석류, 자동차 등을 훔친다.

해설 뒤에 복수동사 steal이 있고 특정 도둑을 말하는 것이 아니므로 관사를 동반하지 않은 thief의 복수형 Thieves가 적절하고, jewelry는 셀 수 없는 명사이고 특정 보석을 말하는 것도 아니므로 jewelry가 적절.

06 **information** 나는 그 콘서트에 관해 약간의 정보가 필요하다.

해설 information은 셀 수 없는 명사이므로 적절.

Ⓓ

01 ①

해설 furniture는 셀 수 없는 명사이므로 관사 a 사용 불가.

02 ②

해설 a loaf of는 덩어리를 나타낼 때 쓰는 단위로 milk와 함께 쓸 수 없다.

03 ②

해설 school, bed, church는 장소 본래의 목적으로 쓰일 때 관사 불필요. 명사 building은 셀 수 있는 명사로 관사가 필요하므로 빈칸에 적절하지 않다.

Ⓔ ④

• 사과나무 한 그루가 있다. 그 나무는 10살이다.

해설 앞에서 언급한 사과나무를 나타내므로 The가 적절.

• 경제학은 내 전공이 아니다.

해설 Economics는 과목명이므로 단수동사인 is가 적절.

• 제가 초콜릿 바 하나를 살 수 있을까요?

해설 셀 수 없는 명사 chocolate은 a bar of를 이용해 센다.

Ⓕ

01 ②

해설 school이 학교 본래의 목적으로 사용된 것이므로 관사 the를 삭제해야 한다.

① 나는 너와 함께 저녁을 먹고 싶다.
② 나는 버스를 타고 학교에 간다.
③ 마이크는 한 달 동안 아시아를 여행했다.
④ 수백 명의 사람들이 그 음악 축제에 왔다.
⑤ 그녀는 6살 소녀이다.

02 ③
해설 advice는 셀 수 없는 명사이므로 advices were → advice was로 고쳐야 한다.
① 다섯 명의 아이들이 수영장에서 수영하고 있다.
② 너는 그 영화의 제목을 아니?
③ 그녀의 조언은 정말로 도움이 되었다.
④ 나는 매일 아침 요구르트 한 병을 마신다.
⑤ 물리학은 내게 정말로 어렵다.

Ⓖ

01 a
해설 처음 언급하는 것이고 셀 수 있는 명사이므로 a가 적절.

02 the
해설 테이블 위에 있는 특정 병을 가리키므로 the가 적절.

03 The
해설 특정 모자를 가리키므로 The가 적절.

04 an
해설 불특정한 한 아파트를 가리키고 apartment가 모음 발음으로 시작하므로 an이 적절.

05 an
해설 one의 의미가 필요한 자리이고 hour가 자음 글자로 시작하지만 모음 발음으로 시작하므로 an이 적절.

Ⓗ ②
해설 〈보기〉와 ②의 a는 '~마다(= per)'의 의미로 쓰였다.
〈보기〉 나는 나의 어머니께 하루에 두 번 전화 드린다.
① 그 아기는 한 마디도 말하지 못한다.
② 나는 일주일에 한 번 자전거를 탄다.
③ 나의 엄마는 감자 1킬로를 사셨다.
④ 짐은 일 년 동안 한국어를 배웠다.
⑤ 코끼리는 거대한 동물이다.

Ⓘ

01 informations → information 피터와 나는 이메일을 통해 많은 정보를 공유한다.
해설 셀 수 없는 명사이므로 information으로 고쳐야 적절.

02 the week → a week 나는 일주일에 3일을 피아노 연습을 한다.
해설 '~마다(= per)'의 의미이므로 a로 고쳐야 적절.

03 a → the 너는 내게 네 책상 위에 있는 그 빨간 펜을 빌려줄 수 있니?
해설 책상 위에 있는 특정 빨간 펜을 가리키는 것이므로 a를 the로 고쳐야 적절.

04 loaf → loaves 나의 엄마는 빵 다섯 덩어리를 만드셨다.
해설 셀 수 없는 명사 bread의 수량 표현은 loaf를 이용하는데 앞에 five가 있으므로 복수형 loaves로 고쳐야 적절.

05 are → is 행복은 멋진 것이다.
해설 happiness는 셀 수 없는 명사라 단수 취급하므로 단수동사 is로 고쳐야 적절.

Ⓙ

01 two pieces of cake, three cups of coffee

02 a glass of water

03 Mina's glasses

04 The door of my house
해설 무생물의 소유격은 「of+명사」로 나타낸다.

Chapter ③ 대명사

Unit 01 대명사의 종류

본문 p.46

CHECK UP

1. a famous restaurant 여기에 유명한 음식점이 하나 있는데, 우리는 그곳을 방문해야 한다.
2. Jim 짐은 캐시에게서 책 한 권을 빌렸다. 그는 오늘 밤에 그것을 읽을 것이다.
3. the birds on the branch 나뭇가지에 있는 새들을 봐. 그들은 귀엽다.

Practice

Ⓐ

01 My 내 생일은 5월이다.
해설 뒤에 birthday가 있는 것으로 보아 I의 소유격인 My가 적절.

02 those 저기에 있는 저것들은 무엇이니?
해설 앞에 복수동사 are가 쓰였으므로 that의 복수형인 those가 적절.

03 herself 그녀는 자전거에서 떨어졌지만 다치지는 않았다.
해설 주어 자신이 목적어일 때는 재귀대명사를 쓰므로 herself가 적절.

04 mine 너의 의견은 나의 것과 다르다.
해설 my opinion을 대신하는 소유대명사 mine이 적절.

05 me 내 강아지는 항상 나를 따라다닌다.
해설 타동사 follows의 목적어 자리이므로 I의 목적격 me가 적절.

Ⓑ

01 myself 제 소개를 해도 될까요?

02 yourself 베티, 너는 너 자신부터 먼저 돌봐야 해.

03 herself 나의 할머니는 자주 혼잣말을 하신다.

04 itself 역사는 반복된다.

05 ourselves 우리가 스스로 요리를 해야 하니?

06 **himself** 너는 데이브를 도와줄 필요가 없어. 그는 혼자서 그 일을 해야 해.

07 **themselves** 제니와 그녀의 남동생은 편안히 쉬었다.

Ⓒ

01 These, those

02 yourself

03 her

04 our

Unit 02 one / another / other

본문 p.48

CHECK UP

1. **one** A: 이 근처에 병원이 있나요? B: 네, 저쪽에 하나 있어요.
해설 불특정한 하나가 와야 하므로 one이 적절.

2. **others** 몇몇 학생들은 수학을 좋아하고, 다른 학생들은 그것을 좋아하지 않는다.
해설 여럿 중 일부는 some, 또 다른 일부는 others로 나타내므로 others가 적절.

3. **The other** 공원에는 두 개의 수영장이 있다. 하나는 아이들을 위한 것이다. 다른 하나는 어른들만을 위한 것이다.
해설 둘 중 하나는 one, 다른 하나는 the other로 나타내므로 The other가 적절.

Practice

Ⓐ

01 **one** 나는 집을 찾고 있다. 나는 넓은 정원이 있는 것을 원한다.
해설 불특정한 하나를 가리키는 말은 one이 적절. it은 특정한 하나를 가리킬 때 쓴다.

02 **it** A: 너는 내 시계를 봤니? B: 나는 그것을 소파 위에서 봤어.
해설 문맥상 앞에서 말한 특정 시계를 가리키므로 it이 적절.

03 **another** 제이크는 사과 한 개를 먹었다. 그리고 그는 또 한 개를 먹었다.
해설 '또 다른 하나'를 가리키는 말이 필요하므로 another가 적절.

04 **The other** 두 나라가 미국에 접해 있다. 하나는 캐나다이다. 다른 하나는 멕시코이다.
해설 둘 중 하나는 one이라 하고 다른 하나는 the other라 하므로 The other가 적절.

05 **The others** 책상 위에 책이 세 권 있다. 하나는 내 것이다. 나머지 것들은 너의 것이다.
해설 셋 중 하나는 one이라 하고 나머지 모두는 the others라고 하므로 The others가 적절.

Ⓑ

01 **ones** 나는 노란색 드레스를 빨간색인 것보다 더 선호한다.
해설 불특정한 하나는 one을 쓰고 복수형은 ones를 쓰므로 ones가 적절.

02 **one** 그녀는 우산을 잃어버려서, 새것을 살 것이다.
해설 문맥상 불특정한 하나를 나타내는 one이 적절.

03 **The other** 나는 두 명의 여동생이 있다. 한 명은 이름이 낸시이다. 다른 한 명은 이름이 사라이다.
해설 둘 중 하나는 one이라 하고 다른 하나는 the other라 하므로 The other가 적절.

04 **another** 이 수건은 젖었어. 나에게 다른 것을 건네 줘.
해설 문맥상 '또 다른 하나'를 나타내는 another가 적절.

05 **others** 몇몇 아이들은 언어를 쉽게 배우고 다른 아이들은 어렵게 배운다.
해설 여럿 중 일부는 some이라 하고 다른 일부는 others라고 하므로 others가 적절.

06 **The others** 나는 내 파티에 네 사람을 초대했다. 그 네 명 중 오직 메리만 올 수 있다. 나머지 사람들은 못 온다.
해설 여럿 중 하나는 one이라 하고 나머지 모두는 the others라고 하므로 The others가 적절.

Ⓒ

01 Some people like soccer, others like baseball

02 give me another cup

03 One is mine, the other is my sister's

Unit 03 some/any & all/each/every

본문 p.50

CHECK UP

1. **Every**
해설 '모든'의 의미를 나타내고 단수명사를 동반하며 단수 취급하는 Every가 적절.

2. **some**
해설 긍정문에서 '몇몇의'의 의미를 나타내는 some이 적절.

3. **Each**
해설 '각각의'의 의미를 나타내는 Each가 적절.

Practice

Ⓐ

01 **All** 모든 동물들은 감정이 있다.
해설 뒤에 복수명사와 함께 쓰이고 복수 취급하는 All이 적절.

02 **Somebody** 누군가가 네가 없는 동안 전화했었다.
해설 긍정문에서 '어떤 사람, 누군가'의 의미를 나타내는 Somebody가 적절.

03 **anyone** 결혼식에는 많은 사람들이 있었다. 하지만 나는 아무도 몰랐다.
해설 부정문에서 '아무도'의 의미를 나타내는 anyone이 적절.

04 something 컴퓨터에 뭔가 잘못된 것이 있다.

해설 긍정문에서 '어떤 것, 뭔가'의 의미를 나타내는 something이 적절.

Ⓑ

01 are 모든 창문들이 더럽다.

해설 「all+(of+)명사」가 주어일 경우에는 명사에 동사의 수를 일치시킨다. All 뒤에 복수명사(the windows)가 쓰였으므로 are가 적절.

02 is 모든 구성원이 그 결과에 신이 났다.

해설 every는 단수 취급하므로 is가 적절.

03 has 고객들 각각은 그들 자신의 주차 공간을 가지고 있다.

해설 「each of+복수명사」는 단수 취급하므로 단수동사 has가 적절.

04 needs 각각의 학생은 도서관에 들어가기 위해서 학생증이 필요하다.

해설 「each+단수명사」는 단수 취급하므로 단수동사 needs가 적절.

05 is 모든 가방은 가득 찼고 무겁다.

해설 All 뒤에 셀 수 없는 명사 the baggage가 왔으므로 단수동사 is가 적절.

Ⓒ

01 anything

해설 부정문에서 '아무것도'의 의미를 나타내는 anything이 적절.

02 All

해설 '모든'의 의미를 나타내고 복수 취급하는 All이 적절.

03 Each

해설 '각각'의 의미를 나타내고 단수 취급하는 Each가 적절.

04 something

해설 긍정문에서 '어떤 것, 뭔가'의 의미를 나타내는 something이 적절.

05 any

해설 부정문에서 '어느 것도'의 의미를 나타내는 any가 적절.

Chapter Exercises

본문 p.52

A **01** ⑤ **02** ② **03** ① **04** ③
B ②
C **01** ourselves **02** one **03** is **04** Each **05** any **06** student **07** all **08** the other **09** others
D **01** ① **02** ③
E **01** ⑤ **02** ④
F **01** ③ **02** ②
G **01** others **02** another **03** any **04** yourself **05** the other
H **01** Each of the books has
02 All (of) the plants are
03 any of those books
04 Do you have another

Ⓐ

01 ⑤ 손님들 모두는 그들 스스로 파티에 약간의 음식을 가져왔다.

해설 문장에 주어, 목적어가 따로 있고 문맥상 주어를 강조하는 재귀대명사 themselves가 덧붙은 것이다.

02 ② 프랑스는 여러 나라들과 가깝다. 하나는 스페인이다. 또 다른 하나는 이탈리아이다.

해설 여럿 중 하나는 one을 쓰고 또 다른 하나는 another를 쓰므로 Another가 적절.

03 ① A: 이 근처에 약국이 있나요? B: 네, 메이플 가에 하나 있어요.

해설 불특정한 하나를 나타내는 one이 적절.

04 ③ 나는 석 잔의 커피를 주문했다. 하나는 나를 위한 것이고 나머지는 나의 언니들을 위한 것이다.

해설 (둘 이상의) 나머지 모두를 나타내는 the others가 적절.

Ⓑ ②

해설 ②의 재귀대명사 themselves는 동사 helped의 목적어로 쓰인 것이므로 생략할 수 없고, help oneself (to ~)는 재귀대명사의 관용 표현이다. ②를 제외한 나머지는 강조 용법으로 쓰인 것이므로 생략할 수 있다.

① 그는 집을 직접 페인트칠했다.
② 사라와 그녀의 여동생은 감자튀김을 마음껏 먹었다.
③ 그 어린 소년은 한 잔의 커피를 직접 만들었다.
④ 그녀는 나에게 그 소식을 직접 말했다.
⑤ 나는 그에게 그 편지를 직접 전달했다.

Ⓒ

01 ourselves 우리는 우리끼리 텐트를 설치했다.

해설 문맥상 '우리끼리'의 의미인 by oneself가 필요하므로 재귀대명사 ourselves가 적절.

02 one 나는 나만의 자전거를 가지고 있지 않지만, 상점에서 하나를 빌릴 수 있다.

해설 문맥상 불특정한 하나를 나타내는 one이 적절.

03 is 너는 아직 준비가 안 됐니? 모든 사람이 너를 기다리고 있어.

해설 everybody는 단수 취급하므로 is가 적절.

04 Each 그 꽃들은 각각 1달러이다.

해설 「of+명사」의 수식을 받는 명사 자리인데 every는 형용사로만 쓰이므로 '각각'의 의미의 명사로도 사용되는 Each가 적절.

05 any 그녀는 파티에서 멋진 사람 누구도 만나지 못했다.

해설 부정문에서 '누구도'의 의미를 나타내는 any가 적절.

06 student 그 선생님은 각각의 학생에게 시험지를 줬다.

해설 each는 단수명사와 함께 쓰이므로 student가 적절.

07 all 모든 새들이 날 수 있니?

해설 뒤에 복수명사 birds가 왔으므로 복수명사와 함께 쓰이는 all이 적절.

08 the other 두 소년들 중 한 명은 안경을 끼고 있고 다른 소년은 끼고 있지 않다.

해설 둘 중 하나는 one을 쓰고 다른 하나는 the other를 쓰므로 the other가 적절.

09 others 몇몇 사람들은 고전 음악을 선호하지만, 다른 사람들은 록 음악을 선호한다.

해설 여럿 중 일부는 some을 쓰고 또 다른 일부는 others를 쓰므로 others가 적절.

Ⓓ

01 ①

• 너는 이미 너의 피자 조각들을 다 먹었구나. 하나 더 원하니?

해설 '또 다른 하나'의 의미를 나타내는 another가 적절.

• 나의 반에는 여학생이 오직 한 명 있다. 나머지는 다 남학생이다.

해설 여럿 중 하나는 one을 쓰고 나머지 모두는 the others를 쓰므로 The others가 적절.

02 ③

• 방이 하나도 없다. 모든 방이 다 찼다.

해설 '모든'의 의미로 복수 명사와 함께 쓰이는 All이 적절.

• 그는 지금 아무것도 원하지 않는다.

해설 부정문에서 '아무것도, 어느 것도'의 의미를 나타내는 anything이 적절.

Ⓔ

01 ⑤

해설 「each of+복수명사」는 단수 취급하므로 were → was로 고쳐야 적절.

① 몇몇 사람들은 고양이를 좋아하는데, 다른 사람들은 그것들을 좋아하지 않는다.

② 이 모자는 꽤 작아요. 다른 것을 제게 보여 주세요.

③ 하늘에 구름이 전혀 없었다.

④ 빵을 좀 먹어도 되나요?

⑤ 우리 각각은 그들의 결혼에 놀랐다.

02 ④

해설 Any를 긍정문에서 '약간, 일부'의 의미를 나타내는 Some으로 고쳐야 적절.

① 나는 이번 달에 테니스 수업을 들었다. 나는 다음 달에 또 하나의 수업을 들을 것이다.

② 나는 밖의 소음 때문에 지난밤에 전혀 자지 못했다.

③ 각각은 그들 각자의 방을 가지고 있다.

④ 내 숙제 중 일부는 너무 어렵다.

⑤ 칼을 조심해. 베일 수 있어.

Ⓕ

01 ③

해설 ① somebody → anybody, ② anything → something, ④ One → It, ⑤ another → the other로 고쳐야 옳다.

① 그는 아무도 믿지 않는다.

② 나는 그것에 싫증이 났다. 나는 뭔가 다른 것을 원한다.

③ 포기하지 마. 다른 방법이 있어.

④ 나의 어머니께서 나에게 외투를 사 주셨다. 그것은 예쁘다.

⑤ 나는 친구 두 명을 내 집에 초대했다. 한 명은 올 수 있지만 다른 한 명은 못 온다.

02 ②

해설 ① the other → others, ③ books → book, ④ have → has, ⑤ me → myself로 고쳐야 옳다.

① 몇몇 사람들은 아침으로 빵을 좋아한다. 하지만 다른 사람들은 밥을 선호한다.

② 모든 손님들이 음식에 만족했다.

③ 저 탁자 위에 있는 각각의 책은 할인 판매 중이다.

④ 모든 교실에는 컴퓨터 한 대가 있다.

⑤ 나는 부주의함 때문에 나 자신에게 화가 난다.

Ⓖ

01 **others** 그 상점에는 시계가 많다. 어떤 시계들은 직사각형 모양이고 다른 것들은 원 모양이다.

해설 여럿 중 일부는 some을 쓰고 또 다른 일부는 others를 쓰므로 others로 고쳐야 적절.

02 **another** 수진이는 신발이 세 켤레 있다. 하나는 검은색이고, 또 하나는 하얀색이고, 나머지 하나는 빨간색이다.

해설 셋 중 하나는 one을 쓰고, 또 다른 하나는 another를 쓰고, 나머지 하나는 the other를 쓴다.

03 **any** 우리는 이번 휴가에 아무 계획이 없다.

해설 부정문에서 '아무것도, 어느 것도'의 의미를 나타내는 any로 고쳐야 적절.

04 **yourself** 그것은 너의 잘못이 아니었어. 너 자신을 비난하지 마.

해설 명령문의 생략된 주어(You) 자신이 목적어일 때는 재귀대명사를 쓰므로 yourself로 고쳐야 적절.

05 **the other** 두 명이 그 집에 있었다. 한 명은 거실에 있었고 다른 한 명은 정원에 있었다.

해설 둘 중 하나는 one을 쓰고 다른 하나는 the other를 쓰므로 the other로 고쳐야 적절.

Ⓗ

01 **Each of the books has**

02 **All (of) the plants are**

해설 「all+(of+)명사」가 주어일 경우에는 명사에 동사의 수를 일치시키는데 여기서는 the plants가 왔으므로 are가 적절.

03 **any of those books**

해설 부정문에서 '아무것도'의 의미를 나타내는 any를 쓰는 것이 알맞다.

04 **Do you have another**

해설 '또 다른 하나'의 의미를 나타내는 another를 쓰는 것이 알맞다.

Chapter ④ 형용사와 부사

Unit 01 형용사

본문 p.58

CHECK UP

1. ⓐ 제니는 친절한 사람이다.

해설 명사 person을 수식한다.

2. ⓑ 우리 집에서 가까운 그 영화관은 오래됐다.

해설 주어인 The theater near my house를 서술하는 주격보어이다.

3. ⓐ 나는 약간의 디저트를 준비했다.

해설 명사인 dessert를 수식한다.

4. ⓐ 나에게 뭔가 차가운 것을 줄 수 있니?
해설 앞에 있는 대명사 something을 수식한다.

5. ⓑ 나의 선생님께서는 오늘 아침에 화가 나신 것 같았다.
해설 주어인 My teacher를 서술하는 주격보어이다.

Practice

Ⓐ

01 Practical people, comfortable shoes.
실용적인 사람들은 편안한 신발을 신는다.

02 young girl, blue dress
파란 드레스를 입은 어린 소녀가 전화를 찾고 있었다.

03 Nothing new
어제 어떤 새로운 일도 일어나지 않았다.

04 anybody interesting
너는 파티에서 흥미로운 누군가를 만났니?

Ⓑ

01 × → few 너의 영어는 아주 정확하다. 너는 실수를 거의 하지 않는다.
해설 문맥상 '거의 없는'을 나타내고 셀 수 있는 명사를 수식하는 few로 고쳐야 적절. a few는 '약간의'의 의미.

02 ○ 요리하기 전에 팬에 약간의 기름을 넣으세요.
해설 문맥상 '약간의'의 의미를 나타내고 셀 수 없는 명사를 수식하는 a little은 적절. little은 '거의 없는'의 의미로 부정을 나타낸다.

03 × → many 또는 a lot of [lots of, plenty of] 우리는 그곳에서 많은 좋은 경험을 하지 못했다.
해설 much는 셀 수 없는 명사를 수식하고 many는 셀 수 있는 명사를 수식하는데 experiences는 셀 수 있는 명사이므로 many(또는 a lot of 등)로 고쳐야 적절.

04 × → the blind 이곳은 시각 장애인들을 위한 특수학교이다.
해설 명사가 필요한 자리이므로 「the+형용사」 형태로 '~한 사람들'의 의미를 나타내는 the blind로 고쳐야 적절.

05 ○ 나는 짐을 옮겨 줄 힘센 누군가가 필요하다.
해설 somebody를 꾸며 주는 형용사는 명사 뒤에 위치하므로 somebody strong은 적절.

06 × → drink 평균적으로 영국인들은 하루에 3-4잔의 차를 마신다.
해설 the British는 '영국인들'의 의미이므로 복수동사 drink가 적절.

07 ○ 너와 네 남동생은 그다지 닮아 보이지 않는다.
해설 '닮은, 비슷한'의 의미를 나타내는 alike는 서술 용법으로만 쓰이는데 동사 look의 보어 역할을 하고 있으므로 alike는 적절.

Ⓒ

01 much 이 하드 디스크는 많은 정보를 저장할 수 있니?
해설 셀 수 없는 명사 information을 수식할 수 있는 much가 적절.

02 many 너는 일요일에 동물원에서 많은 방문객들을 볼 수 있다.
해설 셀 수 있는 명사 visitors를 수식할 수 있는 many가 적절.

03 little 우리는 재빨라야 한다. 시간이 거의 없다.
해설 셀 수 없는 명사 time을 수식하고 '거의 없는'의 부정 의미를 나타내는 little이 적절.

04 a few 나는 시장에서 오렌지 몇 개를 샀다.
해설 셀 수 있는 명사 oranges를 수식하고 '몇몇의, 약간의'의 의미를 나타내는 a few가 적절.

Unit 02 부사

본문 p.60

CHECK UP

1. carefully 당신의 친구들을 매우 신중하게 선택해라.
해설 다른 부사 very의 수식을 받고 동사 Choose를 수식하는 부사 carefully가 적절.

2. sometimes see 나는 존을 도서관에서 때때로 본다.
해설 빈도부사는 일반적으로 일반동사 앞에 위치한다.

Practice

Ⓐ

01 Tom seriously hurt his nose.
톰은 그의 코를 심하게 다쳤다.

02 He played the violin wonderfully.
그는 바이올린을 훌륭하게 연주했다.

03 Your dog is so pretty!
당신의 개는 매우 예쁘네요!

04 Usually, Linda reads two books a month.
대체로, 린다는 한 달에 두 권의 책을 읽는다.

Ⓑ

01 ⓐ 제시카는 종종 아침에 차 한 잔을 마신다.
해설 빈도부사(often)는 일반적으로 일반동사(drinks) 앞에 위치한다.

02 ⓑ 나는 나의 지난 휴일을 결코 잊을 수 없을 것이다.
해설 빈도부사(never)는 일반적으로 조동사(could) 뒤에, 일반동사 앞에 위치한다.

03 ⓐ 닉은 자신의 손톱을 때때로 깨문다.
해설 빈도부사(sometimes)는 일반적으로 일반동사(bites) 앞에 위치한다.

04 ⓑ 그녀는 수다스럽고 그녀의 남자친구에 관해 자주 이야기한다.
해설 빈도부사(always)는 일반적으로 be동사(is) 뒤에 위치한다.

Ⓒ

01 **× → must never** 너는 많이 먹은 후에는 절대로 수영을 해서는 안 된다.

해설 빈도부사(never)는 일반적으로 조동사(must)나 be동사 뒤에, 일반동사 앞에 위치하므로 must never로 고쳐야 적절.

02 **× → rarely see** 우리는 요즘 서로를 좀처럼 보지 못한다.

해설 빈도부사(rarely)는 일반동사(see) 앞에 위치하므로 rarely see로 고쳐야 적절.

03 ○ 나의 엄마는 저녁 식사를 빨리 만드셨다.

해설 동사 made를 수식하는 부사 quickly는 적절.

04 **× → happily** 그 아이들은 정원에서 행복하게 놀았다.

해설 동사 played를 수식하는 부사 happily로 고쳐야 적절.

05 ○ 너는 어디에서 그렇게 좋은 것들을 구했니?

해설 such는 명사(구)(good things)를 강조하므로 적절.

06 **× → so** 나는 시험을 아주 엉망으로 봤다.

해설 such는 부사(badly)를 강조할 수 없으므로 so로 고쳐야 적절.

Chapter Exercises

본문 p.62

A **01** a little **02** many **03** lonely **04** clearly
05 exact **06** need

B **01** a little **02** A few **03** little **04** few
05 always **06** never **07** often **08** rarely

C **01** 형 **02** 부 **03** 부 **04** 형 **05** 부 **06** 부

D **01** something different **02** well
03 a few **04** much interest **05** want
06 always goes **07** so quickly

E ⑤

F **01** ⑤ **02** ①

G ③

H ②

I **01** ⑤ **02** ④

J **01** little water in the bucket
02 asked me a few questions
03 has many hobbies
04 didn't earn much money

Ⓐ

01 **a little** 나는 지난해 약간의 돈을 모았다.

해설 셀 수 없는 명사 money를 수식하고 '약간의'의 의미를 나타내는 a little이 적절. a few는 셀 수 있는 명사를 수식.

02 **many** 나는 미국의 많은 도시들을 방문하고 싶다.

해설 셀 수 있는 명사 cities를 수식하고 '많은'의 의미인 many가 적절. much는 셀 수 없는 명사를 수식.

03 **lonely** 그녀는 외로운 어린 시절을 보냈다.

해설 명사 childhood를 앞에서 수식하는 형용사 자리이므로 lonely가 적절. alone은 '외로운'의 의미이지만 서술 용법으로만 쓰인다.

04 **clearly** 나는 그녀의 얼굴을 분명하게 기억할 수 있다.

해설 동사 remember를 수식하는 부사 clearly가 적절.

05 **exact** 나는 정확한 주소를 알지 못한다.

해설 명사 address를 앞에서 수식하는 형용사 자리이므로 exact가 적절. exactly는 '정확히'란 의미의 부사.

06 **need** 집이 없는 사람들은 정부로부터 도움이 필요하다.

해설 「the+형용사」는 '~한 사람들'의 뜻으로 복수를 나타내므로 복수 동사 need가 적절.

Ⓑ

01 **a little**

해설 셀 수 없는 명사 salt를 수식하고 '약간의'를 나타내는 a little이 적절.

02 **A few**

해설 셀 수 있는 명사 people을 수식하고 '몇몇의'를 나타내는 A few가 적절.

03 **little**

해설 셀 수 없는 명사 information을 수식하고 '거의 없는'을 나타내는 little이 적절.

04 **few**

해설 셀 수 있는 명사 paper cups를 수식하고 '거의 없는'을 나타내는 few가 적절.

05 **always**

06 **never**

07 **often**

08 **rarely**

Ⓒ

01 **형** 오늘 날씨는 화창하다! 소풍 가자.

02 **부** 나의 아빠는 최근에 매우 바쁘시다. 그는 주말에도 쉬지 못하신다.

해설 부사 lately는 '최근에'의 의미이다.

03 **부** 그 가수는 콘서트에서 우아하게 노래했다.

04 **형** 나의 선생님께서는 내게 항상 친절하시다.

05 **부** 나의 여동생은 믿을 수 없을 정도로 빨리 책들을 읽는다.

06 **부** 그는 매일 아침 달리기를 아주 열심히 연습한다.

해설 부사 hard는 '열심히'의 의미이다.

Ⓓ

01 **something different** 나는 뭔가 다른 것을 하고 싶다.

해설 -thing, -body, -one으로 끝나는 대명사를 수식하는 형용사는 대명사 뒤에 위치한다.

02 **well** 마리아는 영어를 아주 잘 말한다.

해설 '잘'의 의미로 동사 speaks를 수식하는 부사 well로 고쳐야 적절.

03 **a few** 실례합니다만 몇 가지 부탁들을 해도 될까요?

해설 셀 수 있는 명사 favors를 수식하고 '몇몇의'의 의미를 나타내는 a few가 적절.

04 **much interest** 수잔은 스포츠에 관심이 많지 않다.

해설 셀 수 없는 명사 interest를 수식하고 '많은'의 의미를 나타내는 much가 적절.

05 want 부자들은 대개 더 많은 돈을 갖기를 원한다.
해설 「the+형용사」는 '~한 사람들'의 복수 의미를 나타내므로 복수동사 want로 고쳐야 적절.

06 always goes 톰은 항상 자동차로 직장에 간다.
해설 빈도부사(always)는 일반적으로 일반동사(goes) 앞에 위치한다.

07 so quickly 그렇게 빨리 먹지 마라. 그것은 네게 좋지 않다.
해설 형용사와 부사는 so로 강조한다.

Ⓔ ⑤
해설 감각동사 look의 보어가 필요한 자리로 형용사가 와야 한다. 여기서 well은 부사 '잘'의 의미가 아니라 형용사 '건강한'의 의미이다.
① 그 풍선에는 바람이 거의 없었다.
② 동물원에는 많은 동물들이 있다.
③ 나는 때때로 나의 아버지와 야구 경기에 간다.
④ 그 수학 문제들은 그녀에게 정말로 어려웠다.
⑤ A: 너는 건강해 보이지 않는구나. B: 나는 지금 아파.

Ⓕ

01 ⑤
해설 형용사 pretty는 '예쁜'의 의미이고 부사 pretty는 '매우'의 의미인데 ⑤의 pretty는 명사(hat)를 수식하는 형용사이고 나머지는 모두 형용사를 수식하는 부사이다.
① 이 책은 나에게 매우 어렵다.
② 메리는 작지만 그녀는 매우 강하다.
③ 이 샌드위치들은 매우 맛있다.
④ 너의 운전은 매우 빠르다.
⑤ 케이트는 예쁜 모자 하나를 샀다.

02 ①
해설 little은 '작은'의 의미를 갖는 형용사이지만 a little은 '조금, 약간, 다소'의 의미의 부사구이다. ①의 a little은 '하나의 작은'의 의미로 명사(church)를 수식하고 나머지 a little은 모두 부사구. ②, ③, ⑤의 a little은 뒤의 형용사를 수식하고 ④의 a little은 뒤의 slowly를 수식한다.
① 내 집 옆에는 작은 교회 하나가 있다.
② 그녀는 어제 약간 피곤했다.
③ 그는 약간 지루하다.
④ 그는 약간 느리게 걷는다.
⑤ 오늘은 날씨가 약간 덥다.

Ⓖ ③
해설 빈도부사(never)는 일반적으로 일반동사(opens) 앞에 위치한다.
① 정원에는 몇몇 아름다운 꽃들이 있다.
② 운이 없게도, 나는 어제 나의 지갑을 잃어버렸다.
③ 그녀는 절대로 문을 조심스럽게 열지 않는다.
④ 당신은 몇 개의 언어를 말하나요?
⑤ 나는 항상 오랜 시간 동안 버스를 기다려야 한다.

Ⓗ ②
해설 「the+형용사」는 '~한 사람들'의 의미이다. ① a few는 '몇몇의'이고 few는 '거의 없는'이므로 a few로 고쳐야 적절. 이때의 time은 '번, 회'을 나타내는 셀 수 있는 명사. ③ '좀처럼 ~ 않다'는 빈도부사 rarely, scarcely, hardly 등을 사용해야 한다. never는 '결코 ~ 않다'의 의미. ④ 형용사와 부사의 강조는 so를 사용하지만 명사(구)(a busy day)의 강조는 such를 사용한다. ⑤ 부사 late은 '늦게'의 의미이고 부사 lately는 '최근에'의 의미이므로 lately가 적절.

Ⓘ

01 ⑤
• 정원에서 바비큐를 하고 난 후에, 우리는 달콤한 차를 약간 마셨다.
해설 명사(tea)를 수식하는 형용사(sweet)가 필요한 자리.
• 샐리는 아침에 규칙적으로 그 화분에 물을 준다.
해설 동사(waters)를 수식하는 부사(regularly) 자리.

02 ④
• 나는 야외 활동들을 좋아하지 않는다. 그래서 나는 거의 등산을 하지 않는다.
해설 뒤의 일반동사(go)를 수식하고 '좀처럼 ~ 않다'의 의미를 나타내는 rarely가 문맥상 적절.
• 냉장고에 음식이 거의 없다. 시장에 가자.
해설 셀 수 없는 명사(food)를 수식하고 '거의 없는'의 의미를 나타내는 little이 문맥상 적절.

Ⓙ

01 little water in the bucket
해설 셀 수 없는 명사를 수식하고 '거의 없는'의 의미를 나타내는 little이 적절.

02 asked me a few questions
해설 '몇몇의, 약간의'의 의미인 some은 뒤에 오는 명사가 셀 수 있는 명사이든 셀 수 없는 명사이든 무방하나, a few와 a little은 같은 의미이지만 a few는 셀 수 있는 명사 앞에 오고 a little은 셀 수 없는 명사 앞에 온다.

03 has many hobbies

04 didn't earn much money
해설 money는 셀 수 없는 명사이므로 much가 적절.

Chapter ⑤ 수능 빈출 어법 1

Point 01 | 부분 표현의 수일치

Check Up

본문 p.69

01 increases 식중독을 앓는 사람들의 수는 여름에 증가한다.
해설 「the number of+명사」는 '~의 수'의 의미로 항상 단수 취급하므로 increases가 적절.

02 have 시내의 모든 가게들은 연말에 할인 판매를 한다.
해설 「all of+명사」는 명사에 동사의 수를 일치시킨다. of 뒤에 복수명사 the shops가 왔으므로 복수동사 have가 적절.

03 were 그의 아이디어들 중 일부는 매우 창의적이었다.
해설 「some of+명사」는 명사에 동사의 수를 일치시킨다. of 뒤에 복수명사 his ideas가 왔으므로 복수동사 were가 적절.

04 **lives** 내 가장 친한 친구들 중 한 명은 내 집 근처에 산다.
해설 「one of+복수명사」는 '~ 중 하나'의 의미로 항상 단수 취급하므로 단수동사 lives가 적절.

05 **was** 그 도시의 50%는 폭풍으로 파괴되었다.
해설 「percent of+명사」는 명사에 동사의 수를 일치시키는데 단수명사 the town이 왔으므로 단수동사 was가 적절.

Point 02 | 대명사의 일치

Check Up

본문 p.69

01 **mine** 그의 관점은 나의 것과 조금 다르다.
해설 문맥상 그의 관점 (his point of view)과 나의 관점 (my point of view)을 비교하는 것이므로 소유대명사 mine이 적절.

02 **it** 몇몇 사람들은 체중을 줄이기 위해 아침 식사를 건너뛰지만, 그것은 오전 에너지를 위해 필요하다.
해설 문맥상 breakfast를 가리키므로 3인칭 단수 주격 대명사 it이 적절.

03 **their** 상황은 종종 그것이 나아지기 직전에 최악의 상태에 있는 것 같다.
해설 문맥상 복수명사 Things를 가리키고 명사로 사용된 뒤의 worst를 수식하는 소유격 their가 적절.

04 **itself** 그 문은 저절로 열렸다.
해설 문맥상 주어인 The door를 가리키므로 재귀대명사 itself가 적절.

05 **theirs** 나의 딸들은 그들의 친구들 중 몇 명을 저녁 식사에 초대했다.
해설 소유대명사 자리인데 문맥상 my daughters를 가리키므로 3인칭 복수 소유대명사인 theirs가 적절.

Point 03 | 형용사 vs. 부사 자리

Check Up

본문 p.71

01 **different** 사람들은 각기 다른 기호들을 갖고 있다.
해설 문맥상 명사 tastes를 앞에서 수식하므로 형용사인 different가 적절.

02 **quickly** 그 감기 바이러스는 전국적으로 빠르게 퍼진다.
해설 문맥상 동사 spreads를 수식하므로 부사인 quickly가 적절.

03 **easy** 우리 선생님께서는 우리에게 약간의 쉬운 숙제를 내주셨다.
해설 문맥상 뒤의 명사 homework를 앞에서 수식하므로 형용사 easy가 적절.

04 **steadily** 그는 빨리 달릴 수는 없지만, 꾸준히는 달릴 수 있다.
해설 문맥상 동사 run을 수식하므로 부사인 steadily가 적절.

05 **specially** 브라운 씨 부부는 아들의 첫 번째 생일을 특별하게 계획했다.
해설 문맥상 동사 planned를 수식하므로 부사인 specially가 적절.

Point 04 | 혼동되는 형태의 형용사 vs. 부사

Check Up

본문 p.71

01 **hardly** 나는 다른 사람들의 이름을 거의 기억하지 못한다.
해설 문맥상 '거의 ~ 않다'의 의미인 hardly가 적절.

02 **lately** 지구 온난화는 최근에 더 심각해졌다.
해설 문맥상 '최근에'의 의미인 lately가 적절. late는 '늦게'의 의미.

03 **high** 나의 부모님께서는 나에 대해 매우 높은 기대를 갖고 계신다.
해설 문맥상 명사 expectations를 수식하므로 형용사인 high가 적절.

04 **hard** 습관들은 바꾸기 어렵다.
해설 주어를 서술하는 주격보어 자리이므로 형용사 hard가 적절.

05 **shortly** 그 회의는 곧 끝날 것이다.
해설 문맥상 '곧'의 의미가 자연스러우므로 shortly가 적절. short는 '짧은'의 의미.

Chapter Exercises ①

본문 p.72

A **01** them **02** obviously **03** is **04** were
05 hardly **06** lately **07** honest

B **01** × → A number of **02** ○ **03** ○
04 × → quietly **05** × → is **06** × → warm
07 × → mine **08** × → late

C **01** ②, ③ **02** ④, ⑤

D **01** your **02** quickly **03** his **04** seriously
05 hardly **06** special

Ⓐ

01 **them** 그 발표자의 의견들은 아주 합리적이어서 사람들이 그것들을 받아들였다.
해설 The speaker's opinions를 받는 3인칭 복수형 목적격 대명사 them이 적절.

02 **obviously** 그 소문들 중 일부는 명백하게 틀렸다.
해설 뒤의 형용사 wrong을 수식하므로 부사 obviously가 적절.

03 **is** 그 일의 대부분은 기계로 행해진다.
해설 「most of+명사」는 명사에 동사의 수를 일치시키는데 단수명사 the work가 왔으므로 단수동사 is가 적절.

04 **were** 학생들 중 단 30%만이 이 문제를 맞혔다.
해설 「percent of+명사」는 명사에 동사의 수를 일치시킨다. of 뒤에 복수명사 students가 왔으므로 복수동사 were가 적절.

05 **hardly** 그는 그의 가족에 관해 거의 말하지 않는다. 누구도 그의 가족들에 대해 어느 것도 알지 못한다.
해설 동사 speaks를 수식하여 '거의 ~ 않다'의 의미를 나타내는 부사 hardly가 적절. 빈도부사인 hardly는 주로 일반동사(speaks) 앞에 위치한다.

06 **lately** 최근에 나는 잠을 잘 잘 수가 없어서 매우 피곤하고 졸리다.
해설 문장 전체를 수식하며 '최근에'의 의미를 나타내는 lately가 적절.

07 **honest** 제시는 나에게 솔직한 것 같다. 그녀는 어제 자신의 과거에 대한 모든 것을 내게 말해 줬다.

해설 동사 seems의 보어 자리에는 부사가 아닌 형용사가 와야 하므로 honest가 적절.

Ⓑ

01 **× → A number of** 많은 가게들이 내일 문을 닫을 것이다.
해설 복수동사 are가 쓰였고 문맥상 '많은'의 의미인 A number of가 적절. the number of ~는 '~의 수'의 의미로 단수 취급한다.

02 ○ 나는 파티를 위해 모든 음식을 직접 만들었다.
해설 문맥상 강조 용법의 재귀대명사가 쓰였다.

03 ○ 유진은 그의 방학 동안 매일 도서관에 간다. 그는 정말로 열심히 공부한다.
해설 문맥상 동사 studies를 수식하고 '열심히'의 의미인 hard는 적절.

04 **× → quietly** 한밤중이었기 때문에 나는 조용히 전화 통화를 했다.
해설 동사구 talked on the phone을 수식하는 부사 quietly가 적절.

05 **× → is** 그 가구는 모두 상태가 좋다.
해설 「all of+명사」는 명사에 동사의 수를 일치시키는데 셀 수 없는 명사 the furniture가 왔으므로 is가 적절.

06 **× → warm** 뜨거운 우유 한 컵은 나를 따뜻하게 만들었다.
해설 목적격보어 자리이므로 부사가 아닌 형용사 warm이 적절.

07 **× → mine** 그녀의 코트는 내 것과 완전히 똑같다.
해설 my coat를 가리키는 소유대명사 mine이 적절.

08 **× → late** 나의 선생님께서는 내가 30분 늦게 도착해서 화가 나셨다.
해설 문맥상 '늦게'의 의미인 부사 late가 적절. lately는 '최근에'의 의미.

Ⓒ

01 **②, ③**
해설 ② 문맥상 '곧'의 의미가 적절하므로 short → shortly로 고쳐야 적절. ③ A number of는 '많은'의 의미로 복수 취급하므로 is → are로 고쳐야 적절.
① 몇몇 사람들은 브로콜리의 향이 불쾌하게 강하다고 생각한다.
② 찰리는 10분 후에 도착한다. 우리는 그를 곧 만날 수 있다.
③ 많은 풍선들이 하늘로 올라가고 있다.
④ 나는 그녀의 것과 같은 반지를 사고 싶다.
⑤ 내가 가장 좋아하는 식당의 주인은 언제나 친절하다.

02 **④, ⑤**
해설 ④ 「most of+명사」는 명사(your body's weight)에 동사의 수를 일치시키므로 are → is로 고쳐야 적절. ⑤ 목적격보어 자리이므로 comfortably → comfortable로 고쳐야 적절.
① 잘했어. 넌 협동 작업에 적극적으로 참여했구나.
② 그 도시의 자동차 수는 매년 증가하고 있다.
③ 그는 자전거 타는 법을 스스로 배웠다.
④ 네 몸무게의 대부분은 물이다.
⑤ 그는 그 신발이 매우 편안하다는 것을 알았다.

Ⓓ

01 **your** 내일 시험 후에 너는 마음을 편히 갖고 맘껏 즐길 수 있다.
해설 you의 소유격 your가 적절.

02 **quickly** 그녀는 새로운 환경에 빨리 적응했다.
해설 동사 adapted를 수식하는 부사 quickly가 적절.

03 **his** 그는 집에 그 자신의 수영장을 갖고 있다.
해설 뒤의 own과 함께 명사 swimming pool을 수식하므로 앞에 있는 He의 소유격 his가 적절.

04 **seriously** 나는 진지하게 그것을 고려할 것이다.
해설 동사 consider를 수식하는 부사 seriously가 적절.

05 **hardly** 요즘에는, 사람들이 자신의 이웃들에 대해 거의 알지 못한다.
해설 동사 know를 수식하고 '거의 ~ 않다'의 의미를 나타내는 hardly가 적절.

06 **special** 그에게는 특별한 것이 전혀 없다.
해설 nothing과 같이 -thing으로 끝나는 대명사는 형용사가 그 뒤에서 수식한다.

Chapter Exercises ②

본문 p.74

01 ② **02** ④

01 **②**
해석 많은 나라에서, 가장 중요한 교통수단 형태들 중 하나는 비행기 여행이다. 그리고 미국에서는 다른 어떤 나라에서보다 더 많은 사람들이 비행기로 여행한다. 미국에서는 매년 4억 명 이상의 사람들이 비행기로 여행한다. 많은 국내선 항공사들이 표를 팔려고 경쟁을 하여, 세일이 있을 경우 미국에서의 비행기 여행은 매우 저렴할 수 있다.
해설 (A) 주어인 「one of+복수명사」는 단수 취급하므로 단수동사 is가 적절.
(B) 앞에 비교급 more가 나왔으므로 같이 쌍을 이뤄 비교급 비교 구문을 만드는 than이 적절.
(C) be동사의 보어 자리인데 보어로 올 수 있는 것은 명사나 형용사이므로 cheap이 적절.
구문 **[2~4행]** And **more** people travel by air in the United States **than** in **any other country**.
• 「비교급+than+any other+단수명사」는 형태상으로는 비교급 구문이지만 의미로는 최상급 표현이다.
(= ~ the most people travel by air in the United States.)

02 **④**
해석 피그말리온 효과란 무엇인가? 그것은 "당신은 당신이 기대하는 것을 얻는다."로 요약될 수 있다. 우리는 기대들에 맞춰 살아가는 경향이 있다. 그리고 그것들은 모두 다른 사람들에 의해 우리에게 지워진다. 다른 사람들이 우리가 훌륭해지기를 기대할 때, 우리는 훌륭해진다. 그러나 당연히 피그말리온 효과에는 또 다른 면이 있다. 우리가 높은 기대들에 부응하기 위해 도약하는 것과 똑같이, 낮은 기대들은 우리에게 상처를 줄지도 모른다. 학생들을 대상으로 한 한 유명한 실험이 이것을 꽤 분명하게 보여 주었다. 학생들은 그룹으로 나뉘었고 칭찬을 받거나 혹은 멍청하게 느끼게 만들어졌다. 후자 그룹의 대부분의 학생들은 그들의 시험에서 안 좋은 성적을 냈다. 우리가 사람들이 실패할 것으로 예상할 때, 그들은 일반적으로 실패하고, 우리가 그들이 이길 것으로 예상할 때, 그들은 이긴다. 만일 당신이 최고가 되고 싶다면, 그것을 당신 자신으로부터 기대하라!
해설 ④ from the latter group의 수식을 받는 주어 Most students를 대신 받는 소유격이 필요한 자리이므로 복수형 their로 고쳐야 옳다.

오답분석 ① they는 앞 문장의 expectations를 대신하는 3인칭 복수 주격 대명사이다. ② great은 become의 보어로 사용된 형용사로서 문맥상 적절하다. ③ 동사 showed를 수식하는 부사 clearly는 문맥상 적절. ⑤ 스스로부터 최고를 기대하라는 명령문으로, from의 목적어 자리. 앞에 생략된 주어 you와 동일한 대상을 가리키므로 재귀대명사 yourself는 적절.

구문 [4~5행] When other people **expect** us **to** be great, we become great.

• 「expect A+to-v」: A가 ~하리라고 예상하다, A가 ~하기를 기대하다

[6~7행] **Just as** we rise **to meet high expectations**, low expectations may hurt us.

• 「just as+주어+동사」: 꼭 ~인 것처럼, ~인 것과 똑같이

• to meet ~ expectations는 '~하기 위해'의 의미를 나타내는 부사적 역할의 to부정사로 쓰였다.

[12~13행] If you want to be the best, expect **it** from yourself!

• it이 가리키는 것은 앞부분의 to be the best이다.

어법 Point Summary

본문 p.75

① 단수동사
② 단수동사
③ 복수동사
④ 단수, 주격, 여성
⑤ 형용사
⑥ 부사
⑦ 어려운; 열심히
⑧ 거의 ~ 않다

Part 2 동사의 형태와 의미 변화

Chapter ⑥ 동사의 시제

Unit 01 현재, 과거, 미래 시제

본문 p.78

CHECK UP

1. **rises, sets** 해는 동쪽에서 뜨고 서쪽으로 진다.
   해설 변하지 않는 사실을 말할 때는 항상 현재 시제로 쓴다.
2. **paid, left** 나는 식사를 끝내고, 계산서를 지불하고, 식당을 떠났다.
   해설 finish의 과거형 finished가 쓰인 것으로 보아 과거에 일어난 일을 말하고 있으므로 과거 시제를 쓰는 것이 알맞다.
3. **will go 또는 is going to go** 내년에, 그녀는 뉴욕에 갈 것이다.
   해설 미래를 나타내는 말(Next year)과 함께 쓰였으므로 미래 시제를 쓰는 것이 알맞다.

Practice

Ⓐ

01 will arrive 우리는 곧 부산에 도착할 것이다.
해설 soon은 미래를 나타내는 말이므로 미래 시제가 적절.

02 is 4 더하기 2는 6이다.
해설 변하지 않는 사실이므로 현재 시제가 적절.

03 wasn't 그 식당은 3일 전엔 바쁘지 않았다.

04 will be 그녀는 내일 한가할 것이다.

05 goes 샘은 매일 아침 수영하러 간다.
해설 습관적인 일을 나타낼 때는 현재 시제가 적절.

Ⓑ

01 will not have
해설 미래 시제의 부정형은 「will not+동사원형」을 쓴다.

02 plays

03 learned

04 going to go
해설 미래 시제를 나타낼 때는 will 또는 be going to를 쓴다. 앞에 be동사가 있는 것으로 보아 「be going to+동사원형」이 적절.

Ⓒ

01 eats 제인은 요즘 점심으로 샌드위치를 먹는다.
해설 현재의 습관적인 일을 나타내므로 현재 시제가 알맞고 주어(Jane)가 3인칭 단수이므로 eats가 적절.

02 will meet 또는 am going to meet 나는 내일 저녁에 도서관에서 신디를 만날 것이다.
해설 tomorrow evening은 미래를 나타내므로 미래 시제가 적절.

03 spoke 앤은 어제 아침에 교실에서 매우 큰 소리로 말했다.
해설 과거를 나타내는 yesterday morning이 있으므로 과거 시제를 써야 한다. speak의 과거형은 spoke이다.

04 is 나의 아버지는 다음 달에 휴가를 가실 것이다.
해설 미래를 나타내는 next month가 있으므로 미래 시제를 써야 한다. be going to에서 be동사는 현재형으로 쓴다.

05 came 제니는 어젯밤에 늦게 집에 왔다.
해설 과거를 나타내는 last night이 있으므로 과거 시제가 적절.

Unit 02 진행 시제

본문 p.80

CHECK UP

1. **is not** 지금은 비가 오지 않고 있다.
   해설 현재를 나타내는 at the moment가 있으므로 현재진행 시제의 부정형 「be동사의 현재형+not+v-ing」를 써야 한다.
2. **was** 그녀는 그때 저녁을 먹는 중이었다.
   해설 과거의 특정 시점을 나타내는 말 then과 함께 쓰였으므로 과거진행 시제를 써야 한다.
3. **will be** 잭은 아침 늦게까지 자고 있을 거야. 오늘 그를 깨우지 마.
   해설 미래의 특정 시점에 주어(Jack)가 하고 있을 일을 나타내므로 미래진행 시제를 써야 한다.

Practice

Ⓐ

01 am talking 나는 지금 전화 통화를 하는 중이다.

02 was taking 미안해, 내가 너의 전화를 못 받았어. 나는 그때 샤워를 하고 있었어.
해설 앞 문장에서 과거 시제가 쓰였고 '그때'의 의미인 then이 쓰였으므로 과거진행 시제가 적절.

03 will be studying 내년에 나는 이 학교에서 공부하고 있을 것이다.
해설 미래 시점을 이야기하고 있으므로 미래진행 시제가 적절.

04 are waiting 서둘러! 사람들이 이미 너를 기다리고 있어.
해설 already(이미)라는 말을 통해 현재 시점을 이야기하고 있음을 알 수 있으므로 현재진행 시제가 적절.

05 was watching 나의 엄마가 집에 오셨을 때 나는 TV를 보고 있었다.
해설 과거 시점의 일을 이야기하고 있으므로 과거진행 시제가 적절.

Ⓑ

01 is cooking A: 너의 어머니는 어디에 계시니? B: 어머니께서는 부엌

에 계셔. 뭔가를 요리하고 계셔.

해설 어머니가 지금 부엌에서 하고 계신 일을 나타내므로 현재진행 시제가 적절.

02 **was eating** 잭은 그때 저녁을 먹고 있었다.

해설 과거 시점을 나타내는 at that time이 있으므로 과거진행 시제가 적절.

03 **is your sister** A: 너의 언니는 무엇을 하고 있니? B: 그녀는 자기 방을 청소하고 있어.

해설 진행 시제의 의문문은 「의문사+be동사+주어+v-ing ~?」의 형태로 쓴다.

04 **drinks** 잭슨 부인은 탁자에서 커피를 마시고 있다. 그녀는 매일 아침 커피 한 잔씩 마신다.

해설 규칙적인 습관을 말할 때는 현재 시제가 적절.

Ⓒ

01 was washing her hair

02 He is sleeping

03 Are you studying math

04 Where were you going

05 I will[I'll] be taking an English exam

Unit 03 현재완료 시제 (1)

본문 p.82

CHECK UP

1. **has rained** 비가 일주일째 내렸다.
2. **has lived** 나의 가족은 2010년부터 여기에서 살았다.
3. **has played** 나의 남동생은 두 시간 동안 컴퓨터 게임을 했다.
4. **have stayed** 나는 어제부터 호텔에 머물렀다.

Practice

Ⓐ

01 **was** 토니는 2010년에 그의 학교의 미식축구팀에 있었다.

해설 과거(in 2010)의 특정 연도를 나타내므로 과거 시제가 적절.

02 **climbed** 나는 2주 전에 산꼭대기에 올라갔다.

해설 과거(two weeks ago)를 나타내므로 과거 시제가 적절.

03 **have known** 우리는 10년이 넘도록 지미를 알고 지냈다.

해설 과거부터 지금까지 이어지고 있으므로 현재완료 시제가 적절.

04 **sold** 나의 아버지는 지난달에 그의 오래된 차를 파셨다.

해설 과거(last month)의 일을 나타내므로 과거 시제가 적절.

05 **has been** 나의 딸은 지난 주말부터 아팠다.

해설 과거부터 지금까지 이어지고 있으므로 현재완료 시제가 적절.

Ⓑ

01 **a. was** 나는 작년에 유럽에 있었다.

해설 과거(last year)를 나타내므로 과거 시제가 적절.

b. have been 나는 2014년부터 유럽에 있었다.

해설 2014년부터 지금까지 이어지고 있으므로 현재완료 시제가 적절.

02 **a. lived** 나는 10년 전에 이 도시에 살았다.

해설 과거(ten years ago)를 나타내므로 과거 시제가 적절.

b. have lived 나는 10년 동안 이 도시에서 살았다.

해설 과거부터 지금까지 계속 살고 있으므로 현재완료 시제가 적절.

03 **a. has seen** 그녀는 유명한 오페라들을 여러 번 봤다.

해설 경험을 나타내고 있으므로 현재완료 시제가 적절.

b. saw 그녀는 어제 유명한 오페라 한 편을 봤다.

해설 과거(yesterday)를 나타내므로 과거 시제가 적절.

Ⓒ

01 **graduated** 데이비드는 2015년에 초등학교를 졸업했다.

해설 과거(in 2015)를 나타내므로 과거 시제가 적절.

02 **have worked** 나는 지난여름부터 여기에서 일했다.

해설 과거부터 지금까지 이어지고 있으므로 현재완료 시제가 적절.

03 **Did you see** 너는 지난 여행에서 피라미드를 봤니?

해설 과거(last trip)의 일을 묻고 있으므로 과거 시제가 적절.

04 **ate** 나는 3분 전에 점심을 먹었다.

해설 과거(three minutes ago)의 일이므로 과거 시제가 적절.

05 **have you seen** 너는 이 감독의 어떤 영화를 본 적이 있니?

해설 현재완료 시제의 의문문은 의문사 뒤에 「have+주어+p.p. ~?」의 형태로 쓴다.

06 **I finished** 나는 5시에 숙제를 끝냈다.

해설 과거(at 5 o'clock)의 일이므로 과거 시제가 적절.

Unit 04 현재완료 시제 (2)

본문 p.84

CHECK UP

1. **has been** 그녀는 이틀 전에 학교에 결석했다. 그녀는 여전히 결석이다. → 그녀는 이틀째 결석했다.
2. **has gone** 존은 미국에 갔다. 그는 여기에 없다. → 존은 미국으로 가 버렸다.
3. **has never played** 토니는 피아노 수업을 받고 있다. 그것이 그의 첫 번째 수업이다. → 토니는 전에 피아노를 연주해 본 적이 없다.

Practice

Ⓐ

01 ⓐ 너는 서울에 얼마 동안 있었니?

02 ⓒ 우리는 지금 막 우리의 과제를 끝냈다.

03 ⓐ 그저께부터 날씨가 매우 추웠다.

04 ⓓ 샘은 체중을 약간 줄였다. 이제 그는 아주 날씬하다.

05 ⓑ 너는 하늘에서 이렇게 많은 별들을 본 적이 있니?

06 ⓑ 나는 두리안을 한 번 먹어 본 적이 있다.

Ⓑ

01 ○ 나는 나의 지갑을 잃어버렸다. 나는 그것을 어디에서도 찾을 수 없다.
해설 지갑을 잃어버려서 아직 못 찾았으므로 결과의 현재완료 시제는 적절.

02 ✕ → **has been** 케빈은 아프다. 그는 지난 며칠 동안 계속 아팠다.
해설 과거부터 지금까지 아픈 상태가 계속되고 있으므로 계속의 현재완료 시제가 적절.

03 ○ 린다는 여기에 없다. 그녀는 밖으로 나가 버렸다.
해설 나가서 여기에 없다는 뜻이므로 결과의 현재완료 시제는 적절.

04 ✕ → **have been** 나는 디즈니랜드에 가본 적이 있다.
해설 '~에 가본 적이 있다'는 have been to를 쓴다. have gone to는 '~에 가버려서 지금 여기에 없다'는 뜻으로 주어 I와 함께 쓸 수 없다.

Ⓒ

01 **has lost his key** 데이비드는 그의 열쇠를 잃어버렸다. 그는 여전히 그것을 갖고 있지 않다. → 데이비드는 그의 열쇠를 잃어버렸다. (→ 지금 갖고 있지 않다.)

02 **has visited the museum** 폴은 지난여름에 그 박물관을 방문했다. 그는 지난주에도 거기에 갔다. → 폴은 그 박물관을 두 번 방문했다.

03 **has broken his leg** 나의 남동생은 다리가 부러졌었다. 그는 지금 걸을 수 없다. → 나의 남동생은 다리가 부러져 버렸다. (→ 여전히 부러진 상태이다.)

04 **have had this guitar** 나는 5년 전에 이 기타를 샀다. 나는 여전히 그것을 가지고 있다. → 나는 5년 동안 이 기타를 갖고 있었다.

05 **have been, since** 그들은 지난 토요일에 그들의 휴가를 시작했다. 그들은 여전히 휴가 중이다. → 그들은 지난 토요일부터 휴가를 갔다.

Chapter Exercises

본문 p.86

A ④
B **01** ② **02** ④ **03** ④
C **01** ③ **02** ①
D ①
E **01** is singing **02** haven't seen **03** has
04 did you meet **05** becomes
F **01** ② **02** ③
G ④
H **01** ② → Yes, he has **02** ② → has talked
03 ③ → I have been **04** ③ → missed
I **01** will[is going to] ride a bike
02 Her mother has been sick
03 He is drawing a picture
04 Have you ever sent an e-mail
05 My mother was a teacher

Ⓐ ④
• 나는 이번 방학에 유럽에 갈 것이다.
해설 미래의 계획을 나타내므로 be going to가 적절.
• 나의 아버지는 매일 아침 뉴스 프로그램을 보신다.
해설 현재 습관을 나타내므로 현재 시제가 알맞고 주어(My father)가 3인칭 단수이므로 watches가 적절.
• 그 주방장은 지금 새로운 요리를 시험하는 중이다.
해설 현재 하고 있는 행동을 나타내므로 현재진행 시제가 적절.

Ⓑ

01 ② A: 수가 캐나다에서 돌아왔어. B: 오, 정말? 나는 그것을 몰랐어. 나는 내일 그녀에게 전화를 할 거야.
해설 미래(tomorrow)의 계획을 나타내므로 미래 시제가 적절.

02 ④ 오후 11시다. 나는 2시간 동안 공부를 했는데 아마도 자정까지 못 끝낼 것이다.
해설 2시간 전부터 지금까지 하고 있으므로 현재완료 시제가 적절.

03 ④ 프레드는 그의 손에 책을 들고 있었지만 그는 그것을 읽고 있지 않았다. 그는 텔레비전을 보고 있었다.
해설 과거 시점에 하고 있던 행동이므로 과거진행 시제가 적절. 문맥상 책은 안 읽고 TV를 보고 있었다는 것이므로 부정형이 알맞다.

Ⓒ

01 ③
〈보기〉 너는 빵을 좀 구워 본 적이 있니? 〈경험〉
① 너는 얼마 동안 한국에 살았니? 〈계속〉
② 그들은 지금 막 역에 도착했다. 〈완료〉
③ 나는 그와 이야기를 해 본 적이 없다. 〈경험〉
④ 나는 이미 너에게 이메일을 보냈다. 〈완료〉
⑤ 누군가가 나의 자전거를 훔쳐가 버렸다. 〈결과〉

02 ①
〈보기〉 나의 아버지는 20년 동안 그 은행에서 일하셨다. 〈계속〉
① 나는 2010년부터 루시와 알고 지냈다. 〈계속〉
② 제이슨은 이미 예약을 했다. 〈완료〉
③ 너는 오로라를 본 적이 있니? 〈경험〉
④ 해가 지금 막 바다 위로 떠올랐다. 〈완료〉
⑤ 그는 팔을 심하게 다쳐 버렸다. 그는 깁스를 하고 있다. 〈결과〉

Ⓓ ①
해설 경험을 나타내므로 didn't see → haven't seen으로 고치는 것이 올바르다.
① A: 너의 몰디브 여행은 어땠니?
B: 멋있었어. 나는 그렇게 아름다운 바다는 본 적이 없어.
② A: 너는 자유 시간에 무엇을 하니?
B: 나는 보통 공원에서 자전거를 타.
③ A: 너는 최근에 케이트를 본 적이 있니?
B: 아니. 나는 그녀를 몇 주째 못 봤어.
④ A: 너는 오늘 밤에 영화를 볼 거니?
B: 아니. 나는 벼룩시장에 갈 거야.
⑤ A: 그는 언제 도착하니?
B: 봐! 그가 지금 막 도착했어.

Ⓔ

01 **is singing** 들어봐! 누군가가 노래를 하고 있어.

해설 현재 하고 있는 행동을 나타내므로 현재진행 시제가 적절.

02 **haven't seen** 나는 지난 크리스마스부터 크리스를 못 봤다.
해설 과거부터 지금까지 이어지고 있는 일이므로 현재완료 시제가 적절.

03 **has** 나의 삼촌 제이크는 현재 그의 차를 갖고 있다.
해설 have가 소유의 의미로 쓰였으므로 현재진행 시제는 불가.

04 **did you meet** 너는 언제 브라이언을 처음으로 만났니?
해설 과거의 특정 시점을 묻고 있으므로 과거 시제가 적절.

05 **becomes** 물은 0도에서 얼음이 된다.
해설 변하지 않는 사실이므로 현재 시제가 적절.

Ⓕ

01 ②
해설 belong과 같이 소유를 나타내는 동사는 현재진행 시제로 쓰지 못한다.
① 그 케이크는 나에게 너무 달다.
② 이 표는 내 것이 아니다. 그것은 내 여동생 것이다.
③ 서두르지 마. 내가 너를 기다릴게.
④ 그의 손이 젖었다. 그는 지금 막 설거지를 끝냈다.
⑤ 나의 형은 매일 체육관에 간다.

02 ③
해설 '~ 동안'은 「for+기간」으로 나타낸다.
① 한국은 여름에 비가 많이 온다.
② 나는 배가 불러. 나는 충분히 먹었어.
③ 그는 10년 동안 영어를 가르쳤다.
④ 조심해! 자동차가 오고 있어.
⑤ 조용히 좀 해 줘! 아기가 자고 있어.

Ⓖ ④
해설 ① buys → bought, ② I've just eaten → I ate, ③ is having → has, ⑤ did you know → have you known으로 고치는 것이 올바르다.
① 나의 아버지는 내가 어릴 때 나에게 장난감을 종종 사주셨다.
② 나는 3분 전에 케이크를 먹었다.
③ 그녀는 열이 높다.
④ 나는 지난밤에 대회를 위해 피아노를 연습했다.
⑤ 너희들은 얼마 동안 서로 알고 지냈니?

Ⓗ

01 ② → **Yes, he has** A: 브라이언이 너의 집으로 너를 방문한 적이 있니? B: 응, 있어. 그는 나를 여러 번 방문했어.

02 ② → **has talked** 베티는 지금 전화 통화를 하고 있다. 그녀는 1시간이 넘도록 통화했다.
해설 과거부터 지금까지 이어지는 일을 나타내므로 현재완료 시제가 적절.

03 ③ → **I have been** A: 너는 이번 여름 방학에 계획이 있니? B: 나는 호주로 여행을 갈 거야. A: 나는 그곳에 두 번 가봤어. 아름다웠어.
해설 경험을 나타내므로 현재완료 시제가 적절.

04 ③ → **missed** 다시는 수업에 결석하지 마. 너는 이미 너무 많은 수업에 결석했어. 너는 지난주에만 두 개 수업에 결석했어.

Ⓘ

01 **will[is going to] ride a bike**

02 **Her mother has been sick**

03 **He is drawing a picture**

04 **Have you ever sent an e-mail**

05 **My mother was a teacher**

Chapter ⑦ 조동사

Unit 01 will / can / may 본문 p.92

CHECK UP

1. **~할 수 없다** 마이크는 프랑스어를 말할 수는 있지만, 쓰지는 못한다.
2. **~해도 된다** 제가 밖에서 자전거를 타도 될까요, 엄마?

Practice

Ⓐ

01 **be able to** 재닛은 내일 너를 도와줄 수 있을 것이다.
해설 두 개의 조동사가 연달아 올 수 없으므로 be able to가 적절.

02 **could** 나는 지난달에 하와이에 있었다. 나는 거기에서 매일 해변에 갈 수 있었다.
해설 과거(last month) 기간 동안 매일 해변에 간 것이므로 can의 과거형인 could가 적절.

03 **win** 수잔은 어제 그 상을 탈 수가 없었다.
해설 조동사(could) 다음에는 동사원형이 와야 하므로 win이 적절.

04 **might** 자지 않고 저를 기다리지 마세요. 저는 늦을지도 몰라요.
해설 문맥상 늦을지도 모르기 때문에 기다리지 말라는 내용이므로 긍정의 might가 적절.

05 **take** 메리와 톰은 마라톤에 참가할지도 모른다.
해설 조동사(might) 뒤에는 동사원형이 와야 하므로 take가 적절.

Ⓑ

01 **May** A: 제가 오늘 일찍 가도 괜찮을까요? B: 물론이죠.
해설 문맥상 허락을 구하는 의미의 공손한 요청의 표현인 May I ~?가 적절.

02 **Will** 내게 소금 좀 건네주겠니?
해설 부탁하는 표현인 Will you ~?가 쓰였다.

03 **can't** A: 제게 그녀의 주소를 주실 수 있을까요? B: 죄송하지만, 안 됩니다.
해설 문맥상 주소를 알려줄 수 없다는 내용이고, 현재 상황에 대해 이야기하므로 can't가 적절.

04 **can** A: 실례합니다. 제가 시청까지 어떻게 갈 수 있나요? B: 음, 이 길을 따라 직진해서 첫 번째 모퉁이에서 오른쪽으로 도세요.
해설 '할 수 있다'는 능력의 의미로 can이 적절.

05 **was** 나는 동물원에서 원숭이를 만져볼 수 있었다.
해설 be able to의 be동사에 해당하는 was가 적절.

06 **could** 앨리스는 지난주에 그 회의에 갈 수 없었다. 그녀는 아팠다.
해설 문맥상 '할 수 없었다'의 의미를 만드는 can의 과거형 could가 적절.

Ⓒ

01 **She can't[cannot] see**

02 **students will be able to learn**
해설 두 개의 조동사를 연달아 쓸 수 없으므로 will 다음에 be able to를 쓴다.

03 **May I use your computer**

04 **You may not answer**
해설 허가의 의미를 갖는 may의 부정형 may not은 '~해서는 안 된다'의 의미.

Unit 02 must / should

본문 p.94

CHECK UP

1. ② 낸시는 오늘 시험이 있다. 그래서 그녀는 긴장하고 있음에 틀림없다.

2. ① 너는 그 기침을 의사에게 진찰받아야 한다.

Practice

Ⓐ

01 **must** 소음을 너무 많이 내지 마. 우리는 그 아기를 깨워서는 안 돼.
해설 부정을 나타내는 not이 뒤에 있고, 문맥상 '~해선 안 된다'는 뜻이므로 must가 적절. have to의 부정형은 don't have to로 '~할 필요가 없다'의 의미이다.

02 **has to** 밥은 다음 주 금요일에 그 콘서트에 가지 못한다. 그는 일해야 한다.
해설 ought는 ought to의 형태로 쓰여야 하므로 has to가 적절.

03 **ought not** 운전자는 운전 중에 전화를 사용해서는 안 된다.
해설 뒤에 동사원형이 아니라 「to+동사원형」이 왔으므로 ought not이 적절.

04 **have to** 너는 또 다른 영어 수업을 들을 필요가 없다. 너의 영어는 매우 훌륭하다.
해설 문맥상 '~할 필요가 없다'는 의미의 don't have to가 적절. should의 부정형은 should not이다.

05 **had to** A: 너는 왜 그렇게 늦었니? B: 나는 오늘 버스를 30분 동안 기다려야 했어.
해설 문맥상 '~해야 했다'는 과거의 일이므로 must 대신 과거형이 가능한 had to가 적절.

Ⓑ

01 **had to** 나는 어젯밤에 그 영화를 보러 갈 수 없었다. 나는 내 숙제를 해야만 했다.
해설 문맥상 '~해야만 했다'의 의미인 had to가 적절.

02 **have to** 앤드루는 소파에서 자야 할 것이다.
해설 두 개의 조동사를 연달아 쓸 수 없으므로 will 뒤의 must를 have to로 바꿔야 한다.

03 **don't have to** 너는 나를 샐리에게 소개해 줄 필요가 없다. 우리는 이미 만난 적이 있다.
해설 문맥상 '~할 필요가 없다'의 의미가 필요하므로 don't have to가 적절.

04 **to tell** 그들은 이 문제에 대해 매니저에게 말해야 한다.

05 **not to** 샘, 너는 이번에는 네 엄마의 생일을 잊어서는 안 된다.

Ⓒ ②
해설 ought to의 부정형은 ought not to이므로 ought not to eat이 적절.
① 마이크는 매우 부자인 사업가임에 틀림없다.
② 너는 너무 자주 햄버거를 먹어서는 안 된다. 그건 네 건강에 나쁘다.
③ 내일은 휴일이다. 우리는 학교에 갈 필요가 없다.
④ 너는 정말로 네 보고서를 곧 끝내야 한다.
⑤ 이 식당은 매우 인기가 있다. 우리는 일찍 예약을 해야 한다.

Unit 03 would like to / had better / used to

본문 p.96

CHECK UP

1. d 나는 다음 달에 중국으로 여행을 가고 싶다.

2. b 짐은 작년에 컴퓨터 게임을 많이 했었다.

3. a 밖이 너무 어둡다. 너는 집에 머무르는 게 좋다.

4. c 이 방은 내 여동생의 방이었다.

Practice

Ⓐ

01 **× → used to go** 에이미는 작년에 조깅하러 다녔었다.
해설 과거의 습관적 행위를 나타낼 때는 used to를 쓴다.

02 ○ 너는 아이스크림을 너무 많이 먹지 않는 게 좋다.

03 **× → would like to go** 우리는 수영장에 가고 싶다.
해설 '~하고 싶다'를 나타낼 때는 would like to 뒤에 동사원형을 쓴다.

04 **× → had better tell** 짐은 우리에게 진실을 말하는 게 좋다.

05 **× → used to** 그녀는 일본에 오기 전에 선생님이었다.
해설 과거의 상태를 나타낼 때는 used to를 쓴다.

06 ○ 커피와 도넛을 조금 먹을래요?

해설 Would you like ~?는 상대방에게 권하는 표현이다.

Ⓑ

01 ③

• 나는 아침 식사 후에 한 잔의 우유를 마시고 싶다.

해설 뒤에 명사(a glass of milk)가 왔으므로 would like가 적절.

• 너는 졸려 보인다. 너는 낮잠을 자는 게 좋겠다.

해설 문맥상 '~하는 게 좋다'고 충고하는 내용이 자연스러우므로 had better가 적절.

02 ②

• 너는 자정에는 피아노를 치지 않는 게 좋다.

해설 문맥상 '~하지 않는 게 좋다'는 내용이 자연스러우므로 had better not이 적절.

• 그녀는 몇 년 전에 쿠키를 구웠었다.

해설 뒤에 동사원형(bake)이 오고 과거(a few years ago)를 나타내는 어구가 왔으므로 과거의 습관적 행위를 나타내는 used to가 적절.

Chapter Exercises

본문 p.98

A ②

B **01** ② **02** ① **03** ③ **04** ②

C **01** be able to **02** used to
03 must **04** would like to
05 had better **06** ought **07** May

D ④

E ①, ④

F ④

G **01** will study for **02** Could you hold
03 used to exercise **04** should make

H **01** × → is able to 또는 can **02** ○
03 × → I'd like to play **04** × → don't have to
05 × → keep

I **01** May I ask you a question
02 He should arrive at the airport
03 I had better ask the doctor
04 don't have to wear the school uniform
05 The computer will be able to sense

Ⓐ ② 너는 더러운 손으로 너의 눈이나 코를 문질러서는 안 된다.

해설 금지를 나타내는 should not은 ought not to로 바꿔 쓸 수 있다.

Ⓑ

01 ② A: 내 할머니께서는 요즘 자주 어지러움을 느끼셔. 나는 할머니가 걱정돼. B: 할머니께서 의사에게 진찰을 받으시는 게 좋아.

해설 앞에 had better가 쓰였으므로 동사원형인 go가 적절.

02 ① A: 나는 심한 치통이 있어. B: 너는 지금 당장 치과 의사에게 진찰을 받아야 해.

해설 문맥상 충고를 나타내므로 should가 적절.

03 ③ 너는 린다에게 전화할 필요 없어. 내가 이미 그녀에게 전화했어.

해설 문맥상 불필요를 나타내므로 don't have to가 적절.

04 ② A: 제인, 서둘러. 너는 버스를 놓칠지도 몰라. B: 알겠어.

해설 문맥상 추측 및 가능성을 나타내므로 might가 적절.

Ⓒ

01 be able to 나는 토요일에 테니스를 칠 수 없을지도 모른다.

해설 두 개의 조동사를 연달아 쓸 수 없으므로 be able to가 적절.

02 used to 나는 고기를 먹었었지만, 지금 나는 채식주의자이다.

해설 문맥상 과거의 습관적 행위를 나타내므로 used to가 적절.

03 must 신디는 그녀의 일에 매우 싫증이 났음에 틀림없다. 그녀는 매일 같은 일을 한다.

해설 근거를 바탕으로 한 강한 추측을 나타내므로 must가 적절.

04 would like to 저는 당신에게 어제 와준 것에 감사드리고 싶습니다.

해설 문맥상 감사를 하고 싶다는 의미이므로 would like to가 적절.

05 had better 너는 오늘 집에 있는 게 좋다.

해설 「used to+동사원형」은 과거의 습관을 나타내므로 문맥상 적절하지 않다.

06 ought 너는 조심히 운전해야 한다.

해설 뒤에 to와 함께 쓰였으므로 ought가 적절.

07 May 우리가 지금 어디에 있는지 여쭤 봐도 될까요?

해설 문맥상 공손한 요청을 나타내고 주어가 I이므로 May가 적절.

Ⓓ ④

해설 should는 ought to로 바꿔 쓸 수 있다.

① 제 부탁을 들어주실 수 있나요?
→ 제가 도와드릴까요?

② 나는 너에게 영어를 가르쳐 줄 수 있다.
→ 나는 너에게 영어를 가르쳐야 한다.

③ 너는 이 방에 들어와서는 안 된다.
→ 너는 이 방에 들어올 필요가 없다.

④ 그녀는 그 지저분한 화장실을 청소해야 한다.

⑤ 제인은 두통이 있다. 그녀는 잠을 더 자는 게 좋다.
→ 제인은 두통이 있다. 그녀는 잠을 더 잘 것이다.

Ⓔ ①, ④

해설 ①, ④는 〈보기〉와 동일하게 '~일지도 모른다'는 의미의 추측을 나타내는 may이다. ②는 공손한 요청을 하는 표현이다. ③, ⑤는 '~해도 좋다'는 의미의 허락을 나타내는 may가 쓰였다.

〈보기〉 A: 나는 메리가 아이돌 그룹의 멤버가 되었다는 소식을 들었어.
B: 정말이야? 그건 사실이 아닐지도 몰라.

① 그 지하철은 오늘 붐빌지도 모른다.

② 전 제 펜을 잃어버렸습니다. 당신의 것을 써도 될까요?

③ 우리 박물관에서는 관람객들이 사진을 찍어도 된다.

④ 제시간에 도착해 줘. 버스가 우리를 두고 떠날지도 몰라.

⑤ 오늘 수업은 끝났다. 너는 이제 집에 가도 좋다.

Ⓕ ④

해설 '~하고 싶다'는 「would like to+동사원형」으로 표현하므로 drink를 to drink로 고쳐야 적절.

① 당신은 여기에 당신의 차를 주차해서는 안 된다.

② 그는 다리가 부러져서 걸을 수가 없었다.
③ 너는 무엇인가를 사기 전에 두 번 생각하는 게 좋다.
④ 이 탄산음료를 마시겠습니까?
⑤ 너는 직장을 걸어 다녀서는 안 된다. 그것은 너무 오래 걸린다.

Ⓖ

01 will study for
02 Could you hold
03 used to exercise
04 should make

Ⓗ

01 × → is able to 또는 can 존슨 씨는 올해 긴 휴가를 가질 수 있다.
02 ○ 너는 자러 가기 전에 샤워를 해야 한다.
해설 '~해야 한다'는 의미의 have to가 올바르게 쓰였다.
03 × → I'd like to play 나는 놀이터에서 내 친구들과 놀고 싶다.
해설 '~하고 싶다'를 나타낼 때는 「would like to+동사원형」을 쓴다.
04 × → don't have to 너는 다이어트를 할 필요는 없지만 과식해서는 안 된다.
해설 문맥상 불필요를 나타내므로 don't have to가 적절.
05 × → keep 그는 그 비밀을 지켜야 한다.
해설 조동사 should 뒤에는 동사원형이 와야 하므로 keep이 적절.

Ⓘ

01 May I ask you a question
02 He should arrive at the airport
03 I had better ask the doctor
04 don't have to wear the school uniform
05 The computer will be able to sense

Chapter ⑧ 수동태

Unit 01 수동태의 기본 형태 본문 p.104

CHECK UP

1. is held
2. will[is going to] be announced
3. Were you taught

Practice

Ⓐ ④
해설 과거 시제 문장이므로 Are → Were로 고쳐야 적절.

① 나는 나의 뒤뜰에서 이 토마토들을 키웠다.
→ 이 토마토들은 나의 뒤뜰에서 키워졌다.
② 비서가 이 편지를 부칠 것이다.
→ 이 편지는 비서에 의해 부쳐질 것이다.
③ 너의 엄마는 네 방을 매일 청소하시니?
→ 너의 방은 너의 엄마에 의해 매일 청소되니?
④ 앤디가 이 모형 주택들을 만들었니?
→ 이 모형 주택들은 앤디에 의해 만들어졌니?
⑤ 많은 사람들은 여전히 그의 소설들을 사랑한다.
→ 그의 소설들은 여전히 많은 사람들에 의해 사랑받는다.

Ⓑ

01 appeared 사과의 그림이 신문에 실렸다.
해설 appear는 자동사이므로 수동태로 쓸 수 없다.
02 was named 나는 내 부모님에 의해 옛 영화에 나오는 여주인공의 이름을 따서 이름 지어졌다.
해설 문맥상 내가 이름을 지은 것이 아니라 지어진 것이므로 수동태가 적절.
03 by my brother 이 사진들은 나의 형에 의해 찍혔다.
해설 수동태에서 행위자는 「by+목적어」로 나타낸다.
04 is called A: 그녀의 이름은 엘리자베스야. B: 알겠어. 그래서 그녀가 리즈라고 불리는구나.
해설 문맥상 그녀의 이름이 불리는 것이므로 수동태가 적절.

Ⓒ

01 A frog was kissed by a princess 동화에서 공주는 개구리에게 키스했다. → 동화에서 개구리는 공주에게 키스를 받았다.
02 A solution for death will be discovered by scientists 언젠가 과학자들이 죽음에 대한 해결책을 발견할 것이다. → 언젠가 죽음에 대한 해결책이 과학자들에 의해 발견될 것이다.
03 Is math taught by Mr. Adams 애덤스 선생님은 수학을 가르치시니? → 수학이 애덤스 선생님에 의해 가르쳐지니?
04 When is breakfast served 이 호텔에서는 언제 아침 식사를 제공하나요? → 이 호텔에서는 언제 아침 식사가 제공되나요?

Unit 02 주의해야 할 형태의 수동태 본문 p.106

CHECK UP

1. be done 그 일은 내일까지 돼야 한다.
2. for 이 스카프는 나에 의해 나의 어머니께 구매되었다.
해설 동사가 buy이므로 my mother 앞에 전치사 for를 쓴다.
3. looked up to 그 시장은 시민들에게 존경받는다.
해설 구동사 look up to(~을 존경하다)의 수동태.

Practice

Ⓐ

01 ② 그녀는 나의 아이를 돌봤다. → 나의 아이는 그녀에 의해 돌봐졌다.
해설 구동사 look after의 수동태는 be looked after이고 과거 시제이므로 ②가 적절.

02 ④ 종업원이 린다에게 메뉴를 건넸다. → 메뉴가 종업원에 의해 린다에게 건네졌다.
해설 직접목적어(A menu)가 수동태의 주어로 쓰이면 간접목적어(Linda) 앞에 전치사가 필요하다. 동사가 hand이므로 전치사 to를 쓴다.

Ⓑ

01 **should be kept** 우유는 냉장고에 보관되어야 한다.
해설 우유는 보관하는 게 아니라 보관되는 것이므로 수동태가 적절.

02 **cannot[can't] be seen** 세균은 육안으로는 보이지 않는다.
해설 조동사 can't가 들어간 문장의 수동태는 can't be p.p.가 적절.

03 **was made for me** 피자가 나를 위해 나의 아버지에 의해 만들어졌다.

04 **was given a present** 나는 내 친구에 의해 선물이 주어졌다.
해설 간접목적어(I)가 주어인 수동태에서 직접목적어(a present)는 「be동사+p.p.」 뒤에 전치사 없이 쓴다.

05 **was laughed at by** 그는 그의 계획에 대해 친구들에 의해 비웃음을 당했다.
해설 laugh at(~을 비웃다)과 같은 구동사는 하나의 동사처럼 취급하므로 수동태는 be laughed at by가 적절.

Ⓒ

01 **are taught Chinese, is taught to us** 리 선생님은 우리에게 중국어를 가르치신다. → 우리는 리 선생님에게 중국어를 배운다.
→ 중국어는 리 선생님에 의해 우리에게 배워진다.

02 **was made fun of** 아이들이 작은 아이를 놀렸다. → 작은 아이가 아이들에 의해 놀림당했다.

03 **must be joined** 모든 학생은 그 봉사활동에 참여해야 한다. → 그 봉사활동은 모든 학생에 의해 참여 되어야 한다.

Unit 03 by 이외의 전치사를 쓰는 수동태

본문 p.108

CHECK UP

1. was surprised at
2. filled with
3. is known for

Practice

Ⓐ

01 **at** 나는 그의 성공에 놀랐다.

02 **with** 제이슨은 그의 새 방에 만족했다.

03 **in** 나는 차가 막혀서, 제시간에 올 수 없었다.

04 **in** 브라이언은 운동에 정말 관심이 있다.

05 **in** 테일러 씨의 사무실은 파리에 위치해 있다.

06 **of** 나는 매일 똑같은 음식에 질린다.

Ⓑ

01 **from** 유리는 모래로 만들어지니?
해설 재료의 성질이 변하는 경우에는 from이 적절.

02 **of** 대피라미드는 약 230만 개의 돌로 만들어졌다.
해설 재료의 성질이 변하지 않는 경우에는 of가 적절.

03 **to** 그의 이름은 우리에게 꽤 잘 알려져 있다.
해설 '~에게 알려져 있다'는 be known to로 표현하므로 to가 적절.

04 **with** 우리는 그 소식에 실망했다.

05 **with** 고속도로는 자동차로 가득 차 있었다.

Ⓒ

01 **Are you interested in our plan?**

02 **The subway was crowded with passengers.**

03 **This mask is made of gold.**

04 **My room is filled with many books.**

Chapter Exercises

본문 p.110

A ③

B ③

C **01** Their town was destroyed by the earthquake.
02 When was her first novel published?
03 She was frightened by the cat.
04 Rice is eaten with chopsticks (by people) in Japan.

D **01** ④ **02** ③

E **01** grows **02** to **03** was the concert **04** in

F **01** ④ **02** ②

G ⑤

H ②

I ③

J **01** am not satisfied with **02** was rebuilt
03 will be kept warm **04** was looked after
05 should not be pronounced
06 is given by his parents
07 cannot be controlled
08 Where was your bike stolen

Ⓐ ③
• 내 방은 많은 사진들로 가득 차 있다.
• 우리는 그 경기로 인해 따분하다. 아무도 한동안 득점을 하지 못했다.

• 그는 그의 새 컴퓨터에 기뻐했다.

해설 be filled with (~로 가득 차 있다), be bored with (~로 따분하다), be pleased with (~에 기뻐하다) 모두 전치사 with를 쓴다.

Ⓑ ③

• 런던은 세계에서 가장 비싼 도시들 중 하나로 알려져 있다.

해설 '~로(서) 알려져 있다'는 be known as로 표현하므로 as가 적절.

• 그 백화점은 지금 쇼핑객들로 붐빈다.

해설 '~로 붐비다'는 be crowded with로 표현하므로 with가 적절.

• 나는 내 미래에 대해 걱정이다.

해설 '~에 대해 걱정이다'는 be worried about으로 표현하므로 about이 적절.

Ⓒ

01 **Their town was destroyed by the earthquake.** 지진이 그들의 마을을 파괴했다. → 그들의 마을은 지진에 의해 파괴되었다.

02 **When was her first novel published?** 그녀는 언제 그녀의 첫 소설을 출간했니? → 언제 그녀의 첫 소설이 출간되었니?

03 **She was frightened by the cat.** 고양이는 그녀를 겁먹게 했다. → 그녀는 고양이에 의해 겁먹었다.

04 **Rice is eaten with chopsticks (by people) in Japan.** 일본에서 사람들은 젓가락으로 밥을 먹는다. → 일본에서 밥은 (사람들에 의해) 젓가락으로 먹어진다.

Ⓓ

01 ④ 베토벤의 교향곡이 어젯밤에 그 관현악단에 의해 연주되었다.

해설 교향곡이 연주된 것이므로 수동태가 알맞고, 어젯밤에 일어난 일이므로 과거 시제 수동태가 알맞다.

02 ③ 그 대회의 결과는 다음 주에 발표될 것이다.

해설 결과가 발표되는 것이므로 수동태가 알맞고, 다음 주에 일어날 일이므로 미래 시제 수동태 「be going to be+p.p.」 형태가 알맞다.

Ⓔ

01 **grows** 내 머리카락은 빨리 자란다.

해설 문맥상 머리카락이 자라는 것이므로 능동태가 적절.

02 **to** 그 돈은 그의 부모님에 의해서 그에게 주어졌다.

해설 동사가 give이고 능동태의 직접목적어(The money)가 수동태의 주어로 쓰였으므로 간접목적어(him) 앞에 전치사 to가 적절.

03 **was the concert** 어제 음악회는 왜 취소되었니?

해설 의문사가 있는 수동태의 의문문은 「의문사+be동사+주어+p.p. ~?」이다.

04 **in** 그 등반객들은 폭우를 만났다.

해설 '(안 좋은 상황에) 처하다'는 be caught in으로 표현하므로 in이 적절.

Ⓕ

01 ④

해설 disappear는 자동사이므로 수동태로 쓸 수 없다.

① 가벼운 식사가 비행 중에 제공될 것이다.

② 이 잡지는 더 이상 출간되지 않는다.

③ 데이나는 요즘 공상 과학 영화에 관심이 있다.

④ 내 두통이 몇 분 만에 사라졌다.

⑤ 당신의 운전면허는 10년마다 갱신되어야만 한다.

02 ②

해설 '~로 덮여 있다'는 be covered with로 표현하므로 전치사 by 대신 with가 적절.

① 그 조각상은 청동으로 만들어졌다.

② 보도는 낙엽들로 덮여 있었다.

③ 학교는 폭설 때문에 취소되었다.

④ 이 건물은 약 50년 전에 지어졌다.

⑤ 대부분의 사고는 부주의에 의해 야기된다.

Ⓖ ⑤ 우리는 모든 정보를 수집해야만 한다. → 모든 정보가 수집되어야만 한다.

해설 조동사 have[has] to의 수동태는 「have[has] to be+p.p.」가 적절.

Ⓗ ②

해설 laugh at의 수동태는 「be laughed at by+행위자」이다.

① 겨울에는 얼음과 눈이 강을 덮는다. → 겨울에는 강이 얼음과 눈으로 덮인다.

② 내 형이 내 실수에 대해 나를 비웃었다. → 나는 내 실수에 대해 내 형에게 비웃음을 당했다.

③ 우리는 다음 주까지는 이 과제를 끝낼 것이다. → 이 과제는 다음 주까지는 끝내질 것이다.

④ 아시아는 세계의 쌀 대부분을 재배하고 소비한다. → 세계의 쌀 대부분이 아시아에 의해 재배되고 소비된다.

⑤ 우리는 우리의 새집을 칠하고 꾸몄다. → 우리의 새집이 우리에 의해 칠해지고 꾸며졌다.

Ⓘ ③

해설 ① produces → is produced, ② was arrived → arrived, ④ will repair → will be repaired, ⑤ lose → lost로 고쳐야 적절.

① 많은 양의 커피가 브라질에서 생산된다.

② 헨리는 기차역에 도착했다.

③ 수영장은 꼭대기 층에 위치해 있다.

④ 엘리베이터는 곧 수리될 것이다.

⑤ 우리는 표지판이 전혀 없어서 완전히 길을 잃었다.

Ⓙ

01 **am not satisfied with**

02 **was rebuilt**

03 **will be kept warm**

04 **was looked after**

05 **should not be pronounced**

06 **is given by his parents**

07 **cannot be controlled**

08 **Where was your bike stolen**

Chapter ⑨ 수능 빈출 어법 2

Point 01 능동태 vs. 수동태 (1)

Check Up

본문 p.117

01 **are made** 우리의 습관들 중 대부분은 우리가 어릴 때 만들어진다.
해설 습관이 만들어진다는 문맥이 적절하므로 수동의 are made가 적절.

02 **took** 음식 준비는 세 시간이 걸렸다.
해설 음식 준비가 세 시간을 필요로 했다는 능동의 의미이므로 능동태가 적절.

03 **be released** 그 핸드폰의 새로운 버전이 다음 달에 출시될 것이다.
해설 새로운 버전의 핸드폰이 출시하는 게 아니라 출시되는 것이므로 수동의 be released가 적절.

04 **be delivered** 당신이 오늘 상품을 주문하면, 그것은 내일 배송될 것이다.
해설 주문한 물건(it=the product)은 배송하는 게 아니라 배송되는 것이므로 수동의 be delivered가 적절.

05 **occurred** 그 유치원에서 식중독이 일어났다.
해설 occur는 '일어나다, 발생하다'라는 뜻의 자동사로 수동태로 쓰이지 않으므로 occurred가 적절.

Point 02 능동태 vs. 수동태 (2)

Check Up

본문 p.117

01 **being repaired** 내 컴퓨터는 지금 수리되고 있다.
해설 컴퓨터가 수리하는 게 아니라 수리되는 수동의 의미이고 현재 진행 중인 일이므로 진행형 수동태의 is being repaired가 적절.

02 **encouraged** 심리학자들은 부모로부터 아이의 야간(수면) 분리를 권장해 왔다.
해설 심리학자들이 권장한 것이지 그들에게 권장된 것이 아니므로 현재완료 능동태 have encouraged가 적절.

03 **being published** 그녀의 모험 이야기는 소설로 출간되고 있다.
해설 그녀의 모험 이야기가 출간되는 것이므로 진행형 수동태를 만드는 being published가 적절.

04 **been loved** 고양이들은 그들의 독립성과 깔끔함 때문에 많은 사람들에게 사랑받아 왔다.
해설 고양이가 사랑받는 것이므로 현재완료 수동태를 만드는 been loved가 적절.

05 **was being held** 결혼식은 홀에서 열리고 있었다.
해설 결혼식은 개최되는 것이므로 과거 진행형 수동태의 was being held가 적절.

Point 03 used to-v / be used to-v / be used to v-ing

Check Up

본문 p.119

01 **used** 여기에 슈퍼마켓이 있었다.
해설 문맥상 과거의 상태를 나타내는 '~이었다'의 의미의 「used to+동사원형」이 적절.

02 **traveling** 나는 혼자 여행하는 것에 익숙하지 않다.
해설 앞에 be동사가 있고 문맥상 '~에 익숙하다'의 의미인 「be used to+명사[v-ing]」가 자연스러우므로 traveling이 적절.

03 **make** 포도는 와인을 만드는 데 사용된다.
해설 문맥상 '~하는 데 사용되다'의 의미인 「be used to+동사원형」이 자연스러우므로 make가 적절.

04 **stay** 나는 여름 방학 동안 나의 조부모님 댁에 머무르곤 했다.
해설 문맥상 과거의 습관적 행위를 나타내므로 「used to+동사원형」이 적절.

05 **is used** 신디는 한국어로 말하는 데 익숙하다.
해설 뒤에 「to+v-ing」 형태가 이어지고 문맥상 '~하는 데 익숙하다'의 의미인 「be used to+명사[v-ing]」가 자연스러우므로 is used가 적절.

Point 04 조동사+have p.p.

Check Up

본문 p.119

01 **have asked** 나는 너를 방문하기 전에 네게 물어봤었어야 했다.
해설 문맥상 '~했어야 했다'는 과거에 대한 후회를 나타내는 should have p.p.가 자연스러우므로 have asked가 적절.

02 **have forgotten** 나는 두 시간 동안 존을 기다렸다. 그는 우리의 약속을 잊었음이 틀림없다.
해설 문맥상 '~했음이 틀림없다'는 과거에 대한 강한 추측을 나타내는 must have p.p.가 자연스러우므로 have forgotten이 적절.

03 **can't** 다니엘은 매우 친절하고 점잖다. 그가 그렇게 무례한 말을 했을 리가 없다.
해설 문맥상 '~했을 리가 없다'는 부정적 추측을 나타내는 can't have p.p.가 자연스럽다.

04 **may** 그의 얼굴은 친숙하다. 나는 전에 그를 만났을지도 모른다.
해설 문맥상 '~했을지도 모른다'는 과거에 대한 약한 추측을 나타내는 may have p.p.가 자연스럽다. should have p.p.는 과거에 대한 후회를 나타낸다.

05 **could** 릴리는 내게 전화하지 않았다. 그녀는 내 번호를 잃어버렸을 수도 있다.
해설 문맥상 '~했을 수도 있다'는 과거에 대한 추측을 나타내는 could have p.p.가 자연스러우므로 could가 적절.

Chapter Exercises ①

본문 p.120

A **01** was cancelled **02** disappeared
03 have been influenced
04 remained **05** have done **06** to buying

07 will be released 08 be

B 01 × → being constructed 02 × → filter
03 × → have been delivered
04 × → was corrected 05 × → appear
06 ○ 07 ○ 08 × → to go

C 01 ①, ③, ④ 02 ④, ⑤

D 01 polluted 02 have eaten
03 have dropped 04 to taking
05 visiting 06 loved 07 prepared

Ⓐ

01 was cancelled 그 야외 콘서트는 안 좋은 날씨 때문에 취소되었다.
해설 야외 콘서트가 취소된 것이므로 수동의 was cancelled로 고쳐야 적절.

02 disappeared 마침내, 내 가족의 모든 문제들이 사라졌다.
해설 disappear은 목적어를 필요로 하지 않는 자동사이므로 수동태로 쓰지 않는다.

03 have been influenced 그의 식습관은 그가 어렸을 때부터 그의 아버지에게 영향을 받아 왔다.
해설 문맥상 식습관이 영향을 미친 게 아니라 영향을 받은 것이고, 과거부터 현재까지 이어진 일이므로 현재완료 수동태인 have been influenced가 적절.

04 remained 몇몇 제품들은 포장되지 않은 채로 있었다.
해설 동사 remain은 자동사로서 수동태로 쓸 수 없으므로 remained가 적절.

05 have done 컴퓨터가 작동하지 않는다. 내가 뭔가 잘못한 게 틀림없다.
해설 문맥상 '~했음이 틀림없다'는 과거에 대한 강한 추측을 나타내는 must have p.p.가 자연스러우므로 have done이 적절.

06 to buying 나는 인터넷으로 뭔가를 사는 것에 익숙하지 않다.
해설 문맥상 '~에 익숙하지 않다'의 의미인 「be동사의 부정형+used to+명사[v-ing]」가 와야 자연스럽다.

07 will be released 새로운 코미디 쇼가 다음 주에 공개될 것이다.
해설 문맥상 코미디 쇼가 공개하는 게 아니라 공개되는 것이므로 미래시제 수동태인 will be released가 적절.

08 be 나는 유년 시절에 수줍은 소녀였다.
해설 문맥상 '~이었다'는 과거의 상태를 나타내는 「used to+동사원형」이 자연스러우므로 be로 고쳐야 적절.

Ⓑ

01 × → being constructed 새로운 놀이공원이 국립공원 근처에 지금 건설되고 있다.
해설 놀이공원이 건설하는 게 아니라 건설되는 것으로 진행형 수동태가 자연스러우므로 being constructed로 고쳐야 적절.

02 × → filter 이 장치는 물을 거르는 데 사용된다.
해설 문맥상 '~하는 데 사용되다'의 의미인 「be used to+동사원형」이 자연스러우므로 filter로 고쳐야 적절.

03 × → have been delivered 소포가 아직 도착하지 않았다. 그것이 잘못된 주소로 배달되었음이 틀림없다.
해설 문맥상 '~했음이 틀림없다'는 과거에 대한 강한 추측을 나타내는 must have p.p.가 자연스럽고 소포(It = The parcel)는 배달되는 것이므로 수동의 have been delivered로 고쳐야 적절.

04 × → was corrected 앨리스의 나쁜 행동은 그녀의 어머니에 의해 빨리 고쳐졌다.
해설 문맥상 앨리스의 나쁜 행동이 고친 게 아니라 고쳐진 것이므로 과거 시제 수동태 was corrected로 고쳐야 적절.

05 × → appear 정답들은 몇 분 안에 화면에 나타날 것이다.
해설 동사 appear는 자동사로서 수동태로 쓰이지 않는다.

06 ○ 그 콘서트 표 판매는 일주일 전에 시작했다. 린은 그 표를 이미 샀을지도 모른다.
해설 문맥상 '~했을지도 모른다'는 과거에 대한 추측을 나타내는 might have p.p.가 자연스러우므로 have bought는 적절.

07 ○ 숲은 건설 때문에 파괴되고 있다.
해설 문맥상 숲은 파괴하는 게 아니라 파괴되는 것이므로 진행형 수동태 are being destroyed는 적절.

08 × → to go 그는 어렸을 때 그의 아버지와 함께 등산을 가곤 했다.
해설 문맥상 '~하곤 했다'라는 과거의 습관적 행위를 나타내는 「used to+동사원형」이 자연스러우므로 to go로 고쳐야 적절.

Ⓒ

01 ①, ③, ④
해설 ① 회의실은 청소를 하는 게 아니라 청소되는 것이고 뒤에 now가 있으므로 is cleaning을 진행형 수동태 is being cleaned로 고쳐야 적절.
③ 문맥상 '~했음이 틀림없다'라는 과거에 대한 강한 추측을 나타내는 must have p.p.나 '~했을지도 모른다'는 might have p.p.가 자연스러우므로 should를 must나 might[could]로 고쳐야 적절.
④ 문맥상 '~하는 데 사용되다'의 의미인 「be used to+동사원형」이 자연스러우므로 making을 make로 고쳐야 적절. 「be used to+명사[v-ing]」는 '~에 익숙하다'의 의미.
① 그 회의실은 지금 청소되고 있다.
② 많은 아이들이 TV에서 많은 폭력에 노출되어 왔다.
③ 테드는 마이크에게 매우 화가 났다. 마이크가 실수를 했음이 틀림없다[했을지도 모른다].
④ 나무는 종이를 만드는 데 사용된다.
⑤ 그 개는 지금 양을 통제하기 위해 훈련받는 중이다.

02 ④, ⑤
해설 ④ 건물(It = this building)이 페인트칠되고 있는 것이라 진행형 수동태 「be being+p.p.」가 자연스러우므로 painting을 painted로 고쳐야 적절.
⑤ '~했음이 틀림없다'는 과거에 대한 강한 추측인 must have p.p.가 자연스러우므로 work를 have worked로 고쳐야 적절.
① 그 기자 회견은 중앙 홀에서 열리고 있다.
② 승무원들이 5시부터 저녁을 제공해 오고 있다.
③ 사고는 당신이 부주의할 때 일어난다.
④ 너는 이 건물에 들어갈 수 없다. 이것은 지금 파란색으로 페인트칠이 되고 있다.
⑤ 그녀는 지금 피곤하다. 그녀는 어제 너무 많이 일했음에 틀림없다.

Ⓓ

01 polluted 공기가 미세먼지에 의해 오염되고 있다.

해설 공기가 오염시키는 게 아니고 오염되는 것이라 진행형 수동태 「be being+p.p.」가 자연스러우므로 polluted가 적절.

02 **have eaten** 나의 여동생은 배가 아프다. 그녀는 상한 음식을 먹었을 수도 있다.

해설 문맥상 '~했을 수도 있다'라는 과거에 대한 추측을 나타내는 could have p.p.가 자연스러우므로 have eaten이 적절.

03 **have dropped** 나는 내 지갑을 잃어버렸다. 나는 택시에 그것을 떨어뜨렸음이 틀림없다.

해설 문맥상 '~했음이 틀림없다'는 과거에 대한 강한 추측을 나타내는 must have p.p.가 자연스러우므로 have dropped가 적절.

04 **to taking** 나는 두 명의 남동생들과 한 명의 여동생이 있다. 그래서 나는 아기들을 돌보는 데 익숙하다.

해설 문맥상 '~하는 데 익숙하다'라는 의미의 「be used to+명사[v-ing]」가 자연스러우므로 to taking이 적절.

05 **visiting** 전 세계의 많은 사람들이 오늘날 한국을 방문하고 있다.

해설 문맥상 많은 사람들이 방문하는 것이므로 능동의 현재진행형 「be +v-ing」가 자연스럽다.

06 **loved** 이 영화 속 등장인물들은 많은 아이들에게 널리 사랑받는다.

해설 등장인물들이 사랑을 하는 게 아니라 사랑받는 것이므로 현재 시제 수동태 be p.p.가 자연스럽다.

07 **prepared** 저녁 식사가 주방에서 준비되었다.

해설 저녁 식사는 준비되는 것으로 현재완료 수동태 「has been+p.p.」가 자연스럽다.

Chapter Exercises ②

본문 p.122

01 ③ **02** ⑤

01 ③

해석 먼 미래를 상상해 보자. 당신은 어떤 디자인을 당신의 컴퓨터에 다운로드하고, 사이즈를 정하고, 색상을 선택하고, 그런 다음 바로 당신 눈앞에 신형 자전거 한 대를 프린트한다. 그것에 만족이 안 되는가? 디자인을 바꿔 또 다른 것을 프린트해라. 이 모든 게 공상 과학 소설같이 들릴수도 있지만, 이런 일이 실제로 2011년 3월에 일어났다. 3-D 프린터가 과학자들에 의해 작동하는 자전거를 프린트해내는 데 사용되었다. 이 기술은 세계 경제를 변화시킬 것으로 예상되고 있다. 더 많은 것이 아무런 추가 비용 없이 집에서 만들어질 것이다. 소비자들은 정확히 그들이 원하는 것을 선택할 수 있다.

해설 (A) 동사 happen은 목적어를 필요로 하지 않는 자동사라 수동태로 쓰지 않으므로 happened가 옳다.

(B) 문맥상 '~하는 데 사용되다'의 의미인 「be used to+동사원형」이 자연스러우므로 to print가 적절. 「be used to+명사[v-ing]」는 '~에 익숙하다'의 의미이다.

(C) 주어 More(더 많은 것)는 문맥상 만드는 게 아니라 만들어지는 것이므로 수동태인 be made가 알맞다.

구문 [1~3행] You **download** a design onto your computer, **decide** on a size, **choose** the color, ***and*** then **print** a brand new bike **right** in front of your eyes.

• 주어 You가 4개의 동사를 이끌고 있는 문장으로 동사 나열 시 A, B, C, and D와 같이 맨 마지막 동사 앞에 and가 온다.

• right은 부사로서 '바로'의 의미로 in front of 전명구를 수식한다.

[3~4행] Not satisfied with **it**?

• 문장 맨 앞에 Are you가 생략되어 있다. it은 앞 문장의 a brand new bike를 의미한다.

02 ⑤

해석 마이크로소프트사(社)의 첫 대성공은 1981년 MS-DOS 운영 체제의 도입이었다. 얼마 지나지 않아, 그 프로그램은 컴퓨터 산업의 표준이 되었다. 현재 마이크로소프트사(社)의 윈도 운영 체제는 전 세계 컴퓨터의 약 85%를 작동하는 데 사용되고 있다. 아마도 이것이 많은 사람들이 마이크로소프트사(社)를 불공정한 사업 관행을 이용한다고 비난하는 이유이다. 그들에 따르면, 마이크로소프트사(社)의 주된 목표는 다른 회사들과 협력하는 것이 아니라 모든 수단을 동원해 경쟁을 없애는 것이다. 비평가들은 마이크로소프트사(社) 제품의 성공은 건강한 경쟁을 불가능하게 하며 소비자들의 선택 범위를 줄인다고 말한다. 많은 소규모 기업들이 MS-DOS 운영 체제의 도입 이후로 피해를 입어 왔을지도 모른다.

해설 ⑤ 문맥상 기업들이 '상처를 입어 왔을지도 모른다'는 과거에 대한 추측이 자연스러우므로 may have been hurt가 적절. should have been hurt는 '상처를 입었어야 했다'의 의미로 과거에 대한 후회를 나타내므로 문맥상 어울리지 않는다.

오답분석 ① 문맥상 '~이 되다'의 의미인 became은 적절. ② 문맥상 운영 체제가 '작동하는 데 사용된다'는 것은 자연스러우므로 be used to run은 옳다. ③ 이때의 them은 앞 문장의 many people을 가리키는 대명사. ④ 동사 makes의 목적격보어 자리로서 형용사 impossible은 어법상 옳다.

구문 [5~7행] Perhaps **this is why** many people blame Microsoft for using unfair business practices.

• This is why+주어+동사: 이것이 ~가 …하는 이유이다

[7~9행] According to them, its main goal is **not** *to work with other companies*, **but** *to destroy the competition by any means.*

• 「not A but B (A가 아니라 B인)」 구문으로 '~하는 것'의 의미인 to work ~ companies와 to destroy ~ means가 각각 A, B에 해당된다.

[9~11행] The critics say / that the success of Microsoft products **makes** healthy competition impossible, and **reduces** the choices for consumers.

• that절의 주어 the success ~ products가 makes와 reduces 2개의 동사를 이끌고 있다.

어법 Point Summary

본문 p.123

① 능동태	⑥ be used to+동사원형
② 수동태	⑦ be used to+명사[v-ing]
③ be being p.p.	⑧ have p.p.
④ have been p.p.	⑨ should have p.p.
⑤ 과거의 습관, 상태	

Part 3 전치사와 비교/도치/강조 구문

Chapter ⑩ 전치사

Unit 01 전명구의 역할과 시간의 전치사

본문 p.126

CHECK UP

1. **an article, the conflicts** 그는 중동에서의 분쟁들에 관한 기사를 썼다.
   해설 an article을 수식하는 about 전명구, the conflicts를 수식하는 in 전명구.
2. **came** 작은 소년이 가게 안으로 들어왔다.
   해설 동사 came을 수식하는 into 전명구.

Practice

Ⓐ

01 부 나뭇잎들이 땅으로 떨어졌다.
해설 동사 fell을 수식하는 부사 역할.

02 부, 형 제인은 그녀의 옆에 있는 남자와 이야기했다.
해설 to 전명구는 동사 talked를 수식하는 부사 역할, next to 전명구는 명사구 the man을 수식하는 형용사 역할.

03 형, 부 전 세계의 아이들은 장난감을 가지고 논다.
해설 throughout 전명구는 명사 Children을 수식하고, with 전명구는 동사 play를 수식.

04 부 앤은 그녀의 책들을 책상 위에 놓았다.
해설 동사 put을 수식하는 부사 역할.

05 부 지금부터, 나는 긍정적으로 생각할 것이다.
해설 문장 전체를 수식하는 부사 역할.

06 형, 부 나는 이 방에 있는 모든 가구들을 내 친구로부터 샀다.
해설 in 전명구는 명사구 all the furniture를 수식하고, from 전명구는 동사 bought를 수식.

07 형, 부 전 세계의 많은 사람들이 자유의 여신상을 보기 위해 뉴욕에 간다.
해설 from 전명구는 명사구 A lot of people을 수식하고, to 전명구는 동사 go를 수식.

Ⓑ **01 at 02 in 03 until 04 for 05 on**
나는 보통 아침 7시에 일어난다. 하지만 오늘 나는 10시 반까지 침대에 있었다. 나는 다음 주 기말고사 때문에 4시간밖에 못 잤다. 와! 엄마가 오늘 아침에 나를 위해 멋진 케이크를 준비해 놓으셨다. 오늘은 나의 15번째 생일이다. 나는 2002년 4월 15일에 태어났다.
해설 구체적인 시간에는 at, 비교적 긴 시간인 오전에는 in, 상태의 계속을 나타낼 때는 until, 행위가 계속된 기간의 길이를 나타낼 때는 for, 특정 날짜에는 on을 쓴다.

Ⓒ

01 in 잘 가! 며칠 뒤에 보자!
해설 지금으로부터 며칠이 지난 뒤에 보자는 내용이므로 '~ 후에'의 의미로 시간의 경과를 나타내는 in이 적절.

02 during 땅이 젖어 있다. 밤 동안 비가 내렸음에 틀림없다.
해설 특정 기간인 the night이 쓰였으므로 during이 적절. for는 시간의 길이를 나타낼 때 쓴다.

03 by 내가 오늘 그 편지를 부쳐서, 그들은 그것을 월요일까지는 받을 것이다.
해설 문맥상 월요일까지는 그 편지의 배달이 완료된다는 내용이므로 by가 적절.

04 on 당신은 보통 토요일 저녁에 외출하나요?
해설 특정 요일의 저녁 시간을 나타내므로 on이 적절.

05 in 찰스는 해외에 갔다. 그는 일주일 후에 돌아올 것이다.
해설 일주일의 시간이 경과한 뒤를 의미하므로 in이 적절.

06 during, for 나는 영화를 보는 동안 잠이 들었다. 나는 30분 동안 잤다.
해설 the movie라는 특정 기간이 쓰였으므로 during이 적절. 30분이라는 시간의 길이에는 for가 적절.

07 until 너는 내일까지 이 호텔에 머물러야 한다.
해설 문맥상 어떤 상태의 계속을 나타내는 until이 적절.

Unit 02 장소·방향의 전치사

본문 p.128

CHECK UP

1. **at**
   해설 어떤 장소의 한 지점인 신호등을 가리키므로 at이 적절. in은 특정 장소의 안을 가리킨다.
2. **over**
   해설 lamp가 테이블에 붙어 있는 게 아니고 그 위로 매달려 있는 것이므로 '(떨어져서) ~ 위에'를 의미하는 over가 적절.
3. **around**
   해설 '주위에'의 의미인 around가 적절. across는 '~을 가로질러'의 의미.

Practice

Ⓐ

01 next to　　**02** across
03 out of　　**04** into
05 between

Ⓑ

01 **on** 아이들이 공원의 잔디에서 놀고 있다.

해설 잔디와 접하여 위에 있는 것이므로 on이 적절. over는 떨어져서 위에 있는 상태를 나타낸다.

02 **into** 어린 소녀가 그 방 안으로 뛰어 들어갔다.

해설 문맥상 방 안으로 들어가는 내용이므로 into가 적절.

03 **at** 나는 다음 버스 정류장에서 내릴 것이다.

해설 장소의 특정 지점인 버스 정류장을 가리키므로 at이 적절.

04 **over** 그는 그의 딸 위로 큰 우산을 들고 있었다.

05 **among** 나는 오래된 책들 더미 사이에서 사진 한 장을 발견했다.

해설 a pile of old books는 셋 이상을 가리키므로 among이 적절. between은 대상이 둘일 때 쓴다.

06 **along** 나는 내 개와 함께 그 도로를 따라 걷고 있었다.

07 **through** 새 한 마리가 창문을 통해 방 안으로 날아 들어왔다.

해설 문맥상 새가 창문을 통해서 들어왔다는 내용이 자연스러우므로 through가 적절.

Ⓒ ⑤

해설 둘(me and my sister) 사이이므로 between이 적절. among은 셋 이상일 때 쓴다.

① 그는 그의 주머니에서 그의 지갑을 꺼냈다.
② 그 소년은 커튼 뒤에 숨어 있다.
③ 그녀는 수영장 안으로 다이빙하고 있다.
④ 나는 지하철역 근처의 작은 아파트에 산다.
⑤ 샐리는 나와 내 여동생 사이에 서 있다.

Unit 03 이유·수단의 전치사 등 본문 p.130

CHECK UP

1. **with**

해설 풀을 사용한다는 내용이므로 도구에 쓰이는 전치사 with가 적절.

2. **In spite of**

해설 뒤와 대조적인 내용이므로 In spite of가 적절.

3. **for**

해설 건강을 위해 채소를 먹는 것이므로 목적을 나타내는 for가 적절.

4. **through**

해설 매체(a mobile app)를 사용하는 것이므로 수단을 나타내는 through가 적절.

Practice

Ⓐ

01 **because of** 그는 교통 혼잡 때문에 늦었었다.

해설 늦은 이유에 대한 내용이 와야 하므로 because of가 적절.

02 **by** 우리는 케이블카를 타고 산 정상까지 올라갈 수 있다.

해설 교통수단을 나타내므로 by가 적절.

03 **for** 그것은 빵을 자르는 기계이다.

해설 기계의 용도를 나타내므로 목적을 나타내는 for가 적절.

04 **by** 전화로 케이크를 좀 주문할 수 있나요?

해설 수단을 나타내는 전치사 by가 적절.

05 **in** 저기에 하얀색 셔츠를 입고 있는 여자는 누구니?

해설 의복의 착용을 나타낼 때 쓰는 전치사 in이 적절.

06 **Despite** 그의 친구의 도움에도 불구하고, 그는 그의 지갑을 찾을 수 없었다.

해설 노력했지만 찾을 수 없었다는 대조의 내용이므로 Despite가 적절.

Ⓑ ②

• 그녀는 신용카드로 결제했다.

해설 결제 수단을 나타내므로 by가 적절.

• 당신의 파티에 초대해 주셔서 감사합니다.

해설 감사한 이유를 나타내므로 for가 적절.

• 나의 삼촌은 심장 마비로 돌아가셨다.

해설 die of는 '~으로 사망하다'의 의미.

Ⓒ

01 **due to** 그 사고들은 부주의한 운전 때문이었다.

해설 원인을 나타내므로 due to가 적절.

02 **in** 나는 내 새 정장을 입고 면접에 갔다.

해설 의복의 착용을 나타낼 때는 in을 쓴다.

03 **by** 너는 네 보고서를 이메일로 나에게 보내야 한다.

해설 문맥상 '~을 이용하여'의 의미로 수단 및 방법을 나타내는 by가 적절.

04 **with** 그녀는 진공청소기로 거실을 청소했다.

해설 도구 및 수단을 나타내는 with가 적절.

Chapter Exercises 본문 p.132

A	**01** ② **02** ③ **03** ④ **04** ⑤
B	**01** during **02** on **03** Because of [Due to] **04** next to **05** in **06** in
C	**01** due to **02** on **03** during **04** because of **05** under **06** at
D	**01** ② **02** ③
E	②
F	**01** ① **02** ③ **03** ④ **04** ③
G	②
H	**01** ② **02** ③
I	**01** for **02** at **03** from

Ⓐ

01 ② 그 가수는 몇 분 후에 무대로 돌아왔다.

해설 문맥상 시간의 경과를 나타내므로 in이 적절.

02 ③ 빈 책상이 두 학생 사이에 있다.

해설 둘(the two students) 사이를 나타내므로 between이 적절.

03 ④ 나쁜 날씨 때문에, 그 항공편이 취소되었다.

해설 문맥상 비행기 결항의 원인을 나타내므로 Due to가 적절.

04 ⑤ 테니스에서, 너는 공을 네트 위로 쳐야만 한다.
해설 문맥상 '네트 위로'라는 의미가 자연스러우므로 over가 적절.

Ⓑ

01 during 그는 토론 동안 계속 잠을 잤다.
해설 the discussion과 같은 특정 기간에는 전치사 during이 적절.

02 on 이 종이의 뒷면에 당신의 이름을 써주세요.
해설 종이 위에 쓰는 것이므로 on이 적절. over는 접하지 않고 떨어져 있는 위쪽을 가리킨다.

03 Because of [Due to] 그녀의 알레르기 때문에, 그녀는 요구르트를 먹을 수 없다.
해설 이유를 나타내는 전치사는 Because of나 Due to를 쓴다.

04 next to 그는 나의 집 옆의 차고에 그의 차를 보관한다.
해설 '~의 옆에'를 나타내는 전치사는 next to이다.

05 in 우리는 여름에 종종 해변에 간다.
해설 계절 앞에는 전치사 in을 쓴다.

06 in 그 아이는 방 안에서 놀고 있다.
해설 방 안에서 노는 것이므로 in이 적절.

Ⓒ

01 due to 그 야외 연극은 폭우 때문에 취소되었다.

02 on 내 결혼기념일은 8월 17일이다.
해설 특정한 날짜이므로 on이 적절.

03 during 당신은 축제 동안 이곳을 지나갈 수 없다.
해설 특정 기간에는 전치사 during이 적절.

04 because of 나는 폭설 때문에 늦었다.
해설 이유를 나타내는 전치사는 because of이다.

05 under 데이브는 항상 소파 아래에 그가 가장 좋아하는 장난감을 숨긴다.
해설 문맥상 소파의 아래가 자연스러우므로 under가 적절.

06 at 우리 내일 점심시간에 만날 수 있을까?
해설 특정 시간을 나타내므로 at이 적절.

Ⓓ

01 ②
• 나는 나의 좋은 행동으로 상을 받았다.
• 에이미는 여행을 위해 차를 빌렸다.
• 나는 가끔 일요일에 한 시간 동안 등산을 한다.
해설 전치사 for는 이유(my good behavior), 목적(the trip), 시간의 길이(an hour)를 나타낼 때 쓴다.

02 ③
• 하얀 드레스를 입은 그 소녀는 정말 아름답다.
• 음식은 미술관 안에서 금지되어 있다.
• 샘은 3주 후에 출장에서 돌아올 것이다.
해설 전치사 in은 옷(a white dress) 등의 착용, 장소(the gallery)의 내부, 시간(three weeks)의 경과 등을 나타낼 때 쓴다.

Ⓔ ②
해설 학교 안으로 들어간 것이므로 out of 대신 into가 적절.

Ⓕ

01 ①
• 비가 멈추지 않고 3일 동안 내렸다.
해설 기간의 길이를 나타내므로 for가 적절.
• 많은 영어 단어들이 라틴어에서 왔다.
해설 문맥상 '~로부터' 온 것이므로 from이 적절.

02 ③
• 너는 좀 더 편안한 의자에 앉는 게 어떠니?
해설 의자 위에 앉는 것이므로 on이 적절.
• 날이 7시 정도까지 어두워지지 않는다.
해설 문맥상 특정 시간까지 계속되는 상황에 대한 내용이므로 till이 적절.

03 ④
• 제인은 여름 휴가 동안 그녀의 얼굴에 자외선 차단제를 발랐다.
해설 특정 기간인 the summer vacation이 쓰였으므로 during이 적절.
• 나의 형과 나는 자정까지 카드놀이를 했다.
해설 자정까지 계속된 행위를 나타내므로 until이 적절.
• 폭설 때문에, 우리는 우리의 여행을 취소했다.
해설 여행을 취소한 이유를 나타내므로 Because of가 적절.

04 ③
• 여기에서 마을까지는 거리가 약 2마일일 것이다.
해설 문맥상 한 지점에서 다른 지점까지를 나타내므로 from이 적절.
• 그는 그의 목의 통증 때문에 일을 할 수 없었다.
해설 문맥상 이유를 나타내므로 for가 적절.
• 케이트는 어둠을 정말로 무서워한다.
해설 '~을 두려워하다'의 의미인 be afraid of의 of가 적절.

Ⓖ ②
해설 특정 요일의 아침을 나타내므로 on이 적절.
① 밥은 겨울 방학 동안 스노보드 타는 것을 배웠다.
② 금요일 아침에 학교 앞에서 만나자.
③ 케빈은 한 달째 아시아 여기저기를 여행하고 있다.
④ 그는 정문을 통해 그 집으로 들어갔다.
⑤ 너는 내일까지는 이 책을 돌려줘야 한다.

Ⓗ

01 ② 그 비에도 불구하고, 그들은 휴가 동안 즐겁게 보냈다.
해설 대조를 나타내는 In spite of는 Despite로 바꿔 쓸 수 있다.

02 ③ 돈의 부족 때문에, 나는 그 신발을 살 수 없었다.
해설 이유를 나타내는 전치사 Because of는 Due to로 바꿔 쓸 수 있다.

Ⓘ

01 for
해설 이유를 나타내는 for가 적절.

02 at
해설 '6시 정각에'의 의미로 짧은 시각을 가리키는 at이 적절.

03 from
해설 '~로 고통받다'는 suffer from이다.

Chapter ⑪ 비교 표현

Unit 01 원급 표현

본문 p.138

CHECK UP

1. **as fast as** 나는 100m를 14초 안에 달릴 수 있다. 너도 100m를 14초 안에 달릴 수 있다. → 나는 너만큼 빨리 달릴 수 있다.

2. **not as[so] big as** 벌은 크지 않다. 새는 크다. → 벌은 새만큼 크지 않다.

Practice

Ⓐ ⑤

해설 둘을 비교하는 표현에서 비교의 두 대상은 동일한 형태여야 한다. 첫 번째 as 앞이 be동사였으므로 두 번째 as 뒤도 is가 되어야 적절.

① 제인의 새 영화는 그녀의 지난번 영화만큼 좋다.
② 나의 시험 점수는 너의 것만큼 높지 않다.
③ 나는 가능한 한 빨리 학교를 떠났다.
④ 나의 여동생은 내가 하는 것보다 두 배 더 많이 공부한다.
⑤ 톰은 짐이 그런 것만큼 정직하지 않다.

Ⓑ

01 **than → as** 너는 나만큼 운동에 대해 많이 알지 못한다.
해설 원급 비교이므로 than을 as로 고쳐야 적절.

02 **me → mine[my pronunciation]** 너의 발음은 확실히 내 것만큼 좋다.
해설 비교의 대상은 동일한 형태를 이루어야 하는데 '너의 발음'과 '나의 발음'이 비교되고 있으므로 me를 mine 혹은 my pronunciation으로 고쳐야 적절.

03 **easy → easily** 그녀는 나만큼 쉽게 그 일을 할 수 있다.
해설 동사 do를 수식하는 부사 easily가 쓰인 원급 표현이 자연스럽다.

04 **it → you** 너는 할 수 있는 한 명확하게 글을 써야 한다.
해설 문맥상 '네가 할 수 있는 한 ~하게'라는 뜻이므로 as ~ as 뒤의 주어는 you가 적절.

05 **as ten times → ten times as** 나는 어제보다 10배 더 피곤하게 느껴진다.
해설 배수사가 들어간 원급 표현은 「배수사+as ~ as ...」로 쓴다.

Ⓒ

01 as large as yours
02 as many oranges, as
03 not as many trees, as five years ago
04 as much as possible
05 twice as expensive as

Unit 02 비교급 표현

본문 p.140

CHECK UP

1. **more important than wealth**
해설 important의 비교급은 more important이다.

2. **faster and faster**
해설 「비교급+and+비교급」은 '점점 더 ~한[하게]'의 의미로 쓰인다.

Practice

Ⓐ

01 **faster** 어떤 비행기들은 소리가 이동하는 것보다 더 빨리 비행한다.
해설 fast의 비교급은 faster이다.

02 **(much) more comfortable** 내 의자는 그다지 편하지 않다. 네 것이 (훨씬) 더 편안하다.
해설 comfortable의 비교급은 more comfortable이다. 비교급을 강조하는 부사 much가 앞에 붙을 수도 있다.

03 **the more easily** 네가 더 젊을수록, 더 쉽게 너는 새로운 것들을 시도해 볼 수 있다.
해설 앞에 The younger가 쓰인 것으로 보아 '~할수록 더 …하다'를 나타내는 「the+비교급, the+비교급」의 형태가 알맞다.

04 **much[even, far, still, a lot]** 8월은 6월보다 훨씬 더 덥다.
해설 very는 원급을 강조하고, 비교급 강조에 쓰이지 않는다.

05 **longer and longer** 매표소에 있는 사람들의 줄이 점점 더 길어졌다.
해설 문맥상 「비교급+and+비교급」의 형태가 적절.

06 **more expensive** 내 시계는 너의 것보다 세 배 더 비싸다.
해설 문맥상 「배수사+비교급+than ~」이 와야 하므로 expensive의 비교급인 more expensive가 적절.

Ⓑ ④

해설 문맥상 더 열심히 공부할수록 꿈에 더 가까워진다는 내용이므로 「the+비교급, the+비교급」의 형태를 써서 Harder를 The harder로 고쳐야 적절. ① bad의 비교급인 worse를 쓴 비교 표현이다.

① 어제 날씨는 오늘보다 더 나빴다.
② 이 질문은 지난번 질문보다 더 어렵다.
③ 요즘은 점점 더 많은 사람들이 중국어를 배우고 있다.
④ 당신이 더 열심히 공부할수록, 당신은 당신의 꿈에 더 가까워진다.
⑤ 이번에는, 선생님께서 그 문장을 전보다 더 천천히 반복해 주셨다.

Ⓒ

01 **less money than** 나는 너만큼 많은 돈을 저축하지는 못했다. = 나는 너보다 더 적은 돈을 저축했다.

02 **more convenient than** 때때로 차는 기차만큼 편리하지 않다. = 때때로 기차는 차보다 더 편리하다.

03 **less than mine** 내 컴퓨터는 네 것보다 값이 조금 더 나갔다. = 네 컴퓨터는 내 것보다 값이 조금 덜 나갔다.

04 **two times longer than** 이 영화는 저 영화보다 두 배 더 길다. = 이 영화는 저 영화보다 두 배 더 길다.

해설 「배수사+as+원급+as ~」는 「배수사+비교급+than ~」으로 바꿔 쓸 수 있다.

Unit 03 최상급 표현

본문 p.142

CHECK UP

1. the most important
2. the worst scores
   해설 '가장 ~한 … 중 하나'는 「one of the+최상급+복수명사」로 쓴다. bad의 최상급은 worst.

Practice

Ⓐ

01 **best → the best** 웃음은 우울함에 가장 좋은 약이다.
해설 최상급 앞에는 the를 붙인다.

02 **things → thing 또는 any → all the** 건강은 다른 어떤 것보다 더 중요하다.
해설 비교급을 이용한 최상급 표현은 「비교급+than+any other+단수명사」 또는 「비교급+than+all the other+복수명사」로 쓴다.

03 **cake → cakes** 이 케이크는 이 카페에서 가장 맛있는 케이크들 중 하나이다.
해설 one of가 있는 것으로 보아 「one of the+최상급+복수명사」를 써서 '가장 ~한 … 중 하나'를 나타내므로 cakes가 적절.

04 **most cheap → cheapest** 그곳은 마을에서 가장 싼 식당이다.
해설 cheap의 최상급은 cheapest이다.

Ⓑ ②
해설 ②의 첫 번째 문장은 「최상급+in+장소」를 사용해 몽블랑이 가장 높은 산이라는 최상급 표현이다. 두 번째 문장은 원급을 사용해 몽블랑이 모든 다른 산들만큼 높다고 했으므로 두 문장의 뜻은 같지 않다.
① 남극은 세계에서 가장 추운 곳이다.
= 남극은 세계의 어떤 다른 장소보다 더 춥다.
② 몽블랑은 알프스에서 가장 높은 산이다.
= 몽블랑은 알프스에 있는 모든 다른 산들만큼 높다.
③ 모나리자는 세계에서 가장 유명한 그림이다.
= 세계의 어떤 그림도 모나리자보다 더 유명하지 않다.
④ 중국어는 어떤 다른 언어보다 더 많이 말해지고 있다.
= 중국어는 모든 언어들 중 가장 많이 말해지고 있다.
⑤ 사랑이 인생에서 가장 중요한 것이다.
= 인생의 어떤 것도 사랑만큼 중요하지 않다.

Ⓒ

01 one of the funniest episodes
02 the happiest day
03 the earliest in our family
04 the most expensive food

Chapter Exercises

본문 p.144

A **01** ③ **02** ③ **03** ④
B ⑤
C **01** ③ **02** ① **03** ③
D ①
E ②
F **01** ③ **02** ⑤
G **01** not as[so] big as **02** I could
H **01** darker and darker
02 as soon as she could
03 one of the most beautiful places in Korea
04 She stayed at the hotel longer

Ⓐ

01 ③ 개는 인간보다 백만 배 더 많은 세포를 그들의 콧속에 갖고 있다.
해설 배수사와 than이 쓰인 것으로 보아 「배수사+비교급+than ~」의 형태가 알맞다. 따라서 셀 수 있는 명사 앞에 쓰이는 many의 비교급 more가 적절.

02 ③ 고래는 이 세상의 다른 어떤 동물보다 더 크다.
해설 최상급 표현 중 「비교급+than+any other+단수명사」의 형태가 쓰였다.

03 ④ 통신이 더 발달할수록, 세상은 더 작아진다.
해설 문맥상 '더 ~할수록 더 …하다'의 의미이므로 「the 비교급 ~, the 비교급 ...」 형태가 알맞다.

Ⓑ ⑤
해설 A가 버스와 지하철 중에 어느 것을 선호하냐고 묻자, 버스가 더 편리하다고 말하는 것으로 보아 자연스러운 대화이다.
① A가 자신의 노트북이 더 빠르다고 얘기한 것으로 보아 B의 대답은 faster가 아닌 slower가 적절. ② B의 대답이 Yes이므로 정도가 같은 원급 비교로 대답하는 것이 적절. ③ B의 대답이 Yes이므로 not faster가 아닌 faster가 적절. ④ B의 대답이 No이므로 younger than이 적절.
① A: 내 노트북이 네 것보다 더 빨라.
B: 네 말이 맞아. 내 것은 너의 것보다 두 배 더 빨라.
② A: 너의 고양이는 내 것만큼 크니?
B: 응, 내 고양이는 네 것보다 더 커.
③ A: 내 시계가 네 것보다 더 느린 거 같아.
B: 맞아, 내 시계는 네 것보다 더 빠르지 않아.
④ A: 너는 지미보다 더 어리니?
B: 아니, 지미는 나만큼 어리지 않아.
⑤ A: 너는 버스와 지하철 중 어느 걸 더 선호하니?
B: 나는 버스가 지하철보다 더 편해.

Ⓒ

01 ③
해설 문맥상 as ~ as 사이에 speak를 수식하는 부사가 와야 하므로 rapidly가 적절.
① 하이(High) 가는 메인(Main) 가만큼 넓지 않다.
② 나는 가능한 한 빨리 그곳에 갈 것이다.
③ 나는 선생님만큼 빨리 영어를 말할 수 없다.

④ 로라는 우리 반에서 가장 똑똑한 학생이다.
⑤ 케이트는 너만큼 나이가 많니?

02 ①
해설 비교 대상은 형태가 같아야 한다. '그의 집'과 '나의 집'을 비교하는 것이므로 me를 mine 또는 my house로 고쳐야 적절.
① 그의 집은 내 집보다 두 배 더 크다.
② 너는 이 음식을 원하는 만큼 많이 먹어도 된다.
③ 나는 나의 남동생만큼 많이 나의 개를 사랑한다.
④ 에밀리의 머리카락은 나의 것보다 더 길다.
⑤ 나의 선생님께서는 나의 학교의 다른 어떤 선생님보다 더 친절하시다.

03 ③
해설 부정주어 최상급 표현은 「부정주어+동사+비교급+than ~」 또는 「부정주어+동사+as[so]+원급+as ~」로 쓴다. 따라서 as → than으로 고치거나 또는 more → as[so]로 고쳐야 적절. ① the longest 뒤에 rivers가 생략되어 있다.
① 이 강은 세계에서 가장 긴 강들 중 하나이다.
② 당신 나라에서 가장 인기 있는 운동은 무엇입니까?
③ 진실과 정직보다 더 중요한 것은 없다.
④ 나는 나의 아버지보다 더 일찍 잔다.
⑤ 나의 방은 내 여동생의 방보다 두 배 더 크다.

Ⓓ ① 그는 제한 속도보다 훨씬 더 빨리 운전했다.
해설 very는 원급을 수식한다.

Ⓔ ②
해설 첫 번째 문장은 one of ~를 사용한 최상급 표현으로 존이 최고의 선수들 중 한 명이라는 내용이다. 두 번째 문장은 원급 비교를 사용해 최상급을 나타낸 것으로 존이 가장 뛰어난 선수라는 내용이므로 두 문장의 의미가 다르다.
① 린다는 나에게 다른 어떤 친구보다도 더 중요하다.
= 어떤 친구도 나에게 린다보다 중요하지는 않다.
② 존은 우리 야구팀에서 최고의 선수들 중 한 명이다.
= 우리 야구팀의 어느 선수도 존만큼 뛰어나지 못하다.
③ 나의 가족 중에 누구도 나의 아버지보다 힘이 더 세지는 않다.
= 나의 가족 중에 누구도 나의 아버지만큼 힘이 세지는 않다.
④ 파란색 드레스는 하얀색 드레스만큼 비싸진 않았다.
= 하얀색 드레스는 파란색 드레스보다 더 비쌌다.
⑤ 나는 내가 할 수 있는 한 일찍 너에게 전화하려고 했다.
= 나는 가능한 한 일찍 너에게 전화하려고 했다.

Ⓕ

01 ③
해설 ③은 '시리우스는 하늘의 어떤 다른 별만큼 밝지 않다'는 뜻인데 나머지는 '시리우스는 하늘에서 가장 밝은 별이다'의 의미.
① 시리우스는 하늘에서 가장 밝은 별이다.
② 시리우스는 하늘의 어떤 다른 별보다 더 밝다.
③ 시리우스는 하늘의 어떤 다른 별만큼 밝지 않다.
④ 하늘의 어떤 별도 시리우스만큼 밝지 않다.
⑤ 하늘의 어떤 별도 시리우스보다 더 밝지 않다.

02 ⑤
해설 ⑤는 '사랑이 다른 어떤 것만큼 아름답다'의 의미인데 나머지는 '사랑이 다른 어떤 것보다 더 아름답다'의 의미.
① 어떤 것도 사랑보다 더 아름답진 않다.
② 사랑이 모든 것들 중에서 가장 아름답다.
③ 사랑은 그 밖의 어떤 것보다 더 아름답다.
④ 어떤 것도 사랑만큼 아름답진 않다.
⑤ 사랑은 다른 어떤 것만큼 아름답다.

Ⓖ

01 **not as[so] big as** 나의 배낭은 너의 것보다 크다. = 너의 배낭은 내 것만큼 크지 않다.

02 **I could** 나는 그 공을 가능한 한 빠르게 그에게 다시 던졌다.

Ⓗ

01 **darker and darker**

02 **as soon as she could**

03 **one of the most beautiful places in Korea**

04 **She stayed at the hotel longer**

Chapter ⑫ 도치 & 강조

Unit 01 도치

본문 p.150

CHECK UP

1. Hardly, does: V, he: S 그는 거의 수업에 제시간에 오지 않는다.
2. Around the corner, came: V, a large dog: S 모퉁이를 돌아서 큰 개 한 마리가 왔다.
3. In the box, are: V, my old photos and diaries: S 그 상자 안에 나의 오래된 사진과 일기들이 있다.

Practice

01 **so did Tom** 나는 그 시험에 통과했고 톰도 그랬다.

02 **Not once has he kept** 그는 한 번도 자신의 약속을 지킨 적이 없다.
해설 부정의 의미 Not once(한 번도 ~하지 않다)가 맨 앞에 있으므로 조동사 has와 주어 he가 도치된다.

03 **Before them lay** 그때 수십 마일의 길이 그들 앞에 펼쳐져 있었다.
해설 장소의 부사구 Before them이 문장 맨 앞으로 와 「동사+주어」 어순이 되므로 did lie → lay가 적절.

Ⓑ

01 **so does my father**

02 **Nor can I**

03 **neither do I**

04 came a strong wind

05 did I think

Ⓒ

01 **lies opportunity** 어려움 한가운데에 기회가 있다.
해설 장소를 나타내는 부사구(In the middle of ~)가 문장 맨 앞으로 이동했으므로 「동사+주어」의 어순이 적절.

02 **does he drive in stormy weather** 그는 폭풍우 치는 날씨에는 거의 운전을 하지 않는다.
해설 부정의 부사(Seldom)가 문장 맨 앞으로 이동했고 주어가 he이므로 「does+주어+동사원형」의 어순이 적절.

03 **will I do that** 나는 결코 그것을 다시 하지 않을 거야!
해설 부정의 부사(Never)가 문장 맨 앞으로 이동했고, 조동사가 있는 문장이므로 「조동사+주어+동사원형」의 어순이 적절.

04 **were small houses with colorful roofs** 색색의 지붕을 가진 작은 집들이 도시 전체에 가득했다.
해설 장소를 나타내는 부사구(All over the town)가 문장 맨 앞에 있으므로 주어와 동사가 도치된 형태가 적절.

Unit 02 강조

본문 p.152

CHECK UP

1. **open** 나는 문을 정말 조용히 닫았는데 왜냐하면 아기가 그 방에서 자고 있었기 때문이다.
해설 동사를 강조하는 do[does, did]는 동사원형 앞에 쓴다.

2. **last Sunday** 내가 친구들과 수영하러 간 것은 바로 지난 일요일이었다.
해설 It is[was]와 that 사이에 강조하는 말을 넣어 강조한 강조 구문이다.

3. **you** 지금 나를 도와줄 수 있는 사람은 바로 너다.

4. **play** 그녀는 이 회의에서 중요한 역할을 정말로 하고 있다.

Practice

Ⓐ

01 **hope do → do hope** 나는 네가 좋은 점수를 받기를 정말로 바란다.
해설 동사를 강조하는 do[did, does]는 동사원형 앞에 쓴다.

02 **yours → you** 이 문제를 풀 수 있는 사람은 바로 너다.
해설 이어지는 that절에서 주어 자리가 비어 있는 것으로 보아 주어를 강조한 It is[was] ~ that ... 강조 구문으로서 주격 대명사 you가 적절.

03 **This → It** 내가 길에서 그녀를 만난 것은 바로 어제였다.
해설 부사(yesterday)를 강조하기 위해서는 It is[was] ~ that ... 강조 구문을 쓰므로 This를 It으로 고쳐야 적절.

04 **do → does** 그는 그의 가족을 위해 요리하는 것을 정말로 좋아한다.
해설 주어(He)가 3인칭 단수이므로 does가 적절.

05 **became → become** 너는 이제 달릴 수 있구나! 네가 정말로 건강해진 것 같구나.
해설 동사를 강조하는 do[does, did] 뒤에는 동사원형이 온다.

Ⓑ

01 It was a year ago that

02 did tell the truth

03 I do hope that

04 It was at the park

05 doubt him at all

Ⓒ

01 **It was Sarah that left the message for you.** 당신에게 메시지를 남긴 사람은 바로 사라였다.

02 **It was Ricky that I met in the cafe.** 내가 카페에서 만난 사람은 바로 리키였다.

03 **It is on our lives in childhood that books have an influence.** 책이 영향을 미치는 데는 바로 우리의 어린 시절의 삶이다.

04 **It is not strength but justice that wins in the end.** 마지막에 승리하는 것은 힘이 아니라 바로 정의이다.

Chapter Exercises

본문 p.154

A **01** ④ **02** ③ **03** ② **04** ③
B ③
C **01** ⑤ **02** ④
D ②
E **01** Never **02** does **03** she stood
04 that **05** neither
F **01** does **02** could they **03** does
04 neither[nor] did
G **01** ③ **02** ① **03** ②
H **01** neither[nor] can I
02 neither[nor] was my sister
03 so did my parents
I **01** Little did Jack imagine his failure on the test.
02 Never have I heard such a funny story.
03 On the top of the hill stood a beautiful castle.

Ⓐ

01 ④ A: 내 핸드폰이 작동하지 않아. B: 내 것도 안 돼.
해설 앞에 나온 문장이 일반동사 work가 쓰인 부정문이고, 주어가 My cell phone인 것으로 보아 Neither does mine.이라고 응답하는 것이 적절.

02 ③ 그녀는 혼자서 영화 보러 가는 일이 거의 없다.
해설 부정어(Hardly)가 문장 맨 앞에 오면 뒤에 오는 주어와 동사는 도치된다. 일반동사 go가 쓰였고 주어(she)가 3인칭 단수이므로 조동사 does를 써서 도치시킨다.

03 ② A: 나는 이 책을 좋아하지 않아. 그것은 너무 지루해. B: 나도 안 좋아해.

해설 A가 한 부정의 말 I don't like this book.에 동의하는 응답이므로 Neither do I.가 적절. Neither am I.는 I'm not ~.에 대한 응답이다.

04 ③ 그는 그녀가 대답하지 않았다고 생각하지만, 그녀는 정말로 대답했다.

해설 문맥상 동사 answered를 강조해야 하므로 동사원형 앞에 did가 쓰인 ③이 적절.

Ⓑ ③

해설 부사구 In the school (학교 안에)이 문장 맨 앞으로 오면서 주어와 동사의 도치가 일어난 ③이 적절.

Ⓒ

01 ⑤

해설 ⑤의 do는 〈보기〉의 does와 마찬가지로 동사(know)를 강조하는 역할을 한다.

〈보기〉 그는 정말로 그의 아버지를 닮았다.

① 저 파이는 냄새가 좋다, 그렇지 않니?

② 나는 혼자서 숙제를 했다.

③ 나는 아직 점심을 먹지 않았다.

④ 나는 보통 저녁 식사 후에 설거지를 한다.

⑤ 나는 한국의 역사에 대해 정말로 잘 안다.

02 ④

해설 ④의 so는 〈보기〉의 so와 마찬가지로 앞의 말에 대해 '~도 그래.'라고 말할 때 쓰인다.

〈보기〉 그는 햄버거 한 개를 원했고, 나도 그랬다.

① 저 밖은 아주 덥다.

② 종일 비가 와서 우리는 소풍을 갈 수 없었다.

③ 나는 시험이 끝나서 아주 행복하다.

④ 나는 여행에 신이 나 있었고, 나의 남동생도 그랬다.

⑤ 그것은 지난번만큼 그렇게 좋지는 않았다.

Ⓓ ②

해설 누구와 함께 갔는지를 물었으므로 함께 간 사람을 강조한 대답이 가장 자연스럽다.

〈보기〉 너는 지난밤에 누구와 함께 공연에 갔니?

① 내가 공연에 간 것은 바로 지난밤이었다.

② 내가 지난밤에 공연에 함께 간 사람은 바로 팀이었다.

③ 내가 지난밤에 팀과 함께 간 곳은 바로 공연이었다.

④ 지난밤에 공연에 간 것은 바로 나였다.

⑤ 지난밤에 팀과 함께 공연에 간 것은 바로 너였다.

Ⓔ

01 **Never** 나는 그렇게 재미있는 여행을 경험해 본 적이 없다.

해설 조동사(have)가 주어 앞으로 온 것으로 보아 부정어 Never가 적절.

02 **does** 그녀는 꽃들을 좋아하는데, 그녀의 어머니도 그렇다.

해설 주어(her mother)가 3인칭 단수이므로 does가 적절.

03 **she stood** 그의 옆에 그녀가 서 있었다.

해설 주어가 대명사일 때는 장소를 나타내는 부사구가 문장 맨 앞에 와도 도치가 일어나지 않는다.

04 **that** 내가 패션 디자인을 공부한 곳은 바로 뉴욕에서였다.

05 **neither** 나는 외국에 가본 적이 없는데, 내 남동생도 그런 적이 없다.

해설 앞에 나온 문장이 부정의 의미이므로 neither가 적절. 참고로 앞 문장의 동사가 have p.p.이므로 neither 다음에 조동사 has가 쓰였다.

Ⓕ

01 **does** 나는 정문 앞의 그 남자를 모르는데, 에이미도 모른다.

해설 주어(Amy)가 3인칭 단수이므로 does가 적절.

02 **could they** 그들은 어디에서도 단서를 찾을 수 없었다.

해설 문장 맨 앞에 부정어가 왔으므로 주어와 동사를 도치시킨다.

03 **does** 잭은 요즘 그의 부모님을 거의 방문하지 않는다.

해설 문장 맨 앞에 부정어(Seldom)가 와서 주어와 동사가 도치된 문장으로서 주어(Jack)가 3인칭 단수이므로 does가 적절.

04 **neither[nor] did** 나는 그 비밀을 말하지 않았는데, 샘도 안 했다.

Ⓖ

01 ③

해설 앞의 시제가 과거이므로 does → did로 고쳐야 적절.

① 산들로부터 이상한 빛줄기 하나가 새어 나온다.

② 나는 내가 살이 찌고 있다는 것을 거의 알아채지 못했다.

③ 나는 그 책을 읽고 싶었는데, 메리도 그랬다.

④ 조수에 가장 큰 영향을 미치는 것은 바로 달이다.

⑤ 그녀는 등산 후에 지쳤는데, 나도 그랬다.

02 ①

해설 부정어(Never)가 문장 맨 앞에 왔으므로 뒤에 이어지는 말은 도치가 일어난 형태 does my father drive ~가 적절.

① 안개가 꼈을 때 나의 아버지는 절대 운전을 하지 않으신다.

② 우리의 습관 중 대부분이 형성되는 때는 바로 우리가 어릴 때이다.

③ 그는 현장에 하나의 흔적도 남기지 않았다.

④ 그 산 밑자락에는 세계에서 가장 오래된 나무들 중 한 그루가 서 있다.

⑤ 너의 시계는 시간이 맞지 않는데, 내 것도 안 맞는다.

03 ②

해설 뒤의 시제가 과거인 것으로 보아 do → did로 고쳐야 적절.

① 바구니 안에는 약간의 과일과 간식이 있었다.

② 어릴 때 나는 시금치를 절대 먹지 않았다.

③ 최근 들어서야 그는 그의 음악을 대중에게 드러냈다.

④ 어디에서도 나는 이 문제에 대한 해결책을 찾지 못했다.

⑤ 길 위에 상처 입은 강아지 한 마리가 있었다.

Ⓗ

01 **neither[nor] can I** 모든 내 친구들은 샘이 거짓말을 했다는 것을 믿지 못하는데, 나도 못 믿는다.

02 **neither[nor] was my sister** 나는 과학에 관심이 없었는데, 내 언니도 관심이 없었다.

03 **so did my parents** 모든 사람이 나의 꿈을 지지했는데, 나의 부모님도 그러셨다.

Ⓘ

01 **Little did Jack imagine his failure on the test.** 잭은 그의 시험에서 실패를 거의 상상하지 않았다.

02 **Never have I heard such a funny story.** 나는 그렇게 웃긴

이야기를 한 번도 들어본 적이 없다.

03 **On the top of the hill stood a beautiful castle.** 언덕 꼭대기에 아름다운 성이 서 있었다.

Chapter ⑬ 수능 빈출 어법 3

Point 01 전명구의 수식을 받는 주어의 수일치

Check Up

본문 p.161

01 **are** 지구상의 천연자원은 한정적이다.
해설 전명구 on earth는 주어를 수식하고, 주어인 Natural resources는 복수이므로 복수동사 are가 적절.

02 **is** 초등학생들을 위한 영어 대회가 이번 주 금요일에 열릴 예정이다.
해설 전명구 for elementary students는 주어를 수식하고, 주어인 An English contest는 단수이므로 단수동사 is가 적절.

03 **visit** 모든 나라의 많은 관광객들이 한국 문화를 즐기기 위해 한국을 방문한다.
해설 전명구 from every country는 주어를 수식하고, 주어인 A lot of tourists는 복수이므로 복수동사 visit이 적절.

04 **are** 스트레스 관리의 유용한 방법들이 그 책에서 다뤄진다.
해설 전명구 of stress management는 주어를 수식하고, 주어인 Useful methods는 복수이므로 복수동사 are가 적절.

05 **has** 일련의 사고의 원인은 아직 밝혀지지 않았다.
해설 전명구 for the series of accidents는 주어를 수식하고, 주어인 The reason은 단수이므로 단수동사 has가 적절.

Point 02 비교 표현

Check Up

본문 p.161

01 **worst** 너는 사람들의 가장 나쁜 점들을 찾으려고 해서는 안 된다.
해설 앞에 the가 있으므로 최상급인 worst가 적절.

02 **much** 나는 이번 봄이 작년 봄보다 훨씬 더 짧게 느껴진다.
해설 비교급 shorter를 강조하는 much가 적절. very는 원급을 강조.

03 **as** 나쁜 일들은 네가 생각하는 것만큼 자주 일어나지 않는다.
해설 앞에 as often이 쓰인 것으로 보아 원급 표현인 「as+형용사[부사]+as ~ (~만큼 …한[하게])」가 알맞다.

04 **more valuable** 많은 사람들이 돈보다 사랑이 훨씬 더 가치 있는 것이라고 믿는다.
해설 앞에 비교급을 강조하는 still이 쓰였고 뒤에 than이 쓰인 것으로 보아 비교급인 more valuable이 적절.

05 **a lot** KTX는 다른 기차들보다 훨씬 더 빠르게 달린다.
해설 문맥상 비교급인 faster를 강조하므로 a lot이 적절.

Point 03 도치 구문의 수일치

Check Up

본문 p.163

01 **does** 앤은 패스트푸드를 거의 먹지 않는다.
해설 부정어인 Seldom이 문장 맨 앞에 왔으므로 주어와 동사가 도치된다. 주어가 Ann이므로 3인칭 단수동사 does가 적절.

02 **are** 우리는 많은 어려움들이 있을 때 참을성이 있어야 한다.
해설 절 또는 문장이 there로 시작하면 주어와 동사가 도치된다. 주어가 so many difficulties이므로 복수동사 are가 적절.

03 **is** 책상 위에 있는 그 사진 속에는 작은 개 한 마리가 있다.
해설 장소의 부사구인 In the photo on the desk가 문장 맨 앞에 와서 주어와 동사가 도치되었다. 주어가 a small dog이므로 단수동사 is가 적절.

04 **has** 그녀는 이전에 유럽에 가본 적이 한 번도 없다.
해설 부정어인 Never가 문장 맨 앞에 왔으므로 주어와 동사가 도치된다. 주어가 she이므로 has가 적절.

05 **were** 테이블 주위에 검은색 정장을 입은 키 큰 남자들이 있었다.
해설 장소의 부사구인 Around the table이 문장 맨 앞에 왔고 주어가 tall men in black suits로 복수이므로 복수동사 were가 적절.

Point 04 동사의 반복을 피하는 대동사

Check Up

본문 p.163

01 **do** 내 친구들은 그들이 책에 쓰는 것보다 영화에 더 많은 돈을 쓴다.
해설 문맥상 일반동사 spend를 대신하고 있으므로 반복을 피하기 위한 대동사 do가 적절.

02 **did** 나는 나의 성공으로부터 그랬던 것보다 나의 실수로부터 더 많이 배웠다.
해설 문맥상 과거 시제의 일반동사 learned를 대신하는 대동사 did가 적절.

03 **does** 나는 어떻게 그녀가 한 것처럼 달걀을 요리하는지 모른다.
해설 문맥상 동사 cook을 대신하고 앞의 주어가 she이므로 대동사 does를 쓰는 게 적절.

04 **do** 그는 다른 사람들이 그러는 것처럼 그의 부모님을 존경해야 한다.
해설 문맥상 동사 respect를 대신하고 주어가 others이므로 대동사 do를 쓰는 게 적절.

05 **can** 낸시는 그녀의 여동생이 할 수 있는 것만큼 빨리 인터넷에서 정보를 찾을 수 있다.
해설 문맥상 앞에 나온 조동사 can을 대신한다.

Chapter Exercises ①

본문 p.164

A **01** are **02** is **03** are **04** as **05** than

B **01** ○ **02** × → is **03** × → most dangerous
04 × → is **05** ○ **06** ○ **07** × → are

C **01** ②, ④ **02** ①, ③

D **01** did **02** was **03** are **04** kindest
05 more creative **06** are **07** are

Ⓐ

01 are 노인들을 위한 새로운 건강 관리 시설들이 우리 동네에서 지금 이용 가능하다.

해설 전명구 for the old의 수식을 받는 주어 New healthcare facilities가 복수이므로 복수동사 are가 적절.

02 is 서울과 부산 사이의 거리는 약 400km이다.

해설 전명구 between Seoul and Busan은 주어를 수식하고, 주어인 The distance는 단수이므로 단수동사 is가 적절.

03 are 사무실 안의 벽에 그림들이 있다.

해설 There로 시작하여 주어와 동사가 도치된 형태로, 주어인 pictures는 복수이므로 복수동사 are가 적절.

04 as 나는 네가 하는 만큼 공정하게 사람들을 대하고 싶다.

해설 문맥상 「as+원급+as ~」 구문을 사용한 원급 표현이므로 as가 적절.

05 than 나는 네가 그러는 것보다 신디를 더 잘 이해한다.

해설 비교급 better 뒤에는 than이 적절.

Ⓑ

01 ○ 그 건물의 꼭대기 층에 그 카페가 있었다.

해설 부사구인 On the top floor of the building이 문장 맨 앞에 오면서 주어와 동사가 도치되었다. 주어 the cafe가 단수이므로 was는 적절.

02 ×→is 잠수함 작동의 모든 면이 그의 통제 아래에 있다.

해설 전명구인 of submarine operations가 주어를 수식하고, 주어인 Every aspect가 단수이므로 단수동사 is가 적절.

03 ×→most dangerous 너는 세계에서 가장 위험한 나라들을 알고 있니?

해설 문맥상 앞에 the가 있으므로 최상급 most dangerous가 적절.

04 ×→is 나는 나의 엄마가 그러시는 만큼 다른 사람들에게 관대하지는 않다.

해설 밑줄 친 부분이 받는 부분은 앞에 있는 be동사(am)이므로 마찬가지로 be동사가 와야 한다. my mom이 3인칭 단수이므로 is가 적절.

05 ○ 천연가스는 석유보다 훨씬 더 깨끗한 원료이다.

해설 비교급인 cleaner 앞에 쓰여 비교급을 강조하는 much는 적절.

06 ○ 이 영화의 배우들은 매우 매력적이다.

해설 전명구인 in this movie가 주어를 수식하고, 주어인 The actors가 복수이므로 복수동사 are는 적절.

07 ×→are 새로운 정책의 혜택들은 나와 전혀 관련이 없다.

해설 전명구인 of the new policy가 주어를 수식하고, 주어인 The benefits가 복수이므로 복수동사 are가 적절.

Ⓒ

01 ②, ④

해설 ② 전명구인 for teenagers가 주어를 수식하고, 주어인 The program이 단수이므로 복수동사 have를 단수동사 has로 고쳐야 적절. ④ 장소의 부사구인 Under the tree가 문장 맨 앞에 오면서 주어와 동사가 도치된 형태로, 주어 some boys가 복수이므로 복수동사 are가 적절.

① 그녀는 네가 그러는 것처럼 수학을 좋아하니?
② 10대를 위한 그 프로그램은 성공적으로 끝이 났다.
③ 메리와 케이트의 차이점은 끈기이다.
④ 나무 아래에 몇몇 소년들이 앉아 있다.
⑤ 나는 오늘이 얼마나 행복할지 거의 상상하지 못했다.

02 ①, ③

해설 ① 주어가 '많은 ~'을 나타내는 표현 a number of가 쓰였고 이어서 온 명사(palm trees)가 복수이므로 was를 were로 고쳐야 적절. ③ '거의 ~ 않는'의 뜻을 나타내는 부정어 Rarely가 문장 앞에 쓰여 주어와 동사가 도치되어야 하는 문장이다. 따라서 주어와 동사를 수일치시켜 my friends를 단수인 my friend로 고치거나 does를 복수동사 do로 고쳐야 적절.

① 해변을 따라서 많은 야자수들이 있었다.
② 테이블 위에는 릴리를 위한 엽서가 있었다.
③ 나의 친구는[들은] 거의 책을 읽지 않는다.
④ 수영장에 있던 아이들은 물총을 가지고 놀고 있었다.
⑤ 나는 그가 그랬던 만큼 빨리 수학 문제들을 풀었다.

Ⓓ

01 did

해설 앞에 쓰인 동사 looked를 대신하므로 과거형인 did가 적절.

02 was

해설 장소의 부사구인 On the sidewalk가 문장 맨 앞에 오면서 주어와 동사가 도치된 형태로, 주어는 one of my friends이다. one of ~는 단수 취급하고 과거 시제이므로 was가 적절.

03 are

해설 「as+원급+as」 뒤에 오는 the old ones가 복수명사이고 현재 시제이므로 are가 적절.

04 kindest

해설 kind의 최상급은 kindest이다.

05 more creative

해설 creative의 비교급은 more creative이다.

06 are

해설 장소의 부사구인 Next to the elementary school이 문장 맨 앞에 위치해 주어와 동사가 도치된 형태로 주어인 bookstores가 복수이므로 복수동사 are가 적절.

07 are

해설 전명구인 in African societies가 주어를 수식하고, 주어인 The customs가 복수이므로 복수동사 are가 적절.

Chapter Exercises ②

본문 p.166

01 ③ **02** ③

01 ③

해석 어떤 사람들은 동물들이 언제 지진이 올 것인지를 안다고 믿는다. 2008년 중국에서 쓰촨 지진이 있기 3일 전에, 길거리에는 수천 마리의 개구리가 있었다. 지진 당일에는, 그곳 근처에 있는 한 동물원에서, 얼룩말들이 불안하게 그것들의 머리를 문에 들이받았으며, 코끼리들이 코를 난폭하게 휘둘러댔다. 사자들과 호랑이들은 우리 안에서 불안해하며 이리저리 걸어 다녔다. 우리는 이 동물들이 정확히 무엇을 감지했는지 알지 못한다. 하나의 이론은 인간들이 느끼기 전에 그것들이 땅속의 미약한 충격을 느낀다는 것이다. 또 다른 이론은 동물들이 인간의 청력 범주 아래에 있는 청각 주파수를 들을 수 있을지도 모른다는 것이다. 이것이 그것들에게 먼 지진과 화산을 듣게 하는 것일지도 모른다.

해설 (A) 장소의 부사구 on the street이 강조되어 앞으로 나와 주어와 동사가 도치된 구문이다. 주어인 thousands of frogs가 복수이므로 복수동사 were를 써야 옳다.

(B) 동사 walked를 수식하는 부사가 필요한 자리이므로 nervously를 써야 옳다.

(C) 앞부분의 동사 feel을 대신 받는 대동사 do가 필요한 자리이다.

구문 **[10~11행]** Another theory is that / animals **may be able to** hear *audio frequencies* [below the range of human hearing].

• 조동사 2개를 연속으로 쓸 수 없으므로 may 다음에 can 대신 be able to가 왔다.

02 ③

해석 우리는 지구 기후를 통제하기 위해 많은 것을 할 수는 없지만, 우리 지역의 기후를 개선하기 위해서는 할 일이 많이 있다. 토지 이용은 지역 기온과 대기의 질에 가장 중요한 요인이다. 맑은 날에, 대도시 기온은 주변 시골보다 훨씬 더 뜨거울 수 있다. 인도와 건물의 콘크리트는 햇빛을 열로 전환한다. 어떤 도로는 난로 위의 팬만큼 뜨거워진다! 이러한 인간이 만든 돌 표면은 엄청난 양의 열을 저장하였다가, 밤새도록 그것을 방출한다. 대지가 가장 서늘해야 하는 일출 직전에도, 도로는 만졌을 때 여전히 따뜻하다.

해설 ③ 주어는 단수인 The concrete로 전명구 of sidewalks and buildings의 수식을 받는다. 따라서 단수동사 changes로 고쳐야 옳다.

오답분석 ① there로 시작하는 문장은 동사 뒤에 오는 주어에 동사의 수를 일치시키는데 주어 many things는 복수이므로 복수동사 are는 옳다. ② 비교급을 강조하는 much의 수식을 받는 비교급 hotter이다. ④ 복수주어 These surfaces가 전명구 of man-made stone의 수식을 받는 것이므로 복수동사 store는 옳다. ⑤ 앞에 나오는 the earth를 대신하는 소유격 자리이므로 3인칭 단수 소유격 its는 어법상 옳다.

구문 **[1~3행]** We cannot do many things / **to control** the global climate, but / **to improve** our local climate, there are *many things* [**to do**].

• to control과 to improve는 둘 다 '~하기 위해'의 의미의 부사적 용법으로 쓰인 to부정사이다.

• to do는 명사 many things를 수식하는 '~할'의 의미의 형용사적 용법으로 쓰인 to부정사이다.

[10~11행] *Just before sunrise*, **when the earth should be its coolest**, roadways are still warm to the touch.

• 콤마 사이의 when ~ coolest는 Just before sunrise를 뒤에서 구체적으로 설명한다.

어법 Point Summary

본문 p.167

① 수일치
② 원급
③ 비교급
④ 최상급
⑤ 동사
⑥ 주어
⑦ do[does, did]

Memo